Françoise Hauser

Reisegast in China

Françoise Hauser

Reisegast
in China

Herausgeber der Reihe Reisegast:
Buch & Welt GmbH

IWANOWSKI'S *i* REISEBUCHVERLAG

www.iwanowski.de

Hier finden Sie aktuelle
Infos zu allen Titeln,
interessante Links –
und vieles mehr!

Komplett neu bearbeitete 5. Auflage 2004

Konzept, Redaktion, Bildredaktion: Buch & Welt GmbH, München

Lektorat: Ute Diergarten-Wandel, München

Projektleitung (Iwanowski): Rüdiger Müller, Dormagen

Satz und Produktion: Rolf Eder, Glonn

Kartographie: Françoise Hauser, Frankfurt

Bildnachweis: *Françoise Hauser* Seite 12, 56, 60, 61, 68, 79, 82 unten,
83, 84, 87, 88, 89, 94, 101, 104, 113, 116, 119, 120, 122, 123, 130, 135,
139, 143, 144, 147, 149, 157, 161, 162, 163, 164, 177, 179, 183, 185.
Volkmar E. Janicke Umschlagmotiv und Seite 13, 14, 15, 18, 20, 21, 26, 28, 29,
31, 32, 36, 38, 41, 42, 44, 45, 46, 51, 55, 58, 59, 63, 65, 66, 69, 70, 72, 74, 76,
82 oben, 85 unten, 93, 96, 99, 102, 106, 108, 110, 111, 112, 115, 117, 118, 124,
126, 133, 134, 136, 138, 141, 153, 168, 169, 171, 173, 174, 175, 176, 181, 186.
Doris Hauser Zeichnungen Seite 160.
Leo Purmann Cartoons Seite 191–197.

Plakatmotive auf Seite 57, 85 oben und 131 mit freundlicher Genehmigung der
IISH Stefan R. Landsberger Collection, Universität Leiden
(http://www.iisg.nl/~landsberger)

Gesamtherstellung: B.o.s.s Druck und Medien, Kleve

ISBN 3-923975-71-6

Inhalt

Vorwort von Françoise Hauser
»Kein Ausländer wird China je verstehen« 11

Was ist »China«?
Die geographischen Regionen 14
China in den Augen des Westens 23
Stadt und Land: Ein Volk auf Wanderschaft 25

Das Alte China
Mythischer Beginn 28
Fast unbekannt: Die Xia-Dynastie (2100–1600 v. Chr.) 29
Ahnenkult und erste Schrift: Die Shang-Dynastie (1600–1027 v. Chr.) 29
Vom Himmelssohn regiert: Die Zhou-Dynastie (1027–221 v. Chr.) 30
Grausam und erfinderisch: Die Qin-Dynastie (221–206 v. Chr.) 31
Die Anfänge des Beamtentums:
    Die Han-Dynastie (206 v. Chr.–220 n. Chr.) 33
Das Chaos kehrt zurück:
    Drei Königreiche (220–280), Jin-Dynastie (265–420) und
    die »nördlichen und südlichen Dynastien« (420–581) 35
Zeit der Ordnung und Reformen: Die Sui-Dynastie (581–618) 35
Das künstlerische Großreich: Die Tang-Dynastie (618–907) 35
Der Flickenteppich:
    Fünf Dynastien und zehn Königreiche (907–960) 36
Im Elfenbeinturm: Die Song-Dynastie (960–1279) 36
Unter mongolischer Herrschaft: Die Yuan-Dynastie (1279–1368) 37
Zeit des sozialen Wandels: Die Ming-Dynastie (1368–1644) 38
Herrschaft der Mandschu: Die Qing-Dynastie (1644–1911) 39

China und das Ausland
Umgeben von Barbaren 41
Europa entdeckt das Reich der Mitte 44
Das Erwachen: Opiumkrieg und die Folgen 45
Die Selbststärkungsbewegung 46
Die Hundert-Tage-Reform 47
Der Boxer-Aufstand 47

Der schwere Weg in die Moderne
Das Ende des Kaiserreichs 49
Zwischen Wiedervereinigung und Kommunistenhatz 51
Der Lange Marsch 51

Gemeinsam gegen Japan: Kurze Zeit der Zusammenarbeit 1937–39 52
Der letzte Kampf um die Macht: Der Bürgerkrieg 1945–49 53
Der Beginn der Volksrepublik: Unter sowjetischem Einfluss 54
Die Hundert-Blumen-Kampagne 1956/57 54
Der Große Sprung nach vorne 55
Die Leiche im Keller: Die Kulturrevolution 1966–76 57
1978: China öffnet die Tore 58

China heute: (K)ein bisschen sozialistisch
Alles eine Frage der Auslegung 60
Der Zusammenbruch des Sozialwesens 61
Willkommen im Frühkapitalismus 62
Schluss mit »Massenlinie« und »Klassenkampf« 62
Von Staat und Regierung 63
Die Machtstrukturen der Partei 63

Glaube und Aberglaube
Jeder auf seine Art 65
Von der universellen Harmonie 66
Der Ahnenkult 67
Konfuzius – Ordnung braucht der Mensch 69
Der Daoismus – Handeln durch Nichthandeln 70
Der Volksdaoismus 72
Der Buddhismus – Auf dem Weg zur Erlösung 72
Falungong – Sekte oder Religion? 75
Der chinesische Islam 75

Chinesen untereinander: Gesellschaft und Soziales
Hauptsache menschliche Nähe 79
Das Vermächtnis des Konfuzius 80
Vom Innen- und Außenleben 81
Die Familie: Der Urkern der Gesellschaft 82
Ab in die Einheit: Danwei statt Clan 83
Ein Leben lang verpflichtet: Kindheit in China 84
Die Hälfte des Himmels: Frauen im Alten und Neuen China 86
Die neue Freiheit: Sex und Erotik 89
Dazugehören: Ohne Guanxi läuft nichts 90

Die Grundlagen der chinesischen Medizin im Überblick
Im Spannungsfeld von Yin und Yang 93
Die Harmonie wiederherstellen 94
»Großer Wasserschlund« und »Zurückflutender Strom« 95
Potente Kräuter 97

Kulinarisches: Ein Blick in Chinas Kochkultur

Über die Bedeutung des Essens 98
Vier Küchen – tausend Geschmäcker 100
Frühstück und Snacks 102
Warme Mahlzeiten 104
Der Chinesen liebste Getränke 106

Alltag in China

Tanzen zum Frühstück 111
Geld stinkt nicht: Von Arbeit und Stress 112
Raus aus der Enge: Der neue Wohnungsmarkt 117
Lang lebe der Konsum! 119
Was sind schon Gesetze:
    Personenmacht und Machtpersonen 119
Gut geschmiert: Bürokratie und Korruption 120
Garantiert nicht gesellschaftsfähig: Chinesische Toiletten 121
Ein teures Gut: Die Gesundheit 122
Eine Nation von Spielern: Freizeit in China 123
Ein Land im Diskofieber 124
Vom »beweglichen Ding« zum besten Freund:
    Eine tierische Karriere 125

Feste und Feiertage

Das chinesische Mondjahr 126
Feste nach dem Mondkalender 129
Die weltlichen Feiertage 133
Die Bedeutung der Farben 134
Die chinesische Tier-Symbolik 135

Persönliche Kontakte

Hello-Reflex beim Anblick von Langnasen 136
Am Rande der Gesellschaft 137
Derrick lässt grüßen 138
Reine Äußerlichkeiten: Der erste Eindruck 138
Amerikaner sind schön 139
Wo bitte liegt Liechtenstein? 140
Von Komplimenten und anderen Nettigkeiten 140
Die Gedanken einkreisen 141
Die Formalitäten im täglichen Miteinander 142
Verabredungen 144
Expedition ins Privatleben 146
Miteinander reden – doch worüber? 146
Zwischengeschlechtliches 148

Sprachliche Grundlagen
Eine Sprache ohne Alphabet 151
Im Inneren der Zeichen 155
Chinesisch ohne Worte 158
Sprachliche Übungsobjekte 159
Die Gebärdensprache der Zahlen 159

Vom Handeln und Verhandeln: Chinesisches Geschäftsleben
China ist und bleibt im Kommen 161
Von der großen Harmonie 161
Kein Platz für Einzelkämpfer 163
Guanxi lautet das Zauberwort 164
Disziplin muss sein: Die Delegation 164
Zeit spielt keine Rolle: Wie man einen Ausländer mürbe kocht 165
Heimliche Hürden 165
Das chinesische »Nein« 166

Zwischen Luxus und Qual: Reisen in China
Der pompöse Einstieg: Am Flughafen 168
Willkommen im »echten« China: Am Bahnhof 169
»Eiserne Straßen«: Langstrecken per Zug 170
Nichts für schwache Nerven: Überland per Bus 172
Gewusst wie: Taxifahren 173
China selbst entdecken – per Fahrrad 174
Der neue Luxus: Im Hotel 174

Kulturschock China
Er kommt, das ist sicher 176
Was ist eigentlich ein »Kulturschock«? 177
Geradewegs zum Haareraufen: Woran Ausländer verzweifeln 178
Vom Wegfahren und Zurückkehren 184

Die wichtigsten Sätze für China-Reisende 187

Literaturtipps 189

Kulturspiel 191

Register 198

Vorwort von Françoise Hauser
»Kein Ausländer wird China je verstehen«

In dieser Frage sind sich fast alle Chinesen einig. Und in der Tat scheinen sie oft alles daran zu setzen, den fremden Besucher geradezu stündlich mit befremdlichen Situationen zu konfrontieren.

Die Volksrepublik China verwirrt den Reisenden gleich in doppelter Hinsicht: Zum einen unterscheiden sich soziale Normen und Umgangsformen in vielen Aspekten von den europäischen Gepflogenheiten. Zum anderen passt das moderne China oft ganz und gar nicht mehr in die westlichen Klischees vom Reich der Mitte: »Blaue Ameisen«, Radfahrer-Kolonnen und sozialistische Vorzeigearbeiter sind genauso passé wie weise Philosophen à la Konfuzius und geknechtete Rikscha-Kulis.

Westliche Klischeevorstellungen gehören in die Schublade.

China hat in den letzten 15 Jahren eine so rasante Entwicklung durchlaufen, dass selbst chinesische Studenten nach wenigen Jahren im Ausland bei ihrer Heimkehr mit Orientierungsschwierigkeiten kämpfen. Dies übrigens nicht nur in geistiger Hinsicht: Wo gestern noch eine Reihe malerischer aber höchst baufälliger Holzhäuser stand, glänzt heute ein Wolkenkratzer, eine Wohnanlage im Rauchglas-Look oder zumindest ein Einkaufszentrum. Und der letztjährige Stadtplan von Beijing oder Shanghai gehört sowieso zum Altpapier. Andere Veränderungen sind weniger offensichtlich aber nicht minder weitreichend: Durch die politischen Lockerungen der 1980er und 1990er Jahre sind viele, einst als bourgeoise Übel verfemte traditionelle Elemente wieder salonfähig geworden, sind Götter, Geister und Ahnen klammheimlich in den Hausaltar zurückgekehrt.

Das Land hat eine rasante Entwicklung durchlaufen.

Egal ob es sich um eine Geschäftsreise, wichtige Geldanlagen oder das Hochzeitsdatum handelt, große Entscheidungen erfordern wieder die Konsultation eines Wahrsagers und/oder Geomantikers. Laptop, Handy und mindestens zwei Piepser (Keine falsche Bescheidenheit, der erfolgreiche Manager kann es sich leisten!) gehören genauso zur Grundausstattung des modernen chinesischen Geschäftsmanns wie der astrologische Almanach. Die Liste derartiger Gegensätze und Widersprüche lässt sich fast beliebig fortführen. Kein Wunder also, dass viele Reisende zu dem befremdlichen Schluss kommen, China sei zwar irgendwie anders, aber nicht sehr chinesisch.

Ich hoffe, es ist mir gelungen, mit dem vorliegenden Band *Reisegast in China* den Hintergrund dieses höchst verwirrenden Cocktails aus traditionellen Elementen, sozialistischen Regeln und deren frühkapitalistischer Umsetzung zu erläutern. Genauso möchte ich dem Leser helfen, die wichtigsten sozialen Fettnäpfchen zu umschiffen und ein grundlegendes Verständnis für China zu entwickeln. Auf den mahnenden Zeigefinger habe ich möglichst verzichtet, und lieber auf persönliche Erfahrungen zurückgegriffen: Mit einer Portion Humor und Gelassenheit ist man in China allemal besser bedient als mit starren Regeln.

Etwas Humor hilft immer weiter.

Eines ist jedenfalls sicher: Wer sich mit China beschäftigt, wird immer wieder mit völlig neuen Aspekten der Kultur konfrontiert und wird sich ganz bestimmt nie langweilen.

Über die Autorin

Françoise Hauser, M.A., geb. 1967, hat an der Universität Erlangen Sinologie und Geographie studiert, darunter auch zwei Semester in Nanjing/VR China und ein Semester in Tainan/Taiwan. Sie spricht und schreibt Mandarin.

Drei Jahre als Marketing Manager bei einem chinesischen Reiseveranstalter haben ihr nicht nur zu einem großen Fundus an deutsch-chinesischen Anekdoten verholfen, sozusagen als empirische Dauer-Recherche zum Thema interkulturelle Missverständnisse, sondern auch viel Einblick in die chinesische Geschäftswelt gewährt.

Heute ist Françoise Hauser als freie Journalistin, Autorin und interkulturelle Trainerin mit dem Themenschwerpunkt Asien tätig. Sie lebt und arbeitet in Frankfurt/Main. Nach wie vor besucht sie China so oft es geht und durchforstet das Land nach spannenden Themen. Dank der rasanten gesellschaftlichen und wirtschaftlichen Entwicklung Chinas dürfte ihr der Schreibstoff auch in den nächsten 50 Jahren kaum ausgehen. Weitere Kostproben gibt's im Internet unter www.texte-seminare.de sowie www.fulan.de

»Unterschrift« (chinesischer Namensstempel)
von Françoise Hauser

Was ist »China«?

»Ist es nicht grandios, wie sehr sich China verändert hat?«
Taxifahrer auf der Fahrt vom Flughafen in die Stadt
beim Anblick der neuen Skyline von Shanghai

Typisch chinesisch – gibt es das überhaupt? Was verbindet einen Bauern aus dem sibirischen Grenzgebiet mit einem Geschäftsmann aus Kanton? Welche Gemeinsamkeiten haben Chinesen der Wüsten-Provinz Xinjiang mit den Bewohnern Shanghais? Obwohl sich das Reich der Mitte über fast zehn Millionen Quadratkilometer erstreckt (was zirka 27-mal der Fläche Deutschlands entspricht), zählen gut 92 % aller chinesischen Staatsbürger zur Ethnie der »Han«, der Volksgruppe, deren Angehörige im Ausland als »die Chinesen« schlechthin gelten und die für die Kultur des Reiches überaus prägend war. Das heißt, dass allen regionalen Unterschieden zum Trotz die philosophischen und religiösen Vorstellungen, Traditionen und Ansichten, kurzum, die kulturellen Grundpfeiler des weitaus größten Teils aller Chinesen im Großen und Ganzen dieselben sind.

Einer der Hauptgründe, weshalb sich eine gemeinsame Kultur über ein derart großes Staatsgebiet hinweg bilden konnte, ist die Kontinuität der chinesischen Zivilisation: Kein Volk dieser Erde kann auf eine so lange und durchgehende Geschichte blicken, wie es die Han-Chinesen tun. Eine andere Ursache liegt in der geschichtlichen Entwicklung des Landes: Jahrhundertelang blieb China nach außen hin abgeschottet, lediglich über die Handelswege wurde ein spärlicher Kontakt zum Orient unterhalten.

Das Resultat dieser über 4000-jährigen kulturellen »Nabelschau« lässt sich fast überall auf der Welt beobachten. Egal, ob in China selbst, in den Chinatowns der westlichen Großstädte oder unter den chinesisch-stämmigen Händlern Südostasiens: Über die wichtigsten Aspekte des Lebens ist man sich einig – und darüber, dass die chinesische Kultur (selbstverständlich!) mit Abstand die beste ist.

China erstreckt sich über fast zehn Millionen Quadratkilometer …

… und dennoch besitzt die Mehrheit seiner 1,3 Milliarden Bewohner ein gemeinsames kulturelles Erbe.

Lärm und Hektik prägen die Städte.

Lokale Unterschiede lassen sich allerdings nicht leugnen, schließlich leben die 1,3 Milliarden Bewohner des Landes in den verschiedensten geographischen Regionen: China erstreckt sich, von kühl-gemäßigt bis tropisch, über vier Klimazonen. Während auf der Insel Hainan am südlichsten Zipfel längst Badewetter herrscht, zittern die Hauptstadtbewohner im Norden noch bei eisigen Temperaturen von bis zu -20 °C. Genauso vielfältig ist auch die Oberflächengestalt des Landes. Bei 43% Gebirgsflächen, 26% Hochebenen und 19% Hügel- bzw. Beckenlandschaften in trockenen Gefilden bleiben magere 12% Ebenen im Tiefland. Schlechte Karten also für alle Bauern, denn insgesamt nur 11% der

Landesfläche sind landwirtschaftlich nutzbar. Jedes noch so kleine »Handtuch« Ackerboden ist daher wertvoll und muss bebaut werden, um die riesige Bevölkerung zu ernähren. Wo der Regen nicht ausreicht oder nur unregelmäßig fällt, wird bewässert – gut die Hälfte des kultivierbaren Landes wird auf diese Weise nutzbar gemacht. Selbst den steilsten Hängen ringt man in China per Terrassenfeldbau noch etwas ab, sofern es die Bodenqualität zulässt.

Die geographischen Regionen

Grob gesprochen teilt sich das Festland in drei große geographische Treppenstufen, die durch Bewegungen der Erdkrusten im Tertiär entstanden. Die höchste Stufe bildet das Hochplateau von Tibet im Südwesten des Landes mit einer Durchschnittshöhe von mehr als 4500 m. Als nächste Stufe folgen das Tarimbecken im Nordwesten, das Lössplateau des Gelben Flusses sowie die Gebirge vom großen Xinggan bis zum Yunnan-Plateau im Südwesten. Als letzte Stufe gelten die Ebenen der Dsungarei im äußersten Nordwesten und die ostchinesische Küstenebene. Nimmt man Oberflächengestalt, Böden und Klima zusammen, ergeben sich die folgenden acht Großräume:

Im Reich der Kälte: Der Nordosten

Der Nordosten Chinas *(dongbei pingyuan* 东北平原*)*, also die Provinzen Heilongjiang, Jilin und Liaoning, reicht von der Xinggan-Gebirgskette im Westen bis zur nordkoreanischen Grenze. Im Norden begrenzt der Amur *(heilongjiang* 黑龙江*)* die Region, im Süden ist es das Gelbe Meer *(huanghai* 黄海*)*. Dank fruchtbarer Böden gehört der Nordosten zu den landwirtschaftlich wichtigsten Gebieten. Nur mit dem Klima hapert es ein wenig: Sibirische Winter mit Temperaturen von bis zu -40 °C sorgen dafür, dass der Nordosten selten auf der Wunschliste der Touristen erscheint. Viel angenehmer wird es auch im Sommer nicht: Dann schwingt sich das Thermometer auf Rekordtemperaturen von bis zu 40 °C – plus in diesem Fall, oft auch in Kombination mit Niederschlägen. Wirtschaftlich war der Nordosten trotzdem lange eine Schlüsselregion, denn seine Großstädte Changchun, Shenyang, Harbin und Anshun beherbergen die wichtigsten Schwerindustrie-Anlagen sowie zahlreiche Ölraffinerien. Heute kämpfen die unprofitablen Staatsbetriebe ums Überleben. Massenentlassungen sind daher an der Tagesordnung und sorgen für sozialen Sprengstoff.

Immer noch die wirtschaftspolitische Schlüsselregion Chinas

Auch aus historischer Sicht ist der Nordosten interessant: Von 1932 bis 1945 errichteten die japanischen Besatzer hier das Reich Mandschukuo und ließen es von einer Marionettenregierung unter Puyi, dem letzten Kaiser von China, regieren. Obwohl unter der letzten Dynastie, den mandschurischen Qing-Herrschern, ein generelles Zuzugsverbot für Han-Chinesen verhängt worden war, sind die Bewohner der Mandschurei heute in der Regel weder sprachlich noch äußerlich von den Han zu unterscheiden.

Das mongolische Grenzland

Die autonome Provinz der Inneren Mongolei *(Nei Menggu* 内蒙古*)* besteht zu großen Teilen aus Wüste und Grasland. Kein Wunder, dass die Provinz nur dünn besiedelt ist. Bis zum Ende der Qing-Dynastie gehörte auch ihr Nachbarstaat, die Äußere Mongolei, zum chinesischen Staatsgebiet. 1924 erklärte sie sich unabhängig, seither verläuft die Grenze quer durch die Wüste Gobi, die sich rühmt, die kälteste und nördlichste Wüste der Erde zu sein. Bis -40 °C reichen die winterlichen Temperaturen, während sich die Wüste im Sommer bis über +40 °C aufheizt. Regen müssen die Besucher der Mongolei allerdings kaum fürchten. Lediglich zwischen Juni und September treten vereinzelt Niederschläge auf. Für Europäer besonders überraschend sind die großen Unterschiede zwischen Tag- und Nachttemperaturen: Sie können auch im Sommer bis zu 20 °C betragen.

Die Innere Mongolei: seit jeher das Viehzuchtzentrum Chinas

Die Bewohner der Inneren Mongolei gehören zu den Nachfahren der Horden des legendären Kublai Khan, die 1271 das chinesische Reich eroberten und für fast 100 Jahre einen mongolischen Herrscher auf den Thron setzten. Obwohl die traditionell nomadische Lebensform praktisch kaum mehr anzutreffen ist, ist die Innere Mongolei noch immer das Viehzucht-Zentrum Chinas.

Archaisches Dasein

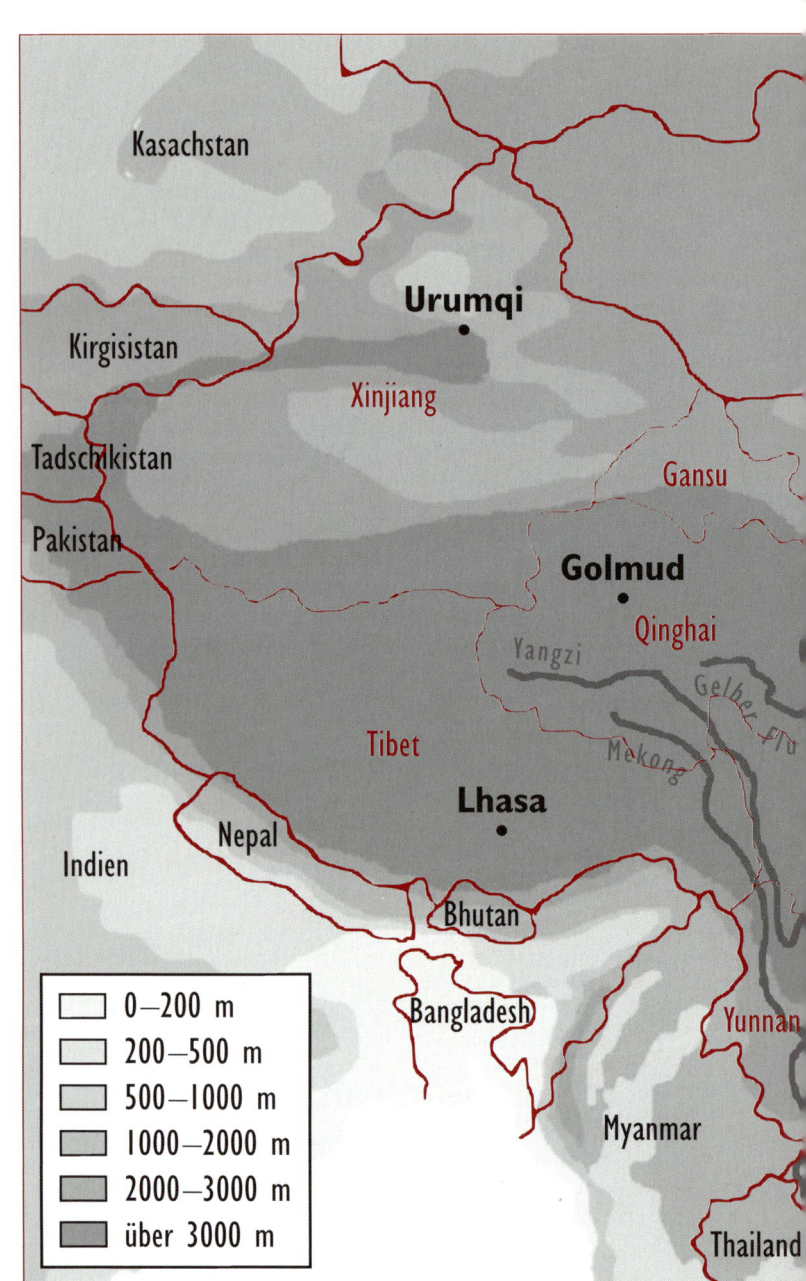

Dargestellt sind die Landes- und Provinzgrenzen, einige wichtige Städte und Flüsse sowie das Relief Chinas. Weitere thematische Karten zur Geschichte Chinas finden Sie in dem Kapitel »Das Alte China«, S. 33ff.

Kasachstan

Urumqi

Kirgisistan

Xinjiang

Tadschikistan

Gansu

Pakistan

Golmud

Qinghai

Yangzi

Gelber Fluß

Tibet

Mekong

Lhasa

Nepal

Indien

Bhutan

Bangladesh

Yunnan

	0–200 m
	200–500 m
	500–1000 m
	1000–2000 m
	2000–3000 m
	über 3000 m

Myanmar

Thailand

Zurück zu den Ursprüngen: Rund um den Gelben Fluss

Fluch und Segen des Gelben Flusses: Flutkatastrophen und fruchtbares Schwemmland

Die Provinzen rund um den Gelben Fluss *(Huanghe* 黄河*)*, also Shaanxi, Shanxi, Henan, Shandong, Hebei und Henan, haben für fast alle Chinesen eine besondere Bedeutung: Hier, in den Bergen der gelben Löss-Erde *(huangtu* 黄土*)* und der davor liegenden Schwemm-Ebene, stand die »Wiege Chinas«. Auch wenn man heute von zeitgleichen Kulturen in Südchina weiß, gilt die Region als Ursprungsort der »Gelben Kultur«, der prägendsten Kraft der chinesischen Zivilisation. Dass sich gerade hier eine Hochkultur entwickeln konnte, hängt eng mit dem Löss zusammen: Fruchtbar wie sonst kein Boden, bedecken die staubigen Körner bis auf 300 Meter Tiefe das Bergland der Provinzen Gansu, Shanxi, Shaanxi und Henan und bleiben dabei doch so spröde, dass das Land fast schon mit der bloßen Hand umgegraben werden kann. Sogar in Sachen Wasserspeicherung schlägt der Löss alle Konkurrenten um Längen. Wenn er welches bekommt – denn im trockenen Nordchina regnet es nur selten, aber heftig. Dann allerdings zeigt sich die einzige negative Eigenschaft des Lösses. Fast wie Seife lässt er

sich von den Hängen waschen, hinterlässt tiefe Rinnen und manchmal sogar blanken Fels. Was vom Regen nicht abgetragen wird, erledigt der Gelbe Fluss, der sich erst hier, in den Löss-Bergen, seinen Namen verdient und die abgetragene Schlammfracht zur Ebene bringt.

Beim Eintritt in die nordchinesische Ebene verlangsamt sich die Fließgeschwindigkeit, der mitgeführte Schlamm sinkt zu Boden und erhöht dadurch ständig das Flussbett. An einigen Stellen liegt der Huanghe mittlerweile in einem selbst geschaffenen

Der Gelbe Fluss bei Lanzhou

Damm fast zwölf Meter über dem Umland. Das stellt kein Problem dar, solange der Fluss stetig fließt. Regnet es jedoch besonders heftig am Ober- oder Mittellauf, bilden sich Flutwellen, die die fragilen Seitenwände einreißen. Ist der Damm erst gebrochen, muss sich der Huanghe einen neuen Verlauf in der Ebene suchen, denn in das ursprüngliche, erhöhte Flussbett kann er schließlich nicht zurückspringen.

Allein in den letzten 2000 Jahren kam es so zu 26 größeren Laufverlegungen, begleitet von verheerenden Flutkatastrophen. Die furchtbarste Überschwemmung des 20. Jahrhunderts ereignete sich 1931, als zwischen Juli und November 100 000 Quadratkilometer Land (etwa die Fläche Ungarns) überflutet waren. Um die 80 Millionen Menschen wurden obdachlos, über 2 Millionen Menschen ertranken in den Fluten oder starben in der darauf folgenden Hungersnot.

Die letzte furchtbare Überschwemmung ereignete sich 1931.

Kein Wunder, dass durch alle Herrscher-Dynastien der chinesischen Geschichte hinweg die Flussregulierung immer zu den Schlüsselaufgaben des Staates gehörte: Nur durch meisterhafte Organisation und technische Innovation ließ sich der Fluss bändigen. Die daraus entstandene »hydraulische Gesellschaft« verwandelte sich schnell in eine Hochkultur.

Klimatisch ist Nordchina ebenfalls nicht verwöhnt: Im Winter frieren die Bewohner bei bis zu -30 °C, im Sommer heizt sich die Luft auf bis zu +40 °C auf. Regen muss der Besucher zu keiner Jahreszeit fürchten, denn Niederschläge haben geradezu Seltenheitswert. Im Frühling und Herbst erfahren die Bewohner Nordchinas am eigenen Leibe, woher der Löss im Grunde genommen stammt: Dann nämlich wehen Staubstürme den feinen Sand der Wüste Gobi bis vor die Haustür und sorgen für allgemeines Zähneknirschen.

An der Grenze zwischen Arm und Reich: Das Yangzi-Becken

Offiziell trennt der Yangzi *(Changjiang* 长江 *)* Nord- und Südchina: Spätestens im Winter hat dies weitreichende Folgen, denn südlich des Flusses verzichtet man trotz eisiger Wintertemperaturen traditionell auf Heizungen. Bis auf -10 °C sinkt das Thermometer in den Provinzen Hubei, Anhui, Jiangsu, Shanghai, Zhejiang, während im Sommer immerhin bis zu +45 °C drin sind. Nicht umsonst gelten die Yangzi-Städte Chongqing, Nanjing und Wuhan als die »Backöfen« Chinas.

Wanderarbeiter aus den Inlandsregionen ziehen zu Hunderttausenden an die prosperierende Küste.

Wirtschaftlich ist das Gebiet nicht erst seit der wirtschaftlichen Öffnung eine Schlüsselregion: Fruchtbare Schwemmlandböden und lange, subtropische Vegetationsperioden sorgen für mehrere Ernten pro Jahr. Durch die wirtschaftliche Öffnung hat sich allerdings auch innerhalb des Yangzi-Beckens ein starkes Gefälle ergeben: Wanderarbeiter aus den Inlandsregionen Anhui und Hubei ziehen zu Abertausenden in die Küstenregionen Jiangsu, Shanghai und Zhejiang, wo das Durchschnittsgehalt mittlerweile ein Vielfaches beträgt. Nirgendwo sonst wächst die Wirtschaft so schnell, erleben so viele Chinesen den neuen Wohlstand, wie in dieser Region Chinas. Hauptmotor des neuen Wirtschaftswunders ist natürlich Shanghai: Während die Weltmetropole im Westen vor allem aufgrund ihrer »anrüchigen« Geschichte als »Hure Asiens« bekannt ist, steht der Name im Land selbst für Modernisierung und Fortschritt. Anstelle der Bordells und Clubs der 1930er Jahre leistet sich die Stadt heute daher modernste Infrastruktur und eine Skyline, die in Europa ihresgleichen sucht.

INFO

Ein Denkmal für die neuen Kaiser

Wie der Gelbe Fluss verursacht auch der Yangzi immer wieder verheerende Überschwemmungen. Kein Wunder, dass die chinesischen Regenten seit Jahrhunderten davon träumten, auch diesen Fluss zu bändigen. Aufgrund der immensen Wassermassen – der Yangzi ist der drittmächtigste Strom der Erde –,

der hohen Fließgeschwindigkeit und vor allem topographischer Gegebenheiten, entstanden die ersten konkreten Pläne dazu erst in diesem Jahrhundert. Sun Yatsen, der »Vater des modernen China« und ein sonst eher bescheidener Demokrat, war es, der als erster vorschlug, an den Drei Schluchten *(sanxia* 三峡 *)* einen Damm zu errichten. Politische Unruhen und der 2. Weltkrieg sowie der darauf folgende Bürgerkrieg ließen die Pläne aber wieder in der Schublade verschwinden. Erst nach einigen katastrophalen Überschwemmungen Ende der 1950er Jahre wurde das Vorhaben auf Maos Anregung hin wiederbelebt. Seither streiten sich Befürworter und Gegner aufs Erbittertste: Schutz vor Überschwemmungen, vereinfachte Schifffahrt und vor allem viel Strom für das wachsende Entwicklungsland führen die einen ins Feld, während die anderen vor ökologischen wie sozialen Folgen und der Gefährdung im Falle eines Dammbruchs warnen.

Sicher ist auf alle Fälle, dass auch der Yangzi in den letzten 100 Jahren mehr als eine Million Opfer forderte. Der erfolgreiche Bau eines Staudamms und damit die Kontrolle über Chinas größten Fluss wäre daher für die chinesische Regierung ein Denkmal ganz im Sinne der »hydraulischen Kaiser«.

Die Heimat der Händler: Der Südosten

Traditionell orientiert sich der Südosten zum Meer hin.

Gleich im Anschluss an das Yangzi-Becken liegt die Region Südostchina, deren Plateaus sich von der tibetischen Hochebene bis zum südchinesischen Meer erstrecken. Subtropische bis tropische Temperaturen, viel Regen und lange Wachstumsperioden zeichnen das Klima der Provinzen Guangdong, Fujian, Jiangxi, Guangxi, Hunan und Hainan aus. Frieren muss hier niemand, denn selbst im Winter sinken die Temperaturen nur selten unter 10 °C. Eigentlich ideal für die Landwirtschaft, wäre da nicht das Problem der schlechten Bodenqualität. Vielleicht haben sich deshalb viele Südchinesen schon im Alten China dem Handel zugewandt. Heute zumindest gelten vor allem die Kantonesen als gewiefte Kaufleute, auf die man im Norden gerne ein wenig herabsieht. Ein bisschen Neid ist sicher mit dabei, denn von übertriebener Bescheidenheit hält man im Süden wenig. Wer es in Guangdong zu etwas gebracht hat, lässt auch die anderen (wenigstens optisch) an seinem Reichtum teilhaben: Nirgendwo sonst werden Beeper und Handy so demonstrativ als Statussymbole am Gürtel getragen. Die Wirtschaftssonderzonen Shenzhen und Zhuhai an der Grenze zu Hongkong gelten als das Eldorado der wirtschaftlichen Aufsteiger.

Wer die Chinatowns in London, San Francisco oder irgendeiner anderen beliebigen Stadt besucht, kann auch außerhalb Chinas das Flair des Südostens schnuppern. Traditionell stellten die Bewohner Guangdongs und Fujians schon immer die Mehrheit aller Auswanderer.

Chili und Minoritäten: Südwestchina

Auch ohne China je betreten zu haben, ist der Südwesten Chinas, zumindest die Provinz Sichuan (meist in der Schreibweise Szechuan), fast jedem China-Restaurantbesucher ein Begriff: Die Provinz der Chili-Gerichte ist jedoch nicht nur für scharfe Gerichte bekannt, sondern gilt auch als die Kornkammer des Landes. Dank des heißen und feuchten Klimas können hier bis zu drei Ernten pro Jahr erzielt werden. Obwohl der Südwesten weit ab der Küste liegt, spüren zumindest die Großstädte der Provinzen Yunnan, Sichuan, Guizhou und Guangxi das wirtschaftliche Wachstum.

Heimat für besonders viele eigenständige Minoritäten

Allen Provinzen gemein ist, dass hier neben den vorherrschenden Han-Chinesen besonders viele, kulturell und sprachlich eigenständige Minoritäten beheimatet sind. Klimatisch gesehen gehört der Südwesten zu den angenehmen Reisezielen. Zwar wird es im Sommer in den Tälern außerordentlich heiß, in den Höhenlagen jedoch herrscht auch im August immer eine angenehme Brise. Im Winter sinken die Temperaturen nur selten unter 10 °C. Lediglich in der Provinz Sichuan haben Schnee und Eis hin und wieder eine Chance. Für den Reisenden am allerwichtigsten sind jedoch die spektakulären Natur-Highlights der Region. Egal ob in den skurrilen Kegelkarstbergen Guangxis, den Himalaya-Ausläufern Yunnans oder den Reisterrassen Guizhous und Sichuans, hier trifft der Reisende am ehesten auf asiatische Bilderbuch-Szenarios.

Für das Foto strahlen sie um die Wette: Kinder der Tu-Minderheit

INFO

Chinas Minoritäten-Völker

Neben den Han zählt China 56 anerkannte Minoritäten wie beispielsweise die Uighuren, Zhuang, Yi, oder Miao. Ob man den vorherrschenden Han oder einer anderen Ethnie angehört, hat weitreichende Folgen: Die Volkszugehörigkeit bestimmt unter anderem, ob die Ein-Kind-Regel zum Tragen kommt. Mitglieder der Minoritäten sind davon ausgenommen. De facto scheren sich die Einwohner dieser entlegenen Gebiete aber ohnehin oft keinen Deut um die Vorschriften. Beijing ist weit, wenn man in der Steppe Westchinas wohnt. Für die Zentralregierung lohnt es sich in mehrfacher Hinsicht, die Minoritäten bei Laune zu halten: Sie bevölkern immerhin mehr als 50 % des chinesischen Territoriums. Delikaterweise handelt es sich dabei meist um Regionen, die zwar landwirtschaftlich schlecht nutzbar sind, dafür aber viele Bodenschätze bergen.

Die Tibetische Hochebene

Das zerklüftete Bergland gehört zu den höchsten Plateauregionen der Welt.

Im äußersten Südwesten Chinas liegt die Tibetische Hochebene *(Xizang Pingyuan* 西藏平原*)*. Mit gut 4500 Metern Durchschnittshöhe gehört das zerklüftete Bergland zu den höchsten Plateauregionen der Welt. Im Süden begrenzt der Himalaya *(Ximalaya shan* 喜马拉雅山*)* Tibet, im Westen der Pamir und der Karakorum. Im Norden umranden die Hochgebirge Kunlunshan und Qilianshan die Region. Klimatisch ist das »Dach der Welt« erst einmal nicht besonders verlockend: Aufgrund der Höhe klettern die Temperaturen selten über die 15-°C-Marke. Dafür herrscht allerdings meist klares Wetter. Mit gerade einmal 100 mm Niederschlag im Jahr gehört die tibetische Hochebene zu den trockenen Gebieten Chinas. Trotzdem entspringen hier die größten Flüsse Süd- und Südostasiens: Indus, Ganges, Brahmaputra, Mekong, Yangzi und der Gelbe Fluss bahnen sich den Weg durch das Himalaya-Gebirge.

Die chinesischen Steppen und Wüsten: Der Nordwesten

Die Ölquellen des Tarimbeckens spielen eine wichtige Rolle.

Trocken und äußerst lebensfeindlich zeigt sich auch der Nordwesten Chinas mit den Provinzen Xinjiang, Qinghai, Gansu und Ningxia. Rund um die Taklamakan-Wüste herrschen nachts oft klirrend kalte Temperaturen, während die Sommer-Temperaturen bis zu +40 °C erreichen können. Im Winter sinkt das Thermometer auf bis zu -20 °C. Landschaftlich spielt diese Region nur eine geringe Rolle: Aufgrund des Steppenklimas sind lediglich die bewässerten Gebiete kultivierbar. Ihre Bewohner sind zu einem Großteil moslemische Minoritäten, die der Zentralmacht in Beijing nicht immer wohl gesonnen sind. Dass man in China dennoch auf keinen Fall auf die nordwestlichen Gebiete verzichten will, hat vor allem mit Rohstoffen zu tun. Die Ölquellen des Tarimbeckens und die substantiellen Kohle- und Gasvorkommen Xinjiangs spielen in der Volkswirtschaft eine große Rolle.

INFO

Das Klima Chinas

Für das chinesische Klima gelten einige grobe Grundregeln, die jeder Reisende kennen sollte: Je weiter von der Küste, desto weniger Regen, wobei Nordchina ohnehin sehr trocken ist. Im Süden des Landes ist der Monsun eine treibende Kraft: Im Winter strömt kalte, trockene Luft aus dem sibirischen Hochdruckgebiet nach China. Nördlich des Yangzi ist es deshalb sehr kalt und trocken. Im Sommer hingegen strömt die Luft vom Pazifik landeinwärts und bringt warme feuchte Luftmassen mit sich. Hin und wieder wirbelt dann ein Taifun über die Küste und sorgt für Aufregung.

Frühling und Herbst sind ausnehmend kurz. Den Sprung von beispielsweise -5 °C in Shanghai zu +15 °C kann innerhalb weniger Tage erfolgen. Fast überall wird es im Sommer sehr heiß, im Winter jedoch unterscheiden sich die Temperaturen erheblich: Von der Nordgrenze bis kurz vor Shanghai gehören Schnee und bittere Minusgrade dazu. Ab dem Yangzi werden die Winter milder, je weiter man sich nach Süden bewegt. Auf der tropischen Insel Hainan haben Sie den Winter dann überholt: Hier kann das ganze Jahr gebadet werden.

Wer im Nordwesten nur Jurten und Nomaden vermutet, liegt grundlegend falsch. Zwar haben sich viele Dörfer die traditionelle Lebensweise erhalten, in den Großstädten wie Urumqi jedoch trifft man auf dieselbe Skyline wie im entfernten Shanghai oder Beijing.

China in den Augen des Westens

Während in puncto Geographie vor allem die Fakten sprechen, gehen die Vorstellungen beim Menschen- und Kulturbild weit auseinander:»Mystisches China!« schwärmen die einen und vermuten im Reich der Mitte die geballte orientalische Weisheit.»Blaue Ameisen« lautet das Urteil anderer, die dabei vor allem an revolutionäre Massen mit Mao-Bibeln denken.

Von beschaulicher Ruhe und meditativer Atmosphäre keine Spur

Welchem Klischee sich der westliche Reisende letztlich hingibt, hängt von seiner politischen Couleur und seinem Alter ab. Allen (Vor-)urteilen gemein ist, dass sie einer rigorosen und vor allem permanenten Bearbeitung bedürfen. Erst-Reisende trifft es dabei genauso wie erfahrene Weltenbummler, deren letzter China-Besuch bereits einige Zeit zurückliegt. Selbst Chinesen, die ihr Heimatland nach Jahren im Ausland wieder betreten, bleibt geradezu die Spucke weg. Von beschaulicher Ruhe und meditativer Atmosphäre keine Spur! Millionenfache Radfahrer? Von wegen! Wer es sich leisten kann, fährt Auto, am liebsten mit eingebautem GPS-Navigationssystem und vor dem musikalischen Hintergrund der aktuellen US-Charts. Erst in den kleinen Seitenstraßen überwiegen wieder die Radfahrer, deren Zahl stetig schrumpft.

Auch architektonisch kann China mit Überraschungen aufwarten: Natürlich gibt es geschwungene Dächer und Pagoden – dort, wo die Abrissbirne noch nicht zugeschlagen hat. Aus Zeitgründen: Schließlich kann man nicht alles auf einmal modernisieren. Lediglich Tempel und andere Sehenswürdigkeiten überleben die radikale Erneuerung der Städte relativ unbeschadet.

Von der Chinoiserie zur revolutionären Empathie

Marco Polo beschrieb China in beeindruckenden Superlativen.

Bei aller Überraschung ist der Reisende in guter Gesellschaft, denn verzerrte Chinabilder haben im Westen Tradition. Bis zur Mongolenherrschaft des 13. Jahrhunderts wusste man in Europa mangels direkter Kontakte fast nichts über den Fernen Osten. Erst mit dem mongolischen Großreich des Dschingis Khan und seiner Nachfahren wurde es möglich, auf dem Landweg relativ gefahrenfrei bis China zu reisen. Allen voran sorgte Marco Polo für Furore, denn er beschrieb China in beeindruckenden Superlativen. Mit der Missionierung durch die Jesuiten wurde das Interesse an China erneut entfacht: Schon aus eigenem Interesse übermittelten diese ein sehr positives Chinabild, schließlich sollte die Missionierung lohnenswert erscheinen. Im 17. und 18. Jahrhundert gipfelte schließlich die Sinophilie in der Modewelle der Rokoko-Chinoiserien. Wer etwas auf sich hielt, richtete sich ein China-Zimmer mit allerhand fernöstlichem Kitsch ein. Mittlerweile galt das Reich der Mitte als äußerst fortschrittliches und gebildetes Land.

In der Zeit des Kolonialismus rutschte das Image der Chinesen wieder auf Tiefstand.

In der Zeit des Kolonialismus rutschte das Image der Chinesen allerdings schnell wieder auf den Tiefststand. Nun galt es, die »gelbe Gefahr« in Schach zu halten und sich eine möglichst große Scheibe vom kolonialen Kuchen abzuschneiden. In den Wirren des 1. und 2. Weltkrieges blieb den Europäern wenig Zeit, sich Gedanken über den Fernen Osten zu machen. Als die Studenten der 1960er Jahre auf der Suche nach Vorbildern ihren Blick wieder gen Osten wandten, waren es die uniformierten Massen der Roten Garden, die als »blaue Ameisen« das Bild der Chinesen prägten. Ein wenig krankt das Chinabild der Deutschen daran auch heute noch, gelten doch Chinesen hierzulande als äußerst fleißig, undurchsichtig und geradezu durchtrieben, wenn es um Geschäfte geht.

Chinese wird man nicht ... man ist es!

Sich selbst sehen die Chinesen – natürlich – ganz anders. Allem voran ist man stolz darauf, zur ältesten Zivilisation der Menschheit zu gehören. Nicht die Rasse eint die Chinesen, sondern die gemeinsame Kultur. So unterschiedlich Chinesen auch sein mögen, vom nordchinesischen Bauern bis zum kantonesischen Händler haben sie alle eines gemeinsam: Sie fühlen sich demselben Kulturkreis der »Nachfahren der Han-Dynastie« zugehörig – das Hochchinesische wird auch heute noch als »Sprache der Han« *(Hanyu* 汉语*)* bezeichnet –, sie sind stolz auf dieselbe Geschichte, berufen sich auf dieselben moralischen Werte, lesen dieselben Schriftzeichen.

Für manch einen Bauern ohne Fernsehen ist es heute noch recht unvorstellbar, ein Mensch könne *nicht* aus China kommen. Woher sonst? China war (und ist) das Zentrum der Welt, das »Reich der Mitte« *(Zhongguo* 中国 *)*. Alles andere drum herum mag in vielerlei Hinsicht interessant, begehrenswert oder auch nachahmenswert sein, doch insgeheim ist und bleibt es etwas besonderes, Chinese zu sein. Viele Chinesen, die es im Ausland zu Geld und Karriere gebracht haben, schicken nicht selten ihre Kinder bereits im Säuglingsalter zurück nach China zu den Großeltern. Dies hat nichts mit mangelnder Elternliebe zu tun – sie sollen einfach in der denkbar »besten« Kultur der Welt zu gesitteten Menschen erzogen werden.

In den Augen aller Chinesen war und ist China das Zentrum der Welt.

Wie stark dieses Bewusstsein der Kultur- und Volkszugehörigkeit ist, merken immer wieder Auslandschinesen. Egal ob sie die chinesische Sprache beherrschen oder nicht, egal wann die Vorfahren ausgewandert sind, egal ob sie sich selbst als Amerikaner oder Australier verstehen: Ein Chinese bleibt Chinese und gehört ergo dazu. Dieses Privileg ist allerdings nicht nur mit Vorteilen verbunden: So kommt es vor, dass sich junge, chinesisch-stämmige Amerikanerinnen schräge Blicke gefallen lassen müssen, wenn sie mit ihren amerikanischen Kommilitonen in China unterwegs sind. Ein anständiges Fräulein raucht nicht, trinkt nicht und treibt sich ganz bestimmt nicht nachts mit Ausländern in den Amüsiervierteln herum: Für eine Chinesin – gleichgültig woher sie stammt – ist dieses Verhalten schlichtweg nicht akzeptabel.

Stadt und Land: Ein Volk auf Wanderschaft

Wer die Unterschiede zwischen der Kantoner und Beijinger Innenstadt sucht, wird schnell enttäuscht: Allzu große Differenzen tun sich auf den ersten Blick nicht auf, weder in Sachen Warensortiment noch was die Mode angeht. Alles einheitlich also? Von wegen! Längst verläuft wieder ein tiefer Graben durch das Land. Nicht jedoch zwischen Nord und Süd, wie allgemein angenommen wird, sondern zwischen Stadt und Land. Gut zwei Drittel aller Chinesen leben fernab der Ballungsräume, meist in Regionen, die für ausländische Reisende nur schwer zu erreichen sind. Mit wenig Kaufkraft ausgestattet und von Touristen kaum wahrgenommen, werden sie im Westen gerne übersehen. Wie wichtig die Bauern und Tagelöhner des Landes wirklich sind, zeigte die sozialistische Machtübernahme 1949: Nur durch die Unterstützung der Bauern gelang es Mao Zedong, die republikanischen Truppen zu besiegen. Ihnen galt daher in den ersten Jahrzehnten der Volksrepublik das ganz besondere Augenmerk.

Gut zwei Drittel aller Chinesen leben fernab der Ballungsräume auf dem Land.

Noch vor 30 Jahren hatte man Stadt und Land, wenn auch mit brachialen Methoden, fast auf gleiches Niveau gebracht. Nicht wenige Städter landeten im Zuge der zentralen Arbeitsstellenzuweisung in der chinesischen Pampa, ohne die reelle Hoffnung, jemals wieder Stadtluft zu schnuppern. Der Vorteil dieses Systems lag auf der Hand: Auch im hintersten Winkel Chinas konnte man so, mit viel Glück, auf einen guten Arzt oder einen qualifizierten Lehrer stoßen. Heute hingegen er-

Unter Mao landeten viele Städter zwangsweise in der chinesischen Pampa.

Skyline von
Shanghai

Mehr als
150 Millio-
nen Wan-
derarbeiter
zieht es wie
magisch in
die Städte.

fordert es schon eine besonders große Portion Idealismus, eine Stelle auf dem Lande anzunehmen, schließlich locken die Städte mit ungleich höheren Gehältern.

Mit dem politischen Umschwung der 1980er Jahre wurde die automatische Stellenzuweisung abgeschafft, fortan suchten sich die Schul- und Studien-Absolventen selbst den passenden Arbeitsplatz. »Reich werden ist gut!« verkündete zudem der Staatschef Deng Xiaoping und untermauerte den tief greifenden politischen Wechsel mit einer einfachen Begründung: Ist erst ein Teil des Landes reich geworden, folgen die restlichen Provinzen fast von selbst. Ein Teil dieser Weissagung erfüllte sich geradezu im Handumdrehen: Innerhalb kürzester Zeit vervielfachten die Küstenbewohner ihre Einkommen, entstanden modernste Großstädte, deren Lebensstandard oft gar nicht mehr so weit dem Westen hinterherhinkt. Nur mit der ländlichen Entwicklung hapert es: Nach wie vor gehört das chinesische Hinterland zur Dritten Welt. Kein Wunder also, dass sich jedes Jahr Millionen von Chinesen aufmachen, in den Großstädten ihr Glück zu suchen. Legal ist das übrigens nicht: Nur wer eine Aufenthaltserlaubnis hat, darf in den Städten wohnen. Mit ein wenig Schmiergeld lässt sich diese Bestimmung allerdings oft umgehen. Wer bei den Passkontrollen ohne Genehmigung oder »Kleingeld« aufgegriffen wird, endet häufig im nächsten Zug zurück in die Heimatprovinz. Dort ist es dann nur eine Frage der Zeit, bis derselbe Arbeitssuchende im nächsten Zug nach Beijing oder Shanghai sitzt. Mindestens 150 Millionen derartiger Wanderarbeiter *(mangliu* 盲流 *)* gibt es mittlerweile in China!

Ganz besonders eindrucksvoll werden die Unterschiede abends auf der »Bund«-Promenade in Shanghai deutlich: Zwischen den Yuppies, Großverdienern und modischen Akademiker-Pärchen finden sich immer wieder Wanderarbeiter, die ihre karge Freizeit für einen Bummel über den berühmten Bund nutzen – den Blick fest auf das gegenüberliegende Ufer gerichtet: Die futuristische Skyline des ehemaligen Vororts Pudong ist das Symbol schlechthin für wirtschaftlichen Aufschwung und Fortschritt – und für die Wanderarbeiter, die staunend ob des farbigen Lichterspektakels der illuminierten Wolkenkratzer verharren, ein Hoffnungszeichen, dass der Luxus auch für sie selbst, vielleicht, irgendwann einmal, greifbar sein könnte.

China besteht aus den 22 regulären Provinzen *(sheng* 省 *)*

Heilongjiang 黑龙江	Jilin 吉林
Liaoning 辽宁	Hebei 河北
Henan 河南	Shanxi 山西
Shandong 山东	Shaanxi 陕西
Gansu 甘肃	Qinghai 青海
Sichuan 四川	Yunnan 云南
Guangdong 广东	Guizhou 贵州
Hunan 湖南	Hubei 湖北
Jiangxi 江西	Jiangsu 江苏
Fujian 附建	Zhejiang 浙江
Anhui 安徽	Hainan 海南

und aus fünf so genannten Autonomen Gebieten *(zizhiqu* 自治区 *)*, in denen die offiziellen Minoritäten einen hohen Bevölkerungsanteil stellen:

Guangxi 广西	Innere Mongolei 内蒙古
Ningxia 宁夏	Xinjiang 新疆
Xizang (Tibet) 西藏	

Ferner aus den vier regierungsunmittelbaren Städten *(shi* 市 *)*

Beijing 北京	Shanghai 上海
Chongqing 重庆	Tianjin 天津

und zwei Sonderverwaltungszonen *(tebie xingzhengqu* 特别行政区 *)* – ehemalige Kolonien, die an das Festland zurückgegeben wurden, allerdings noch weitere 50 Jahre unter besonderer Verwaltung stehen:

Hongkong 香港 (Mandarin: Xianggang, 1997 an China)

Macau 澳门 (Mandarin: Aomen, 1999 an China)

Gerne zählt man auf dem Festland auch die »Provinz Taiwan« als Provinz Nummer 23 dazu. Auf der Insel selbst macht man sich mit dieser Sichtweise allerdings keine Freunde.

Das Alte China

»Natürlich taugt dieser Fernseher etwas!
Der ist aus China, dem Land der 5000-jährigen Kultur!«
Ein Händler des Nanjinger Fuzimiao-Marktes
in einem nicht ganz ernsten Verkaufsgespräch

Das Ver-
ständnis
des Alten
und des
Neuen
China
bedingen
einander.

Geschichte und China – das scheint angesichts der hochmodernen Skylines und Chrompaläste der Küstenstädte ganz und gar nicht zusammenzupassen. Und warum soll sich der Reisende mit vergangenen Herrscher-Dynastien befassen, wenn doch die Chinesen selbst es offensichtlich gar nicht erwarten können, alles Alte abzureißen?

Wolken-
kratzer ver-
drängen
die tradi-
tionellen
Holzhäuser.

In architektonischer Hinsicht mag dies, zumindest für ein Großteil der Menschen in China, zutreffen: Fast alle Stadtbewohner ziehen die modernen Apartmentanlagen der Vorstädte den traditionellen und jahrhundertealten Wohnhöfen vor. Daraus allerdings auf ein mangelndes Geschichtsbewusstsein zu schließen, wäre voreilig – selbst einfache Landarbeiter sind selbstverständlich stolz darauf, zu einem Volk zu gehören, das auf über 5000 Jahre Geschichte zurückblicken kann. Und es blickt zurück. Ständig. Immer auf der Suche nach den vollkommenen Zuständen einer mythischen Frühzeit, der perfekten Welt, die im Laufe der Geschichte verloren ging. Das Paradies liegt in China in der Vergangenheit, als Erde und Himmel noch im kosmischen Einklang standen – nicht in der Zukunft!

Mythischer Beginn

Chinesische
Geschichte
beginnt
etwa 3000
Jahre vor
unserer
Zeitrech-
nung.

Nach traditioneller chinesischer Sichtweise beginnt die Geschichte bereits gut 3000 Jahre vor unserer Zeitrechnung. Der erste der drei mythischen Herrscher, der »drei Erhabenen« *(san huang* 三皇 *)*, *Pangu* (胖鼓), spaltete das Universum in Himmel und Erde. Seine beiden Nachfolger *Fuxi* (伏羲) und *Shennong* (神农) sowie die darauf folgenden so genannten »fünf Urkaiser« *(wu di* 五帝*)* brachten den Menschen die Grundlagen der Zivilisation: Ackerbau, Jagd, Handel, Wagenbau, Schrift, Töpferkunst, Seidenspinnerei und viele andere kulturelle Errungenschaften stammen nach der chinesischen Legende aus dieser Zeit.

Der letzte Urkaiser *Shun* (舜) übergab die Macht dem Herrscher *Yu* (禹), der wie alle seine Vorgänger aufgrund seiner überragenden Fähigkeiten für sein hohes Amt ausgewählt worden war: Er soll die Deichbauarbeiten am Gelben Fluss besonders erfolgreich koordiniert haben.

Fast unbekannt: Die Xia-Dynastie (2100–1600 v. Chr.)

Mit Yu beginnt die halb-legendäre Dynastie der Xia (夏) – und die dynastische Erbfolge, denn Yu setzte anstelle eines verdienten Untertanen seinen Sohn als Nachfolger ein. Ob Yu je wirklich existierte, ist nicht belegt, überhaupt war die Existenz der Xia lange Zeit umstritten. Jüngere Ausgrabungen in verschiedenen bronzezeitlichen Stätten, wie zum Beispiel nahe Zhengzhou (Provinz Henan), deuten jedoch darauf hin, dass es sie tatsächlich gegeben hat. Ihr Territorium erstreckte sich aller Wahrscheinlichkeit nach über die Fläche der heutigen Provinzen Shanxi, Henan und Hebei.

Gliederung nach Dynastien als historisches Ordnungsprinzip

Ahnenkult und erste Schrift: Die Shang-Dynastie (1600–1027 v. Chr.)

Erst mit der folgenden Dynastie, den Shang (商), beginnt eine archäologisch gut untersuchte Epoche. Das hat seinen Grund: Aus dieser Zeit nämlich stammen die ersten uns erhaltenen schriftlichen Zeugnisse. In den Gräbern rund um die ehemalige Hauptstadt Yin (nahe dem heutigen Anyang) wurden Waffen, Seide, Jade und andere Kostbarkeiten gefunden – und seltsam verzierte Knochenstücke und Schildkrötenpanzer: Diese »Orakelknochen« *(jiagu* 甲骨*)* waren mit allerhand Fragen beschriftet und dem Feuer ausgesetzt worden. Anhand der feinen Risse, die durch die Hitze entstanden waren, konnten Wahrsager der Shang-Epoche nun die Antworten des Himmels deuten. Dabei ging es nicht nur um wichtige Fragen der Staatsgeschäfte, sondern auch um »Trivialitäten« wie Wettervorhersage und Traumdeutung.

Die Shang: Archäologische Funde belegen ihre Existenz.

In gesellschaftlicher wie technischer Hinsicht waren die Shang bereits hoch entwickelt: Der König stand einer typischen Palastkultur vor. Als oberster Kriegsherr und wichtigster »Kontaktmann« zum Jenseits war er nicht nur die zentrale Figur des Ahnenkults, sondern des Staates überhaupt. Dank der gut erhaltenen Bronze-Fundstücke lässt sich auch heute noch nachvollziehen, dass die Shang die Kunst des Bronzegießens bereits meisterhaft verstanden.

Wächterlöwe am Kaiserpalast

Vom Himmelssohn regiert: Die Zhou-Dynastie (1027–221 v. Chr.)

Die Zhou: Herrscher mit himmlischer Rückendeckung

Bei aller Herrlichkeit nahm die Shang-Dynastie ein recht jähes Ende, als ihr Reich im 17. Jahrhundert v. Chr. vom Nachbarvolk der Zhou (周) überrannt wurde. Anstelle einer absoluten Zentralmacht trat nun eine feudalistische Ordnung: Das Reich wurde in Lehen unterteilt, die von königstreuen Fürsten geführt wurden.

Mit der Herrschaft der Zhou hielt neben dem Ahnenkult nun ein weiteres wichtiges kulturelles Element Einzug: *Tianming* (天命), das »Mandat des Himmels« als Glaubensprinzip, ermächtigte fortan den irdischen Herrscher des Reiches, die oberste Stellung in der Gesellschaft einzunehmen. Er war nun für das Gleichgewicht zwischen Kosmos, Himmel und Erde zuständig, musste darüber wachen, dass die himmlischen Regeln auf Erden ein Gegenstück fanden und – was sich im Laufe der Geschichte als besonders wichtig erweisen würde – er konnte dieses Mandat verlieren! In diesem Fall machte sich der himmlische Wille durch deutliche Anzeichen bemerkbar: Erdbeben, große Überschwemmungen und andere Naturkatastrophen kündigten das bevorstehende Ende seiner Herrschaft an.

Der Glaube an das »Mandat des Himmels« hatte einen sehr konkreten Hintergrund: Nur eine starke und integre Zentralmacht konnte die erforderlichen Deichbauarbeiten am Gelben Fluss und Yangzi koordinieren, und im Falle einer Katastrophe effektiv Hilfe leisten. Versickerten die Staatsausgaben jedoch in den Taschen korrupter Provinzbeamter, oder verlor etwa das Oberhaupt das Interesse am Wohlergehen des Volkes, dann war es nur eine Frage der Zeit, bis eine Überschwemmung das Land verwüstete.

Das »Himmelsmandat« rechtfertigt Aufstände und Machtwechsel – bis heute.

Im Laufe der Geschichte führte die Interpretation des »Himmelsmandats« immer wieder zu großen Aufständen und Machtwechseln. In gewisser Weise war es ja legitim, den Herrscher zu stürzen, hatte er doch ganz offensichtlich keine himmlische Rückendeckung mehr – letztlich war Rebellion ein geradezu konservativer Akt, der die Gesellschaft nicht verändern sollte, sondern zurückführen in den ursprünglichen Zustand. Geschichte stellte sich also als immerwährender Kreislauf dar: Die Rebellen von einst entwickelten sich schnell zu Machthabern, die wiederum selbst nach einer gewissen Zeit korrupt wurden, also ihre Macht missbrauchten und infolgedessen alsbald gestürzt wurden. Dieses »Kreislaufmodell« wirkt bis heute in den Köpfen der meisten Chinesen fort. Als zum Beispiel ein gewaltiges Erdbeben im Jahre 1976 Nordchina erschütterte, wunderte es niemanden, dass kurze Zeit darauf Mao Zedong starb und die Viererbande stürzte (vgl. Seite 57ff). Es war eben wieder an der Zeit für einen neuerlichen »Dynastiewechsel«.

Wie dehnbar der Begriff des »himmlischen Mandats« war, zeigte auch das Ende der Zhou-Dynastie. Bereits um das Jahr 475 v. Chr. machten sich erste Zerfallserscheinungen bemerkbar: Die zentrale Macht des Königs schwand, die lokalen Fürsten erstarkten und scherten sich bald keinen Deut mehr um die Weisungen des Königshofes. Alle von Ihnen glaubten sich vom »Mandat des Himmels« beseelt und führten folglich erbitterte Kriege untereinander. Derart viele zeitgenössische Gelehrte machten sich in Anbetracht dieser chaotischen Zustände Gedanken über den Sinn des Lebens, die optimale gesellschaftliche Ordnung, ja generell über einen Ausweg aus der offenkundigen Misere, dass diese Epoche heute trotzdem als »Goldenes Zeitalter« *(huangjin shidai* 黄金时代*)* der Geistesgeschichte gilt. Die Lehren der prominentesten Vertreter dieser »Hundert Schulen« *(zhuzi baijia* 诸子百家*)*, darunter Konfuzius *(Kongzi* 孔子*)*, Menzius *(Mengzi* 孟子*)* und Lao-Tse *(Laozi* 老子 *)*, gelten als Krönung der chinesischen Philosophie.

Grausam und erfinderisch: Die Qin-Dynastie (221–207 v. Chr.)

Einer der verfeindeten Lehensfürsten, Zheng aus dem Staate Qin (秦朝), erwies sich als besonders erfolgreich: Nach mehreren verheerenden Überschwemmungen gelang es einem seiner technisch versierten Ingenieure, ein komplexes System von Dämmen und Deichen zu errichten, das nicht nur die Fluten des Gelben Flusses über mehrere Jahrhunderte bändigte, sondern auch die Bewässerung der Felder entscheidend verbesserte und so zur wirtschaftlichen Blüte des Staates führte. Nunmehr mit einer prallen Staatskasse ausgestattet, konnte Zheng eine Reihe kostspieliger Feldzüge finanzieren, die ihn zu einer der berühmtesten historischen Figuren Chinas machen sollten. Er eroberte innerhalb weniger Jahre die benachbarten Fürstentümer und ging unter dem Namen *Qin Shihuangdi* (秦始皇帝) als erster Reichseiniger und Kaiser in die Geschichte Chinas ein.

Die Qin: In ihre Herrschaftszeit fiel der Baubeginn der »Großen Mauer«.

Seine nächsten Mammutprojekte stehen heute auf dem Tourverlauf jeder ausländischen und inländischen Reisegruppe: Nachdem er sich mit einer pompösen Grabstätte samt einer fast 8000 Mann starken Tonarmee in Xi'an vorsorglich den angemessenen Einmarsch ins Jenseits gesichert hatte, widmete sich Shihuangdi vor allem seinem diesseitigen Machterhalt. Ernstzunehmende politische Konkurrenten im eigenen Land schienen nicht mehr in Sicht. Anders die Lage im Norden des Reiches: Noch immer stellten die nomadischen Völker der Steppe eine enorme Gefahr dar. Was also lag näher, als die marodierenden Horden durch eine Mauer auszuschließen? Über eine Million Menschen, zumeist Zwangsarbeiter, ließ der inzwischen zum Kaiser avancierte Fürst mitleidslos aufmarschieren, um die größte je von Menschenhand errichtete Befestigungsanlage an der Nordgrenze seines Reiches zu bauen. Allein zu Lebzeiten Shihuangdis wur- den in nur 17 Jahren 1900 Kilometer fertig gestellt.

Shihuangdis sagenhafte Terracotta-Armee

Die Mauerkrone bot drei Reitern nebeneinander Platz.

Doch nicht nur die großen Bauprojekte sollten seine Macht zementieren – ein völlig neues Zeitalter wollte Shihuangdi erschaffen. Nichts sollte mehr an seine Vorgänger erinnern! Bücher, Dokumente, geschichtliche Aufzeichnungen, was immer seine Gefolgsleute finden konnten, alles wurde verbrannt. Auch die konfuzianischen Klassiker waren dem neuen Herrscher ein Dorn im Auge. Er sah im »Legalismus« *(fajia 法家)* die ideale Staatsform: Alle Menschen sollten gleich sein und sich klar definierten Gesetzen unterwerfen. Im Falle eines Vergehens drohten extrem hohe Strafen und Sippenhaft. Innerhalb weniger Jahre modernisierte der Kaiser das Reich: Dieser erste Zentralstaat, der das Vorbild aller folgenden Dynastien werden sollte, vereinheitlichte die Maßsysteme, Gewichte und Schriftzeichen. Selbst die Breite der Radspuren wurde festgelegt. Auch in der Wirtschaft räumte der Diktator auf: Eine gemeinsame landesweite Währung beendete die umständlichen lokalen Tauschmethoden.

INFO
Die barbarische Mauer

Obwohl sich die Große Mauer nicht immer als wirkungsvoll erwies, waren die nachfolgenden Dynastien nicht minder bemüht, die Vision des Qin Shihuangdi zu erhalten und, wo nötig, auszubauen. Besonders beeindruckend ist heute jedoch weniger die Länge des Bollwerkes, als die Akribie, mit der das Warn- und Verteidigungssystem geplant wurde. Alle 180 Meter wachten Soldaten über die Mauer und konnten, dank eines ausgefeilten Kommunikationssystems, innerhalb weniger Stunden militärische Hilfe anfordern. Selbst ab Jiayuguan, dem Fort und Endpunkt der Mauer im fernen Westen des Reiches, war nur ein Tag nötig, um die Truppen der Hauptstadt zu alarmieren. Straßenhindernisse mussten die Soldaten auf dem Weg zum Brennpunkt nicht befürchten: Der Weg auf der Mauerkrone bot genug Platz um gleich mehrere Soldaten nebeneinander reiten zu lassen.

Ganz besonders fleißig führte übrigens die Ming-Dynastie zwischen dem 14. und 17. Jahrhundert das Mauer-Projekt fort und ließ sie vollends auf zirka 4800 Kilometer ausbauen. Aus gutem Grund, schließlich hatte China gerade 97 Jahre mongolischer Herrschaft hinter sich. Erobern mussten die Nomaden die Mauer dafür übrigens nicht – es genügte ein korrupter Wachmann, der den Reiterhorden aus der Steppe die Tore öffnete.

Bei aller Genialität blieb Shihuangdi aber ein grausamer Herrscher mit wenig Einfühlungsvermögen für das Volk. Obwohl die Qin-Dynastie heute als eine der wichtigsten gilt, konnte sie sich nur wenige Jahre an der Macht halten. Endlos war die Liste der Großprojekte, in denen Shihuangdi sein Volk auf unvorstellbare Weise verheizte. Als er schließlich starb, erhoben sich seine ehemaligen Untertanen. Nicht jedoch aus Trauer, sondern um sicherzugehen, dass kein zweiter blutiger Tyrann die Dynastie fortsetzen konnte.

Ein genialer Herrscher verheizt sein Volk.

In einer Hinsicht jedoch hat er auch im Westen einen dauerhaften Eindruck hinterlassen: Unser Wort »China« leitet sich wahrscheinlich von der Qin-Dynastie (Aussprache »Tchin«) ab.

Die Anfänge des Beamtentums: Die Han-Dynastie (206 v. Chr.–220 n. Chr.)

Mit den neuen Herrschern Chinas, der Dynastie der Han (汉朝), begann eine friedlichere Epoche. Zumindest für die Bewohner des Reiches. In den Randgebieten hingegen sorgten große Eroberungen für die Sinisierung vieler Nachbarvölker: Zügig erweiterten die Han das Staatsgebiet, eroberten Teile des heutigen Xinjiang, große Teile Südchinas südlich des Yangzi, und Nordvietnam. Sogar die Koreaner mussten Teile ihres Territoriums abtreten. Vor allem die chinesischen Kaufleute und Händler profitierten davon, denn es entstand ein schwungvoller Handel über die Seidenstraße.

China wird chinesisch!

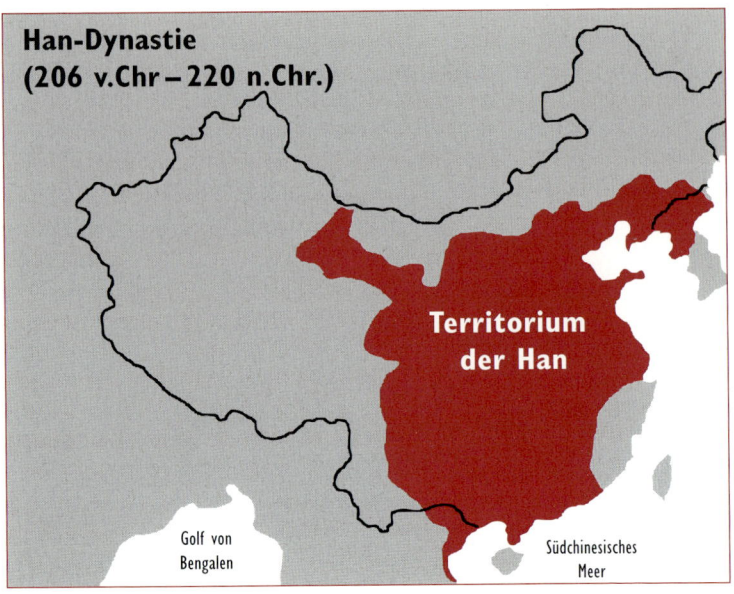

**Han-Dynastie
(206 v.Chr – 220 n.Chr.)**

**Territorium
der Han**

Golf von
Bengalen

Südchinesisches
Meer

Der chinesische Beamten- staat ent- steht.

Im Inneren des Landes sorgten große Neuerungen für einen wachsenden Wohlstand: Der Konfuzianismus, zu Lebzeiten des Meisters noch eine unbedeutende Geistesströmung, hatte mittlerweile so viele Anhänger, dass er zur Staatsdoktrin erhoben wurde. Getreu dem Modell des Kongzi übernahmen nun unabhängige Beamte die Verwaltung des Reiches. Zum ersten Mal stand es auch den Vertretern der niederen Schichten offen, im Staatsdienst Karriere zu machen, jedoch nur sofern sie die höchst anspruchsvollen Prüfungen bestanden. Ein gewaltiger bürokratischer Apparat, dessen Mitglieder den konfuzianischen Moralkodex vertraten, verwaltete nun das Land. Zum ersten Mal wurde China wirklich »regierbar« und es konnten Steuern systematisch eingezogen werden. Für die nächsten 2000 Jahre blieb das konfuzianische Modell eine Konstante aller Dynastien.

Heute noch bezeichnen sich Chine- sen als das Volk der »Han«.

Alles in allem wurde China unter der Herrschaft der »Han« erst richtig »chinesisch«. Auch heute noch bezeichnen sich Chinesen als das »Volk der Han«, das die »Sprache der Han« *(Hanyu (汉语)*, spricht.

Auf Dauer ließ sich das große Reich trotz aller bürokratischen Erfindungen allerdings nur schwer regieren. Dazu kamen immer wieder lokale Aufstände der Bauern, die zunehmend unter der Steuerlast litten. Von 9–25 n. Chr. konnte sich sogar eine »Zwischendynastie« etablieren, die allerdings von den Han dann wieder gestürzt wurde. Im Jahre 220 zerfiel das Reich erneut in drei Teile. Nun sollte es jedoch viele Jahrhunderte dauern, bis es gelang, China endgültig zu einen.

Das Chaos kehrt zurück:
Drei Königreiche (220–280), Jin-Dynastie (265–420) und die »nördlichen und südlichen Dynastien« (420–581)

In der Zwischenzeit wurde China von diversen Regenten und Dynastien beherrscht, die zumindest eines gemeinsam hatten: Keine von ihnen konnte Gesamt-China erobern, keine hielt sich besonders lange, obwohl zahlreiche Kriege um die Herrschaft ausgefochten wurden. Immer wieder fielen nomadische Völker von Norden her ein und verwüsteten ganze Landstriche. Von 220 bis 280 war das Land in die »Drei Königreiche« *(sanguo* 三国 *)* Wei, Wu und Shu unterteilt. Für eine kurze Zeit konnte die darauf folgende Jin-Dynastie (晋 朝) 265 Teile Chinas wieder einen, nur um es im Jahr 420 wieder in eine Reihe »nördlicher und südlicher Dynastien« (南北朝) zerfallen zu sehen.

Der Buddhismus wird nach China gebracht.

In dieser wirren Epoche sickerte langsam der Buddhismus von Indien nach China ein. Die Zeit war reif für eine neue Religion, die zudem noch einen entscheidenden Vorteil bot: Endlich gab es eine Vorstellung vom Leben nach dem Tode, eine Erklärung für das Leid der Menschen auf Erden und eine Begründung dafür, dass die einen ein so glückloses Leben führten, während andere sich im Reichtum wälzten.

Zeit der Ordnung und Reformen: Die Sui-Dynastie (581–618)

Wenn die Sui (隋) in den Geschichtsbüchern nur knapp erwähnt werden, dann liegt das vor allem daran, dass sie im Schatten der darauf folgenden Tang-Dynastie stehen. Dabei haben die Sui durchaus dazu beigetragen, dass überhaupt eine derartige Blütezeit entstehen konnte. Nach der Zeit des Chaos restaurierte der neue Kaiserhof die bürokratische Struktur, erließ zahlreiche allgemeine Gesetze, reformierte das Rechtssystem sowie das Steuerwesen und formte aus dem verwirrenden Chaos der vielen Fürsten, Könige und Dynastien wieder einen Zentralstaat. Das jähe Ende allerdings haben die Sui ihrem Hang zu megalomanen Projekten zu verdanken: Der letzte Kaiser Yangdi ließ über fünf Millionen Zwangsarbeiter antreten und orderte den Großen Kanal (auch Kaiserkanal genannt), der die Reisanbaugebiete des Südens mit der Hauptstadt Xi'an verbinden sollte. Gut die Hälfte der Arbeiter überlebte das Projekt nicht. Das »Mandat des Himmels« hatte er damit verspielt.

Die Sui: Ihr Kaiserkanal wurde der längste künstliche Wasserweg der Welt.

Das künstlerische Großreich: Die Tang-Dynastie (618–907)

Ganz anders stellt sich die nächste Dynastie dar! Nach einer kurzen Phase höchst erfolgreicher Eroberungsfeldzüge erlangte China unter den Tang (唐) nie gekannte Ausmaße: Von Nordvietnam bis Indien und weit in den Westen bis Afghanistan hinein reichte das Land nun. Rechts und links der Seidenstraße sorgte ein breiter Korridor unter chinesischer Herrschaft für Sicherheit auf der Handels-

Die Tang: Hochzeit chinesischer Machtentfaltung

straße. Kein Wunder, dass dies eine vergleichsweise offene und internationale Epoche in der Geschichte Chinas war. Zeitweise zumindest, denn mit dem Kaiser Wuzong betrat ein höchst nationalistischer und fremdenfeindlicher Kaiser 841 den Thron. In den ersten beiden Jahrhunderten jedoch blühten Kunst und Wissenschaft, und es entstanden literarische Werke von Weltformat. Auch in sozialer Hinsicht sorgten die neuen Herrscher zu Beginn der Dynastie für Stabilität, indem Sie die Landbevölkerung durch eine Bodenreform entscheidend besser stellten. Trotzdem waren es letztlich wieder unzufriedene Bauern, die die Staatsmacht wanken ließen, – in diesem Falle Grenzbauern, wehrhafte Gestalten, die sich schon von den Hunnen nicht schrecken ließen und letztlich den Tang den Todesstoß versetzten.

Der Flickenteppich: Fünf Dynastien und zehn Königreiche (907–960)

Ein halbes Jahrhundert kurzlebiger Herrschaftsphasen

Abermals zerfiel das Reich in viele kleine Reiche. Fünf Dynastien wechselten sich in schneller Folge ab: Kaum hielten sie die Macht in Händen, wurden sie schon wieder von ihren Nachfolgern vertrieben. Die Schwäche der ständig wechselnden Zentralmacht war jedoch nicht nur von Nachteil. Die traditionell sozial benachteiligten Kaufleute erhielten aufgrund ihres Reichtums erheblich mehr Macht als in den vergangenen Dynastien. Auch verlagerte sich der wirtschaftliche Schwerpunkt von Nord- nach Südchina: Während der Norden wieder unter den Übergriffen der Nomaden litt, konnten die »zehn Königreiche« (五代和五代和十国) im Süden die Kultur der Tang bewahren. Erst im 10. Jahrhundert gelang es dem General und selbst ernannten Kaiser Song die Kleinst-Reiche nach und nach zu erobern.

Im Elfenbeinturm: Die Song-Dynastie (960–1279)

Für die Dichter, Maler und Architekten, überhaupt alle, die sich mit den Künsten oder Wissenschaften beschäftigten, brach nun eine weitere goldene Zeit an. Am

Der Drache steht für Stärke und Stolz.

Kaiserhof selbst wurden geistige Fragen erörtert, Enzyklopädien in Auftrag gegeben – so oft und mit einer derartigen Hingabe, dass die Song-Dynastie (宋朝) heute als eine der erfinderischsten Epochen des Landes gilt: Das Schwarzpulver, der magnetische Kompass und die beweglichen Drucklettern stammen aus dieser Zeit.

Anstelle der anderswo üblichen Holzhäuser, wurde in China bereits vorrangig in Stein gebaut. Xi'an, Luoyang und Kaifeng gehörten zu den größten Städten der Welt. Während die europäischen, adligen Zeitgenossen noch in zugigen Burgen hausten, herrschte am chinesischen Kaiserhof raffinierter Luxus und Eleganz. Dank des regen Handels mit der Seidenstraße waren nicht nur ausländische Waren im Überfluss vorhanden, sondern auch in philosophischer wie künstlerischer Hinsicht machte sich der Austausch mit fremden Kulturen bemerkbar. Egal ob auf dem Gebiet der Astronomie, Technik, Rüstung oder des Tiefbaus, bis zum Sturm der Mongolen Mitte des 13. Jahrhunderts blieben die Wissenschaftler des Kaiserhofes weltführend. Dank landwirtschaftlichen Fortschritts war man nun endlich fähig, die Bevölkerung des Landes ausreichend zu ernähren. All dies konnte jedoch eines nicht verhindern: In militärischer und politischer Hinsicht waren die Song weniger erfolgreich und hatten den »Barbaren« des Nordens kaum etwas entgegenzusetzen. Bereits im Jahr 1100 standen große Teile Nordchinas unter mongolischer Herrschaft.

Die Song: Luxus und Eleganz am chinesischen Kaiserhof, während Europas Adel noch in zugigen Burgen hauste.

Unter mongolischer Herrschaft: Die Yuan-Dynastie (1279–1368)

Anfang des 13. Jahrhunderts wurde der Alptraum aller chinesischen Herrscher wahr: die Mongolen (die »Barbaren« schlechthin!) überrannten China und gliederten es in das Großreich des Kublai Khan ein. Für Chinas Intellektuelle brach eine düstere Zeit an, denn alle entscheidenden Stellen im Staat wurden auf einen Schlag mit Mongolen besetzt. Ohnehin hatten viele der herausragenden Gelehrten den 30-jährigen Krieg nicht überlebt: 40 Millionen der 110 Millionen Chinesen (also mehr als ein Drittel!), waren von den Invasoren dahingemetzelt worden – die intellektuelle Vorherrschaft Chinas war damit gebrochen.

Die Mongolen erobern China.

Erstmals verlagert sich auch der Schwerpunkt vom Gelben Fluss zum heutigen Beijing, der Stadt, die die Mongolen zu ihrer Hauptstadt machten. Hier residierte nun der Neffe des Dschingis Khan – und verwandelte sich schnell in einen Modell-Chinesen. Obwohl er die Han im Alltagsleben extrem benachteiligte, übernahm er die bürokratische Struktur des Staates genauso wie die Annehmlichkeiten der chinesischen Palastkultur. Auch das Postwesen und der Straßenbau profitierten von seiner Herrschaft. Erstmals in der Geschichte war es nun möglich, den Weg von Europa nach China relativ sicher zurückzulegen, stand doch das gesamte Territorium unter der Herrschaft der Mongolen. Kein Wunder, dass sich in dieser Zeit auch erste christliche Missionare nach China wagten, die am Hofe des Kublai Khan freundlich aufgenommen wurden und oftmals Jahrzehnte in seinen Diensten blieben.

Besonders lange konnten sich die mongolischen Herrscher allerdings nicht halten: Die extrem ausgebeutete Landbevölkerung erhob sich bereits Mitte des 14. Jahrhunderts in vielen lokalen Aufständen. Als besonders erfolgreich erwies sich ein aufständischer Führer, der Mönch Zhu Yuanzhang, dem es im Jahr 1368 schließlich gelang, die Mongolen vollständig zu vertreiben und alle Widersacher zu besiegen.

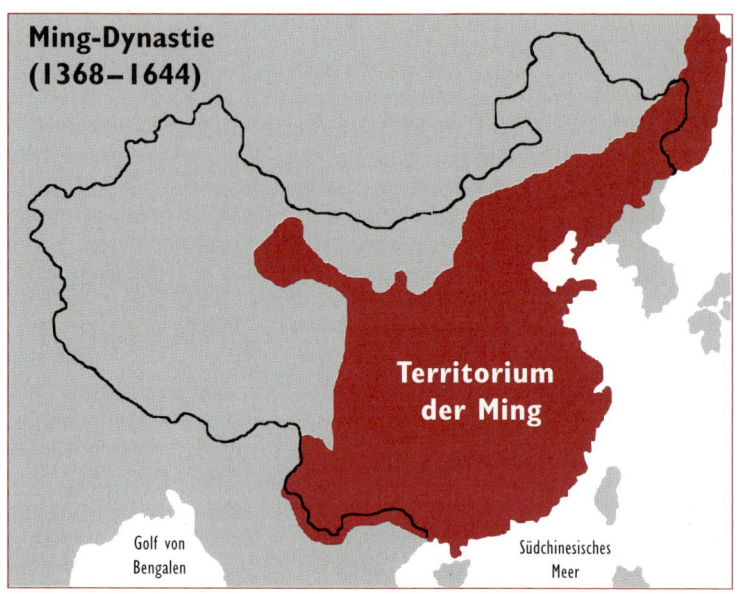

Ming-Dynastie (1368–1644)

Territorium der Ming

Golf von Bengalen

Südchinesisches Meer

Zeit des sozialen Wandels: Die Ming-Dynastie (1368–1644)

Der Neo-Konfuzianis-mus setzt sich durch.

Die neue Dynastie, die besagter Mönch nun unter dem Namen Hongwu leitete, wurde eine der konservativsten der chinesischen Geschichte: Die geradezu reaktionäre Strömung des Neo-Konfuzianismus, der sich durch eine sehr dogmatische Auslegung der Lehren auszeichnet, gewann schnell Oberhand. Alles »typisch« Chinesische hatte nun wieder Hochkonjunktur, was sich vor allem auf die Kunst auswirkte. Auch in intellektueller Hinsicht zeigte sich der Kaiserhof ambitioniert: Wissenschaftler versuchten alles Wissen der Menschheit zusammenzufassen und erstellten in dem Zusammenhang eine Enzyklopädie mit mehr als 11 000 Bänden.

Statue aus der Ming-Epoche

Durch den Frieden erstarkte auch der Handel wieder. Mit den Bankiers und Großhändlern der Ming-Zeit entstand eine völlig neue Mittelschicht. Eine der wichtigsten Projekte der Ming-Dynastie (明朝) jedoch war die Verstärkung der Großen Mauer. Nie wieder sollten die nomadischen Völker in China einfallen können. Nichtsdestotrotz blieb die Gefahr bestehen: Immer wieder kam es zu Übergriffen, die das Reich der Ming zermürbten. Während man versuchte, mit aller Gewalt die Nomaden aus dem Reich zu halten, wurden die nordöstlichen Nachbarn, die Mandschu, mit relativ großer Autonomie bedacht, schließlich wollte man sie bei Laune halten. Groß war daher die Überraschung, dass gerade die Mandschu sich in der Mitte des 17. Jahrhunderts anstellten, das chinesische Reich zu erobern. Viel entgegenzusetzen hatten die Ming nicht mehr: Längst hatten die Eunuchen des Kaiserhofes die Macht an sich gerissen und kümmerten sich mehr um innere Intrigen als um die Verteidigung des Landes.

Feinde im Nordwesten – Feinde im Nordosten

Herrschaft der Mandschu: Die Qing-Dynastie (1644–1911)

Aus ihrer eigenen Vorgehensweise hatten die Qing eines gelernt: Wer China beherrschen will, darf die Nachbarvölker nie aus den Augen lassen. Große Feldzüge sollten das Territorium sichern und alle potentiell bedrohlichen Völker kurzerhand in das chinesische Reich eingliedern. Tibet, Taiwan und die Äußere Mongolei wurden genauso erobert wie die heutigen Provinzen Xinjiang und Qinghai. Erstmals reichte China bis zum Pamir.

China unter fremder Herrschaft

Dank diverser landwirtschaftlicher Importe – wie beispielsweise der Süßkartoffel – und einer lang anhaltenden Friedensperiode prosperierte das Reich. Im Jahr 1850 lebten bereits 430 Millionen Menschen in China (zum Vergleich: Im Jahr 1400 waren es noch 150 Millionen). Trotzdem war die Qing-Dynastie (清朝)

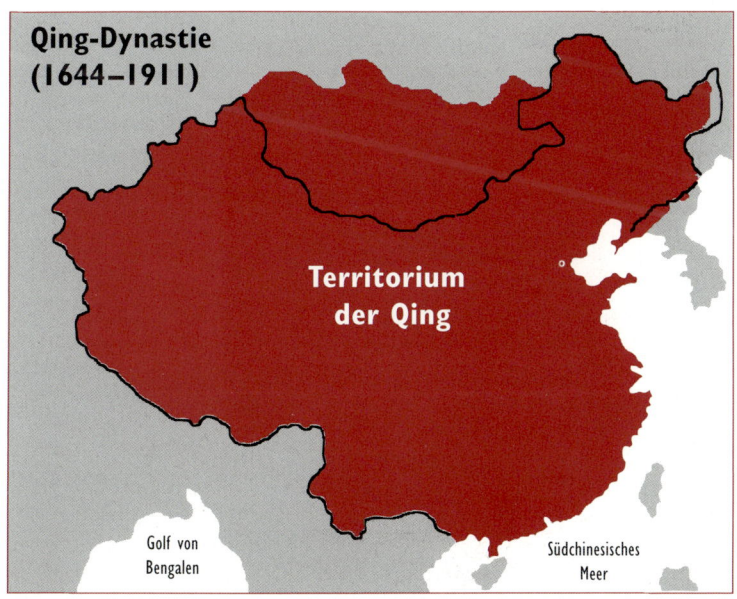

Qing-Dynastie
(1644–1911)

Territorium
der Qing

Golf von
Bengalen

Südchinesisches
Meer

auch eine Zeit der Bauernaufstände und Regionalrevolten: Schon die Verpflichtung, den Zopf zu tragen, ließ die Chinesen nie vergessen, dass sie von einer fremden Macht regiert wurden. Zudem wurde es zusehends schwieriger, die wachsende Bevölkerung zu ernähren.

INFO

Der Taiping-Aufstand

1846 fällt der junge Hakka-Chinese Hong Xiuquan zum wiederholten Male durch die Beamtenprüfung. Kein historisch relevantes Ereignis sollte man meinen. Und doch wird Hong 15 Jahre später mehr als 20 Millionen Tote auf dem Gewissen haben.

Hong ist frustriert und psychisch angeschlagen: Seine einzige Chance, es ohne familiäres Kapital in der Gesellschaft doch zu etwas zu bringen, hat er vertan. Kein Wunder, dass er offen ist für die Arbeit der christlichen Missionare. Er frequentiert kurze Zeit die Missionarstation von Guangdong und liest auch zu Hause in den christlichen Schriften. Mit ungewöhnlichem Ergebnis: Hong kommt schnell zu dem Schluss, er sei der jüngere Bruder Jesu, auserwählt, den Menschen eine neue Gesellschaft zu bringen und China von der mandschurischen Besatzung zu befreien. 1851 erklärt er sich selbst zum Himmelskönig und ruft in den Bergen der Provinz Guangxi das »Reich des himmlischen Friedens« *(Taiping Tianguo* 太平天国*)* aus. Gerade im bäuerlichen und zutiefst armen Hinterland fallen seine Ideen auf fruchtbaren Boden: Abschaffung der Sklaverei, Gleichstellung von Mann und Frau, ein generelles Verbot des Fußebindens und die allgemeine Umverteilung der Güter überzeugen Millionen von Menschen in kürzester Zeit. In nur drei Jahren erobern die Taiping-Truppen fast ganz Süd-China, 1853 wird Nanjing ihre Hauptstadt.

Trotz dieser Erfolge ist das Taiping-Reich ein höchst instabiles Konstrukt. Besonders der Geisteszustand des Anführers Hong bereitet Probleme: Er wird von Jahr zu Jahr misstrauischer, lässt Abertausende von Anhängern als vermeintliche Verräter hinrichten.

Zwar ist die marode Qing-Armee alleine nicht in der Lage den Vormarsch aufzuhalten, sehr wohl aber die westlichen Truppen. Als die Taiping-Armee 1862 vor den Toren Shanghais steht und damit erstmals auch koloniales Territorium bedroht, holen die britisch-französischen Truppen zum Gegenschlag aus. Als die Hauptstadt 1864 fällt und Hong Selbstmord begeht, sind mindestens 20 Millionen Todesopfer zu beklagen. Ein trauriger Rekord, denn damit ist der Taiping-Aufstand der blutigste Bürgerkrieg aller Zeiten.

China und das Ausland

Ein einziges Zeichen – viel sagend in seinen Bedeutungen:
夷 *‹书› ... 3. austilgen* vt; *ausrotten* vt; *~族 Ausrottung der ganzen Familie (als Strafe in alter Zeit) 4. (古代东方民族) alte Bezeichnung für Stämme im Osten des chinesischen Reiches 5. ‹旧› (外国; 外国人) Ausland* n; *Ausländer* m
Eintrag im »Neuen chinesisch-deutschen Wörterbuch«, Hongkong 1985

Mit der Machtergreifung der Qing-Dynastie 1644 begann nicht nur eine Zeit ausdauernden Friedens (und ergo relativen Reichtums), sondern auch eine Epoche, in der sich China zum ersten Mal gezwungenermaßen mit dem Ausland auseinandersetzen musste.

Umgeben von Barbaren

Mit wenigen Unterbrechungen war China bis dato ein relativ isoliertes Land. Schon aus geographischen Gründen ergab sich kein automatischer Kontakt mit anderen Hochkulturen. Die Wüsten und Berge nördlich des Reiches beherbergten nomadische Völker, die den Chinesen kulturell unterlegen waren, dafür aber eine ständige Gefahr darstellten, denn die wendigen Reiterhorden überfielen immer wieder die chinesischen Grenzregionen. Auch im Westen bildeten Wüsten eine natürliche Grenze, darunter die gigantische Taklamakan, die nur mit großen Mühen durchquert werden konnte. Im Südwesten stellte der Himalaya eine kaum überwindbare Barriere dar, im Süden und Osten begrenzte der Pazifik das Land. Allenfalls Piraten kamen aus dieser Richtung. Weit und breit schien kein ebenbürtiger Staat in Sicht. Wozu also mit großem Aufwand Expeditionen in die Welt schicken?
Ohnehin war für die Kaiser des chinesischen Reiches eine zwischenstaatliche Beziehung als Gleicher unter Gleichen nicht vorstellbar. Alles in dieser Welt war, ganz nach konfuzianischem Prinzip, hierarchisch geordnet. Selbstverständlich stand China als Land des Himmelsherrschers dabei an allererster Stelle.

Chinas Kaiser erkannten keinen anderen Staat als gleichwertig an.

Ausdauernde und fruchtbare Auslandskontakte hatte das Reich erstmals in der Hochphase der Tang-Dynastie (7.–8. Jahrhundert). Mit dem Buddhismus konnte sich eine ausländische Religion in China etablieren. Zwar wurde der Buddhismus stark sinisiert, doch der daraus resul-

Mönche beim Reisigfärben

*Der Bud-
dhismus
brachte
neue Inspi-
rationen.*

*Der
Kaiserhof
erzwang
Tributzah-
lungen.*

tierende, rege Austausch mit Indien brachte neue geistige Strömungen ins Land. Selbst der Kontakt mit dem Nahen Osten verbesserte sich, schließlich profitierte der Seidenstraßen-Handel von den großen regionalen Eroberungen im Westen Chinas. Wirtschaftlich bedeutsam war dieser Austausch für China allerdings nicht. Am Hofe verstand man den Handel eher als Möglichkeit, den Ruhm des Reiches zu mehren und weniger als potentielle Geldquelle.

Alle Staaten, die außerhalb Chinas lagen, also praktisch alle Nachbarn wie Korea, Vietnam oder Burma, galten durchweg als barbarische Staaten, die durch regelmäßige Tributzahlungen die Überlegenheit des chinesischen Kaiserhofes anzuerkennen hatten. Einmal im Jahr entsandten sie Karawanen mit typischen Waren, die dem Kaiser zu Füßen gelegt wurden. Ein fünffacher Kotau, eine vollständige Verbeugung der Gesandten, war dabei Pflicht. Um den Reichtum des chinesischen Kaiserreiches zu demonstrieren, kehrten die Karawanen oft mit Geschenken zurück, deren Wert einem Vielfachen der Tributleistungen entsprach. Psychologisch waren diese Reisen für die Tributländer zwar schwer zu verdauen, in wirtschaftlicher Hinsicht jedoch nicht zu unterschätzen: Für die Dauer des Aufenthaltes (und nur dann!) war es den Gesandten gestattet, in China Handel zu treiben. Ansonsten gab es praktisch keinen offiziellen Austausch mit dem Ausland: Nicht einmal ein Außenministerium hatte der in bürokratischer Hinsicht so perfekt organisierte Kaiserhof. Man brauchte es schlichtweg nicht, denn die Tributkarawanen wurden über das Riten-Ministerium abgewickelt. Weitere Kontakte waren nicht erwünscht.

*Seit Jahr-
hunderten
begehrt:
Gewürze
aus China*

Vor diesem Hintergrund erst wird deutlich, wie sehr sich der Ming-Herrscher Yongle von seinen Vorgängern unterschied. Er entsandte seinen Vertrauten, den Eunuchen Zheng He, zu Beginn des 15. Jahrhunderts auf die historisch wahrscheinlich größten Expeditionen der Welt. Über 300 gigantische Segelschiffe mit bis zu 1000 Mann Besatzung und fast 30 000 Mann Gesamtstärke stachen mit dem Auftrag in See, den Indischen Ozean zu erkunden. Die Flotte seines Zeitgenossen Columbus war im Vergleich dazu geradezu mickrig – er zog 1492 mit nur 3 Schiffen und 90 Seeleuten an Bord in die Welt. Während sieben großer Reisen zwischen 1405 und 1433 legte Zheng He 300 000 Kilometer zurück, besuchte Thailand, Malaysia, Indonesien, Sri Lanka, Oman und den Yemen. Selbst die Küste des heutigen Kenia lag auf seiner Reiseroute. Neuere Forschungen geben sogar Anlass zu der Vermutung,

*China wird
Seemacht.*

Wie weit kam Marco Polo wirklich?

Unter der Mongolenherrschaft des 14. Jahrhunderts wich der Kaiserhof kurzzeitig von der Isolations-Politik ab. Von China bis vor die Tore Europas reichte das Mongolenreich, das nunmehr unter einem Herrscher vereint war und mit einem Male die Möglichkeit bot, ohne weitere Grenzen und für damalige Verhältnisse relativ gefahrlos bis in den Fernen Osten zu reisen. Franziskaner-Mönche und Händler nutzten diese Möglichkeit gleichermaßen und bekleideten oft hohe Positionen bei Hofe. Prominentester Vertreter dieser Abenteurer-Spezies war Marco Polo, der Sohn eines venezianischen Händlers. Siebzehn Jahre soll er für den mongolischen Kaiser tätig gewesen sein. Ganz unumstritten ist diese Behauptung allerdings nicht: Zwar bewies der Venezianer ein ausgesprochen gutes Detailwissen über das Reich der Mitte; aufschlussreicher aber als seine Kenntnisse sind all die typisch chinesischen Dinge, die in seinen Memoiren keine Erwähnung finden: Er nennt weder die chinesische Schrift, die ihm sicher hätte seltsam erscheinen müssen, noch den Tee oder die Ess-Stäbchen. Auch in chinesischen Quellen finden sich keinerlei Hinweise auf Marco Polo.

er habe eventuell noch vor Kolumbus Amerika erreicht. Eindeutig geklärt wird diese Frage wohl nie. Sicher ist jedoch, dass Zhengs Expeditionen für das Prestige Chinas auf dem internationalen Parkett alle Erwartungen übertrafen. Seine Mission war eindeutig: Den Ruhm Chinas mehren und unterwegs so viel Tribut wie möglich einsammeln. Wer den Anweisungen des Eunuchen nicht Folge leistete, bekam es mit den Truppen zu tun, die man vorsorglich mitgeschickt hatte. Als der singhalesische König sich beispielsweise weigerte, die wichtigste buddhistische Reliquie Sri Lankas zu übergeben, wurde er kurzerhand gefangen genommen und nach China gebracht. Mit einem Schlag verwandelte sich das Reich der Mitte in eine maritime Supermacht – fast, denn 1433 starb Zheng He überraschend in Kalkutta.

Seine Flotte kehrte ohne ihn nach China zurück, wo der politische Wind mittlerweile umgeschlagen hatte. Auch sein Protektor, der Kaiser Yongle, war zwischenzeitlich gestorben, so dass die konfuzianischen Gegner bei Hofe wieder erstarkten: Zu groß war ihre Angst, weitere Exkursionen könnten die Macht der Händler und Kaufleute stärken – dies musste unbedingt verhindert werden, denn Händler standen in der Hierarchie der konfuzianischen Gesellschaft weit unten. Auch den potentiellen Kontakt mit ausländischen Ideen empfanden die Konfuzianer als Bedrohung. Zudem schien es um die Staatsfinanzen nicht zum Besten zu stehen – noch immer wurden die Staatsmittel für die Festigung der Nordgrenzen dringend gebraucht. Was lag also näher, als die Tür zum Ausland wieder zu zuschlagen.

Nur wenige Jahre nach Zheng Hes Tod schottete sich China mehr denn je von der Außenwelt ab: Im Jahr 1436 erließ der Hof ein Verbot aller Boote mit mehr als

Die Konfuzianer gewinnen die Macht zurück – und wenden sich vom Ausland ab.

zwei Masten. Alle meerestüchtigen Schiffe wurden kurzerhand zerstört und ihre Konstruktion zum Kapitalverbrechen erklärt. Sogar die Aufzeichnungen des Zheng He wurden verbrannt, um dieses »gefährliche« Kapitel der Geschichte Chinas für immer zu löschen.

Europa entdeckt das Reich der Mitte

Die Portugiesen erreichen das Perlfluss-delta.

Langfristig waren die Abschottungsversuche des Hofes jedoch zum Scheitern verurteilt. Bereits 1517 erreichten die ersten portugiesischen Schiffe das Perlfluss-Delta und landeten in Kanton. Zwar wurden sie dort der Stadt verwiesen, im nahe gelegenen Macau aber durften sie sich wenige Jahre später niederlassen. Es dauerte nicht lange, bis auch die Spanier, Briten und Franzosen über Kanton Handel mit China suchten.

Macau, portugiesisch bis 1999

Parallel zu den Händlern Europas entdeckte auch die katholische Kirche das Reich der Mitte. Vor allem jesuitische Missionare beeindruckten ab Mitte des 16. Jahrhunderts den Kaiserhof durch ihre wissenschaftlichen Kenntnisse und stiegen zu hohen Ämtern auf. Matteo Ricci, der Begründer der chinesischen Mission und Adam Schall von Bell beispielsweise wurden mit einer lebenslangen Stellung bei Hofe belohnt. In den ersten Jahrzehnten der Mission waren die Jesuiten also durchaus erfolgreich. Kein Wunder, schließlich passten sie sich den chinesischen Sitten an, erlernten die Sprache und gaben sich auch sonst alle Mühe, den Menschen das Christentum auf eine pragmatische Art näher zu bringen. Ganz nebenbei lösten sie auch in Europa eine Welle der »China-Begeisterung« aus: Kitsch chinesischen Stils war bald in jedem wohlhabenden Haushalt zu finden.

Der Ritenstreit verhindert eine Missionierung im großen Stil.

Doch gerade die erfolgreiche Methode der Jesuiten, die christliche Lehre den lokalen Glaubensvorstellungen anzupassen, erzürnte im Jahre 1704 den Papst im fernen Europa: Er ließ die Teilnahme der Christen an konfuzianischen Ritenhandlungen per Dekret verbieten. Wütend über die westliche Einmischung in eine ur-chinesische Angelegenheit, wandten sich viele Chinesen wieder vom Christentum ab. Als wenige Jahre später ein päpstlicher Nuntius zum Oberhaupt aller Jesuiten in China benannt werden sollte, kam es zum Eklat: 1721 wurde die christliche Missionierung in China gänzlich verboten.

Auch die Handelsbeziehungen mit dem Westen wurden vom Kaiserhof nur widerwillig geduldet. Lediglich in Kanton durften ausländische Kaufleute über chinesische Mittelsmänner Waren einkaufen. Der Handel mit Großbritannien wuchs trotzdem in rasantem Tempo, denn für die englische Oberschicht des 18. Jahrhunderts gab es keine Zweifel: Tee war das standesgemäße Nachmittags-Getränk schlechthin. Für die britische Staatskasse bedeutete dies nichts Gutes, musste der Tee doch gegen teures Silber in China gekauft werden. Zögerliche Versuche des britischen Empire, mit dem Kaiserhof diplomatische Beziehungen aufzunehmen und so die Handelsbeschränkungen aufzuheben, scheiterten an den grundverschiedenen Vorstellungen beider Seiten. Für den Kaiserhof konnte es internationale Kontakte nur auf Basis der Tributzahlungen geben, eine Möglichkeit, die für den britischen Hof keinesfalls in Frage kam. Erst als britische Kaufleute um 1780 begannen, Opium nach China zu exportieren, wandte sich die Handelbilanz zu Gunsten des Empire.

Groß-britannien steigt in den Drogen-handel ein.

Das Erwachen: Opiumkrieg und die Folgen

Schnell wanderten nun die chinesischen Silbervorräte in die Taschen der britischen Händler, eine Tatsache, die dem Hof zunehmend Kopfschmerzen bereitete. Zudem erboste sich der Kaiser, mit welcher Dreistigkeit sich die Ausländer über das Opium-Verbot hinwegsetzten – allein in Südchina lebten mittlerweile über fünf Millionen Abhängige! Im Jahre 1839 platzte dem Kaiser endgültig der Kragen. Er entsandte den Beamten Lin Zexu (林则徐) nach Kanton, um dem Opium-Import Einhalt zu gebieten. Eine Petition Lins an die britische Königin erwies sich als wirkungslos. Auf kaiserlichen Befehl hin wurden daher alle Opium-Vorräte der »Barbaren« – über 2,5 Millionen Pfund! – kurzerhand beschlagnahmt und der Handel zwischen Briten und Chinesen bis auf weiteres auf Eis gelegt. Erst wenn sich die Briten verpflichteten, auf den Opiumhandel zu verzichten, wollte Lin wieder Ausländer an Land gehen lassen. Von chinesischer Seite betrachtete man die Angelegenheit damit als erledigt: Wer wollte sich schon mit dem mächtigen Reich der Mitte anlegen? Für die Briten hingegen tat sich damit die Gelegenheit auf, endlich Handelsfreiheit für ihre Händler in China zu erzwingen.

Trotz Opium-Verbots lebten allein in Südchina über fünf Millionen Abhängige.

1840 entsandte der britische Außenminister Palmerston eine Seestreitmacht, die vor Hongkong einen ersten Angriff provozierte und – sozusagen als »Strafexpedition« – im Laufe der nächsten Monate die Küstenregionen von Kanton bis zur Yangzi-Mündung attackierte. Die chinesischen Truppen erwiesen sich in diesem »Opiumkrieg« *(yapian zhanzheng* 鸦片战争) als hoff-

Hongkong, britisch bis 1997

*Die West-
mächte
teilen
China auf.*

nungslos unterlegen. Bereits 1842 gab sich der Kaiserhof geschlagen und unterzeichnete den Vertrag von Nanjing, der unter anderem eine Entschädigung von 21 Millionen Dollar vorsah, sowie die permanente Abtretung der Insel Hongkong und die Öffnung verschiedener Häfen. Auch Frankreich und die USA traten in den folgenden Jahren mit Drohungen an das Kaiserreich heran und erhielten ähnliche Rechte.

Doch die Westmächte waren mit diesem Ergebnis noch nicht zufrieden. Bereits 1856 standen wieder britische und französische Kriegsschiffe vor Kanton. Auch diese Provokation zog eine mehrjährige Auseinandersetzung, den zweiten Opiumkrieg, nach sich, der für China verheerend endete: Im Vertrag von Tianjin wurde 1860 nun endgültig die Legalisierung des Opiumimports festgelegt und die Halbinsel Kowloon vor Hongkong abgetreten.

Die Selbststärkungsbewegung

*Japan ent-
wickelte
sich zum
Erzfeind*

In den nächsten Jahrzehnten musste das chinesische Reich weitere empfindliche Niederlagen einstecken: 1860 verlor China den russisch-chinesischen Krieg und war gezwungen, große Gebiete im Norden des Landes an Russland abzutreten.

Die Verbotene Stadt: das Machtzentrum des Kaiserreiches

1895 trat das japanische Kaiserreich in Aktion und erzwang nach einem kurzen Krieg die Unabhängigkeit Koreas und besetzte Taiwan und die mandschurische Liaodong-Halbinsel.

Doch in China – nunmehr ein halbkolonialer Staat mit zahlreichen ausländischen Gebieten – regte sich der Widerstand. Immer wieder kam es zu Aufständen unter der Bevölkerung, so dass man sich selbst am konservativen Kaiserhof der Gefahr der Situation bewusst wurde. Durch das Studium westlicher Wissenschaften und Technologie, so propagierten leitende Beamte der kaiserlichen Verwaltung, könne der Rückstand Chinas wieder behoben werden. Spezielle Schulen sollten westliches Wissen vermitteln, auch wurden Studenten an europäische Universitäten entsandt, um vor Ort Sprache und westliche wissenschaftliche Methoden zu studieren. Tiefgreifende soziale oder politische Reformen sah das Programm allerdings nicht vor. Kein Wunder, dass sich die »Selbststärkungsbewegung« *(ziqiang yundong* 自强运动*)* von 1860 bis 1895 als wenig wirkungsvoll erwies.

Vom Westen lernen – aber ohne Reformen

Die Hundert-Tage-Reform

Besonders der Widerstand der Kaiserinwitwe Cixi (慈禧) ließ der Bewegung wenig Chancen. Dennoch ordnete der Kaiser Guangxu (光绪) im Juni 1898 eine umfangreiche Reform an, die nicht nur viele westliche Elemente vorsah, sondern auch die Macht des Kaiserhofes empfindlich beschnitten hätte. Kurzerhand übernahm die ultra-konservative Cixi nach nur 100 Tagen – daher der Name Hundert-Tage-Reform *(bairi weixin* 百日维新*)* – selbst die Regierungsgeschäfte und verbannte den Kaiser in den Sommerpalast, wo er bis zu seinem Tode 1908 gefangen gehalten wurde.

Der Boxer-Aufstand

Anstelle von Reformen, wählte Cixi den vermeintlich einfacheren Weg und entschied sich, den wachsenden Widerstand der Bevölkerung gegen die ausländischen Kolonialherren zu nutzen.

Die geeigneten Partner fand sie in der Yihequan-Geheimsekte (义和拳), den »Fäusten für Rechtschaffenheit und Einheit«, auch kurz »Boxer« genannt. Bereits seit Mitte des 19. Jahrhunderts machte die Sekte in Nordchina von sich reden und beeindruckte die Bevölkerung durch öffentliche Demonstrationen ihrer vermeintlich übernatürlichen Kräfte. Auch die Kaiserinwitwe lud im Mai 1900 eine Boxer-Gesandtschaft vor und ließ sich von der Unverwundbarkeit der Kämpfer überzeugen. Zwar richteten sich die Aktivitäten der Sekte eigentlich vorrangig gegen die Misswirtschaft der herrschenden Dynastie – gegen die Kaiserinwitwe selbst also –, doch Cixi wusste die anti-ausländischen wie anti-christlichen Tendenzen der Sekte so geschickt zu nutzen, dass die sozialrevolutionären Aspekte bald in den Hintergrund traten. Gestärkt durch den Rückhalt am Hofe, agierten die Boxer nun öffentlich, ohne Repressalien fürchten zu müssen.

Unverwundbare Kämpfer

Mit Zauberkraft gegen die Ausländer

Mitte Juni 1900 geriet die Situation außer Kontrolle: Fast 150 000 Boxer versuchten das Gesandtschaftsviertel von Beijing zu stürmen. Neben Tausenden von chinesischen Christen wurde auch der deutsche Minister Clemens von Ketteler getötet. Über die Erfolge der Boxer erfreut, entschloss sich die Kaiserinwitwe nun offiziell, mithilfe der Sekte alle Ausländer aus dem Land zu jagen und erklärte den Westmächten den Krieg. Überraschend schnell reagierten diese jedoch auf die Ereignisse. Am 4. August 1900 zog eine internationale Truppe von über 18 000 Mann in Tianjin los, um den belagerten Landsleuten in Beijing zu Hilfe zu kommen, und konnte die Hauptstadt nur wenige Tage später erobern. Cixi selbst flüchtete in letzter Minute samt Hof nach Xi'an und überließ die Hauptstadt den internationalen Besatzern. Der im folgenden Jahr abgeschlossene Friedensvertrag, das »Boxer-Protokoll«, verpflichtete China zu zahlreichen Konzessionen und Reparationszahlungen in Höhe von 450 Millionen Silberdollar. Für die Qing-Dynastie war dies der letzte Versuch, die ausländischen Mächte zu überwinden. Nur noch zehn Jahre konnte sich das Kaiserhaus halten, bevor es von der republikanischen Bewegung gestürzt wurde.

INFO
Die Deutschen in Qingdao

Als 1897 zwei deutsche Missionare auf der Halbinsel Shandong (山东) ermordet wurden, war für Kaiser Wilhelm II. der geeignete Anlass gekommen, sich ebenfalls ein deutsches Einflussgebiet zu sichern. Unter dem Vorwand, die dortigen Ausländer schützen zu wollen, wurden die Gebiete rund um die Jiaozhou-Bucht von einem deutschen Geschwader besetzt. Im Vertrag von 1898 pachtete das deutsche Kaiserreich das gut 500 km² grosse Gebiet für 99 Jahre. Die hier errichtete »Musterkolonie« rund um die Stadt Qingdao (青岛) entwickelte sich schnell zu einer Großstadt, deren Bewohner sich modernster Infrastruktur erfreuten. Allzu positiv dürften die chinesischen Bewohner die deutschen Besatzer dennoch nicht in Erinnerung behalten haben, denn der deutsche Kaiser ließ selbst die kleinsten Vergehen blutig bestrafen. Trotz der kurzen deutschen Präsenz ist der deutsche Einfluss auf die Architektur der Qingdao'er Altstadt heute nicht zu übersehen. Wichtigste Hinterlassenschaft ist jedoch die 1903 gegründete Brauerei »Tsingtao«, die auch heute noch das Qingdao Pijiu (青岛啤酒) nach original-deutschem Rezept herstellt.

Bereits 1914 wurde Qingdao von japanischen Truppen erobert, 1919 musste Deutschland im Vertrag von Versailles offiziell alle »Schutzgebiete« abtreten. Qingdao ging dabei an die japanischen Besatzer, was in China einen Sturm der Entrüstung auslöste.

Der schwere Weg
in die Moderne

*Eine Revolution ist keine Dinner-Party, und auch nicht vergleichbar mit
dem Schreiben, Malen oder der Stickerei. Sie kann nicht so fein sein, so
gemächlich und sanft, so moderat, liebenswürdig, höflich, zurückhaltend
und großmütig. Eine Revolution ist eine Rebellion, ein Gewaltakt, durch
den eine Klasse die andere stürzt.*
Mao Zedong, »Bericht über eine Untersuchung der Bauern-Bewegung in Hunan«
(März 1927), Ausgewählte Werke, Band 1, S. 28

Nach der Niederlage der Boxer 1901 gaben auch die konservativen Kräfte des
Kaiserhofes klein bei: Es war allerhöchste Zeit für Reformen, wenn die Dynastie
überleben wollte. Als die Kaiserinwitwe Cixi im selben Jahr nach Beijing zurück-
kehrte, wurde ein umfassendes Programm verabschiedet: Schluss mit dem konfuzianischen Beamten-Prüfungssystem, mehr Mitbestimmung der Bevölkerung!
Lokale Parlamente sollten, wenn auch nur in beratender Funktion, die Stimme
des Volkes bis nach Beijing tragen.

Reformen sollten die abgewirtschaftete Dynastie retten.

Doch keine dieser Maßnahmen konnte verhindern, dass immer wieder lokale
Aufstände das Reich erschütterten. Zu groß war der soziale Druck, zu schnell war
die Bevölkerung in den letzten Jahrzehnten gewachsen. Mangelernährung und
Hunger waren auf dem Lande keine Seltenheit.

Neues Schlagwort aus dem Ausland: Demokratie

Aus dem Ausland heimgekehrte Studenten brachten derweil völlig neue politische
Ansichten nach China: Die Schlagworte Demokratie, Emanzipation der Frauen,
intellektuelle Erneuerung, Bildung für die Massen und nicht zuletzt Nationalismus fanden unter den Intellektuellen schnell viele Interessenten. Besonders eifrig
engagierte sich der junge kantonesische Arzt Sun Yatsen (auf Hochchinesisch
Sun Zhongshan 孙中山, 1866–1925) gegen die Fremdherrschaft der Qing und
für die Demokratie.

Das Ende des Kaiserreichs

Bereits mehrfach hatte Sun erfolglos versucht, die Qing zu stürzen, doch erst als 1911
die Eisenbahnen verstaatlicht werden sollten, war seine Stunde gekommen: Vor
allem in der Provinz Sichuan, wo die Entschädigung besonders schlecht ausfallen
sollte, regte sich starker Widerstand. Suns revolutionäre Gruppen erkannten den
günstigen Moment und ergriffen die Macht. Nach und nach fielen fast alle Provinzen
von der Zentralmacht ab. Selbst der kaiserliche General Yuan Shikai (袁世凱), der
zur Niederschlagung der Aufstände entsandt worden war, erkannte die Hoffnungs-
losigkeit dieses Unterfangens und schlug sich auf die Seite der Aufständischen.

Suns Revolutionäre ergreifen die Macht.

*Die junge
Republik
hat keinen
Rückhalt in
der Armee.*

1912 wurde Sun Yatsen in Nanjing zum Präsidenten der jungen Republik ernannt. Theoretisch war damit die Revolution erfolgreich. Problematisch blieb, dass Sun über keine Armee verfügte: Von den Ereignissen aufgerüttelt, hatten die Kolonialmächte Truppen und Kriegsschiffe in Bewegung gesetzt, um der neuen Regierung in den Rücken zu fallen. Der konservative Yuan Shikai hingegen, einst ein Günstling der Kaiserinwitwe Cixi und hoher Militär am Kaiserhof, traf auf ausländisches Wohlwollen und hatte die Unterstützung des Heeres.

Um die Revolution zu retten, dankte Sun im Februar 1912 ab und überließ seinen Posten Yuan Shikai, der daraufhin zum Übergangspräsidenten erklärt wurde. Schnell wurde jedoch deutlich, dass Yuan von Demokratie nur wenig hielt. Bereits 1914 löste er das Parlament wieder auf, 1916 begann er mit den Vorbereitungen, sich selbst zum Kaiser zu krönen. Kurz vor der Zeremonie jedoch starb Yuan.

*Warlords
verwüsten
China.*

Mangels starker Zentralmacht zerfiel das Reich in ein Sammelsurium verschiedener Machtgebiete: Warlords, lokale Machthaber, herrschten nun mit ihren Armeen über China. Für die Bevölkerung war dies eine Zeit der Schreckensherrschaft, denn die Warlords walteten willkürlich, pressten ein Maximum an Steuern aus ihren Untertanen heraus und befanden sich praktisch permanent im Krieg gegeneinander.

*Die Vierter-
Mai-Bewe-
gung rüttelt
das Land
wach.*

In diese Zeit der politischen Wirren fiel das Ende des 1. Weltkrieges 1918. China hatte sich auf die Seite der Alliierten gestellt und hoffte nun, die einst von Deutschland besetzten Gebiete in Shandong zurückzuerhalten. Wider Erwarten wurden die ehemaligen deutschen Kolonien jedoch nicht an China abgetreten, sondern an Japan! Eine Welle der Empörung ergriff das Land. Am 4. Mai 1919 kam es zu antijapanischen Massendemonstrationen und ein ausdauernder Boykott japanischer Waren wurde ausgerufen. Zentrum dieser Aktivitäten waren die Intellektuellen der Beijing Universität. Unter dem Namen »Vierter-Mai-Bewegung« *(siwu yundong* 四五运动*)* entstand eine ganze Kampagne, die sich nicht nur gegen Japan, sondern generell gegen den Konfuzianismus und alles »Alte« richtete. Aus chinesischer Sicht ist dies der Beginn der chinesischen Moderne.

*Die KPCh
wird ge-
gründet.*

Nur wenige Jahre später, 1921, wurde in Shanghai die Kommunistische Partei Chinas (KPCh, *zhongguo gongchandang* 中国共产党) gegründet. Gerade einmal 13 Gründungsmitglieder hatte die neue Partei, die sich vor allem auf das Proletariat stützen wollte. In Anbetracht dieser Umstände empfahl die Kommunistische Internationale (Komintern) die Zusammenarbeit mit den Nationalisten der Guomindang (GMD 国民党), der Partei Sun Yatsens, die derweil von Südchina aus einen erneuten Versuch startete, die Republik wieder einzuführen. Auch Sun hatte sich an die Sowjetunion gewandt. Dies jedoch weniger aus ideologischen Gründen, sondern weil die USA ihm alle Unterstützung verweigerte. Berater der Komintern wie Mikhail Borodin sollten der Allianz aus Nationalisten und Kommunisten helfen und sie in militärischer wie organisatorischer Hinsicht unterstützen. Als Sun Yatsen 1925 starb, übernahm der Kantonese Jiang Kaishek (auf Hochchinesisch Jiang Jieshi 将解释) die Führung der Guomindang.

Zwischen Wiedervereinigung und Kommunistenhatz

1926 machte Jiang Kaishek sich daran, durch den großen »Nordfeldzug« China wieder zu einen. Mit Erfolg: Im Laufe der folgenden Monate gelang es ihm, einen Warlord nach dem anderen zu besiegen. Kein Wunder, waren diese doch im Volk verhasst und selbst bei den eigenen Truppen nicht gut angesehen. 1928 hatte er es praktisch geschafft, fast ganz China unterstand nun der Guomindang. Doch es gab noch einen weiteren, wichtigen Punkt auf der Agenda Jiangs: Die Vernichtung der Kommunisten. Schon lange waren ihm die »Zwangsverbündeten« ein Dorn im Auge. Hinzu kam, dass die KPCh zusehends wuchs und immer mehr Mitglieder rekrutierte.

Jiang Kaisheks Nationalisten erkämpfen Chinas Einheit.

Als Jiang Kaishek dann offiziell mit den Kommunisten brach und eine Reihe von ihnen in Shanghai exekutieren ließ, flüchteten sich die meisten aufs Land. Unter ihnen auch Mao Zedong (毛泽东), der in den unzugänglichen Bergen der Provinz Jiangxi mit Unterstützung der lokalen Bauern den ersten »Sowjet« Chinas gründete und dort bereits seine eigenen Vorstellungen vom chinesischen Sozialismus verwirklichte. Innerhalb der Partei fand er damit wenig Gegenliebe, hatte man sich doch nach sowjetischem Vorbild auf die Arbeiterschaft konzentriert. Und trotzdem waren viele seiner Genossen letztlich auf ihn angewiesen, denn das von Mao beherrschte Gebiet erwies sich für viele Verfolgte als letzte Zuflucht.

Die Kommunisten fliehen aufs Land, unter ihnen auch Mao Zedong.

Immer wieder ließ Jiang Kaishek Anfang der 1930er Jahre seine Truppen aufmarschieren, um die Kommunisten aus Jiangxi zu vertreiben. 1934 umzingelten mehr als 700 000 Soldaten das Gebiet der Kommunisten, fest entschlossen, die Aufständischen auszuhungern.

Der Lange Marsch

Einer derartigen Übermacht waren die Kommunisten nicht gewachsen. Über 100 000 Mitglieder der kommunistischen »Volksbefreiungsarmee« *(renmin jiefang jun* 人民解放军*)* und zahlreiche Kader durchbrachen deshalb im Oktober 1934 den Belagerungsring und flohen vor den Regierungstruppen. Ohne geeignete Ausrüstung, unter dem täglichen Bombardement der Luftflotte und den Regierungstruppen immer nur wenige Tage voraus, ging es im Zickzack-Kurs durch zwölf Provinzen. Genau ein Jahr dauerte es, bis die Kommunisten im Oktober 1935 im unwegsamen Bergland der Provinz Shaanxi in Yan'an (延安) Zuflucht fanden und einen neuen Stützpunkt gründeten. Nur 8000 Menschen überlebten

Mao forever …

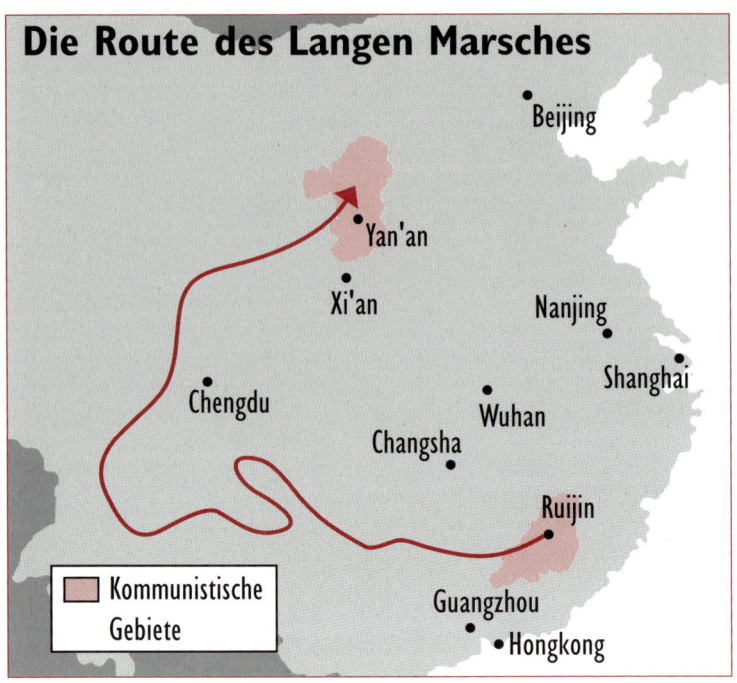

Die Route des Langen Marsches

Beijing

Yan'an

Xi'an

Nanjing

Shanghai

Chengdu

Wuhan

Changsha

Ruijin

☐ Kommunistische Gebiete

Guangzhou

Hongkong

den Gewaltmarsch von über 12000 Kilometern. Übrig geblieben war eine feste Gemeinschaft, die mittlerweile geschlossen hinter Mao Zedong stand, der sich mit seiner bäuerlichen Revolutionstheorie hatte durchsetzen können.

Die kommunistische Ideologie auf Reisen

Was als Wettlauf um das nackte Leben begann, erwies sich im Nachhinein auch als propagandistischer Vorteil für die Kommunisten. Fast ausnahmslos hatten die Verfolgten abgelegene Regionen durchquert, deren Bewohner so zum ersten Mal mit der kommunistischen Ideologie in Berührung kamen. Als sehr viel wichtiger noch erwies sich allerdings ein anderer Umstand: Ganz im Gegensatz zu den nachrückenden Regierungstruppen, zeichneten sich die Kommunisten durch diszipliniertes Verhalten aus. Eine Armee, die nicht plünderte und stahl, das war in der chinesischen Geschichte einmalig. Schnell sprach sich im einfachen Volk herum, dass die Kommunisten nicht zu fürchten waren, dafür aber manch einen verhassten Landbesitzer in die Flucht trieben.

Gemeinsam gegen Japan: Kurze Zeit der Zusammenarbeit 1937–39

Völlig auf die Vernichtung der Kommunisten konzentriert, hatte Jiang Kaishek ein weiteres, höchst drängendes Problem völlig schleifen lassen: die imperialen Bestrebungen Japans. Bereits 1931 war die japanische Armee in der Mandschurei einmarschiert und hatte den Marionettenstaat Manzhouguo (满洲国) errichtet. Damit ging nicht nur gut ein Zehntel des chinesischen Staatsgebietes verloren, sondern auch just die Region der größten Bodenschätze. 1934 wurde der letzte Qing-Kaiser Puyi als »Kaiser von Manzhouguo« eingesetzt, um dem zweifelhaften Staat mehr Legitimität zu verleihen.

Obwohl sich Jiang der Bedrohung durch die Japaner bewusst war, schien es ihm wichtiger, erst einmal im Lande selbst mit den Kommunisten aufzuräumen – gegen den Widerstand seiner eigenen Generäle. Im Dezember 1936 wurde er deshalb in Xi'an von seinen eigenen Truppen festgenommen und gezwungen, einer Einheitsfront mit der Volksbefreiungsarmee gegen die Japaner zuzustimmen. (Der Legende nach hatten sie dazu einen höchst privaten Moment auf der Toilette genutzt und ihren Generalissimo mit heruntergelassener Hose abgeführt.) Doch erst im September 1937, also erst einige Monate nach dem offiziellen Beginn des chinesisch-japanischen Krieges, wurde die Einheitsfront in die Realität umgesetzt.

Eine Einheitsfront gegen die Japaner

Obwohl Nationalisten und Kommunisten nun zusammenarbeiten, waren die Japaner kaum aufzuhalten. Die Besatzer gingen mit unglaublicher Grausamkeit vor – eine Tatsache, die auch heute noch vielen Japanern in China das Leben schwer macht. Bei der Eroberung der Stadt Nanjing wurden hunderttausende Menschen regelrecht abgeschlachtet. Doch auch Jiang Kaishek war in der Wahl seiner Mittel nicht gerade zimperlich: 1938 ließ er die Dämme des Gelben Flusses bei Zhengzhou sprengen, um so den japanischen Vormarsch aufzuhalten. Militärisch erwies sich das Manöver als Flop, denn die japanischen Truppen wurden nicht, wie erhofft, von den Fluten erfasst. Auf chinesischer Seite hingegen waren über eine Million toter Zivilisten zu beklagen.

Die japanischen Truppen überrennen China.

Der letzte Kampf um die Macht: Der Bürgerkrieg 1945–49

Bis zum Ende des Zweiten Weltkrieges 1945 blieb China zu großen Teilen in japanischer Hand. Die Guomindang hatte sich in das südwestliche Chongqing zurückgezogen, während die Kommunisten von Yan'an aus ihren Widerstand organisierten.

Nach der Kapitulation der Japaner jedoch kam es zu einer letzten großen Auseinandersetzung zwischen der kommunistischen Volksbefreiungsarmee und den Truppen der Guomindang. Jetzt machte sich die Politik der Kommunisten, nicht zu plündern und immer »korrekt« aufzutreten, bezahlt: Obwohl die nationalistischen Truppen den Kommunisten zahlenmäßig haushoch überlegen waren und zudem noch massive amerikanische Unterstützung erhielten, hatte die Volksbefreiungsarmee einfach mehr Rückhalt in der Bevölkerung. Dazu kam, dass die Sowjetunion endlich eindeutig Stellung bezog und den Kommunisten das Kriegsgerät der abziehenden Japaner überließ. Ende 1949 hatte die Volksbefreiungsarmee fast das gesamte Land erobert. Gut zwei Millionen Guomindang-Anhänger und die restlichen Truppen Jiang Kaisheks zogen sich auf die Insel Taiwan zurück.

Die Volksbefreiungsarmee siegt mit dem Rückhalt der Bevölkerung.

Der Beginn der Volksrepublik: Unter sowjetischem Einfluss

*Die Macht-
ergreifung
der Kom-
munisten
wird als
Befreiung
empfunden.*

Am 1. Oktober 1949, als Mao Zedong in Beijing die Volksrepublik ausrief, begann für die Menschen des chinesischen Festlandes ein völlig neuer Abschnitt. Erstmals, nach Jahrzehnten des Chaos und der Willkür, war Frieden eingekehrt. Inflation, Korruption, Verbrechen und Prostitution sanken rapide, so dass vor allem die unteren Bevölkerungsschichten die Machtergreifung der Kommunisten wirklich als Befreiung empfanden. Dank einer umfassenden Landreform 1950 wurden 300 000 mittellose Bauern praktisch über Nacht zu Grundbesitzern. So groß war der Enthusiasmus, dass sogar zahlreiche Übersee-Chinesen ihr oft bequemes Leben im Ausland aufgaben, um am Aufbau Chinas teilzuhaben.

*Landreform
und Ver-
staatlichung
nach dem
Muster der
Sowjetunion*

Nur wenige Monate nach der Neuverteilung des Bodens wurden die Bauern, ganz nach sowjetischem Vorbild, zu Kooperativen zusammengefasst. Egal ob in der Landwirtschaft oder der Industrie – überall stand nun der »große Bruder« Sowjetunion Pate: Zahlreiche russische Fachkräfte wurden nach China geschickt, um den Aufbau der Schwerindustrie zu unterstützen und bei der Verstaatlichung aller Wirtschaftsbetriebe zu helfen.

Mittels diverser Kampagnen gegen Korruption, »geistige Verschmutzung« und andere »bürgerliche Übel«, säuberte die KPCh nach und nach die staatlichen Stellen von allen unliebsamen Elementen. Was sich anfangs noch als durchaus adäquate Maßnahme darstellte – die Korruption war in der Tat ein großes Problem –, erwies sich in den nächsten Jahrzehnten als höchst effizientes Mittel der Kontrolle. Jede Kampagne hatte ihre Feindbilder, die je nach aktueller politischer Lage variierten, immer aber wie zufällig mit denen der Kritiker Maos identisch waren. Nicht selten ergaben sich dabei geradezu konträre Kursschwankungen. Kein Wunder, dass auch heute noch viele Chinesen eine gehörige Skepsis gegenüber Politikern empfinden und generell mit Kritik sehr vorsichtig umgehen!

Die Hundert-Blumen-Kampagne 1956/57

*Skeptische
Intellektuelle
verschwan-
den in Ar-
beitslagern.*

Als bestes Beispiel lässt sich die »Hundert-Blumen-Kampagne« anführen. Um sich unter den Intellektuellen mehr Rückhalt zu verschaffen, gab die Parteiführung 1956 die Losung »Lasst 100 Blumen blühen und 100 Schulen miteinander wetteifern« *(baihua qifang, baijia zhengming* 百花齐放，百家争鸣*)* aus. Sie sollte auch die skeptischen Intellektuellen von der Toleranz der neuen Führung überzeugen. Schnell verwandelten sich die ersten zögerlichen Vorstöße in eine ganze Flut von kritischen Werken, in denen vor allem die Exzesse einzelner Kader angeprangert wurden. Nur ein Jahr später wurde die Hundert-Blumen-Bewegung durch die »Kampagne gegen Rechtsabweichler« abgelöst. Viele Intellektuelle, die ihre Meinung auf staatliches Geheiß kundgetan hatten, verloren nun ihre Posten oder verschwanden in Arbeitslagern.

Genau in dieser Zeit entstand auch eine weitere Dynamik, die die Politik der KPCh bis heute prägen sollte: Selbst wenn die Parteiführung nach außen gerne als ge-

schlossener Block auf-
trat, gab es unter den
Mitgliedern selbstver-
ständlich Meinungs-
verschiedenheiten über
die korrekte Parteili-
nie. Grob gesprochen
waren es zwei Lager,
die sich an der Spitze
abwechselten. Zum ei-
nen Mao Zedong und
seine Anhänger, die ei-
ne große Vorliebe für
gigantische Projekte
hegten und die »rich-
tige ideologische Ge-
sinnung« (also aus-
schließlich ihre eige-

Am Mao-
Mausoleum:
Siegeszug
der Volks-
befreiungs-
armee

ne) sowie die Bekämpfung der »Klassenfeinde« betonten. Auf der anderen Seite
standen Liu Shaoqi (刘少奇), Deng Xiaoping (邓小平) und ihre Gefolgsleute,
die sich eher der pragmatischen, wirtschaftlichen Seite widmeten und dafür von
Mao Zedong oft abschätzig als »Revisionisten« und »Rechtsabweichler« bezeichnet wurden.

Bereits 1956 zeichnete sich der erste große Konflikt über die Parteilinie ab: Zwar
war es in den ersten Jahren der Volksrepublik gelungen, die Grundbedürfnisse der
Bevölkerung einigermaßen zu befriedigen, auf dem 8. Parteitag 1956 stellten die
Parteikader jedoch öffentlich fest, dass »nicht mehr der Widerspruch zwischen
Bourgeoisie und Arbeiterklasse den Hauptwiderspruch darstelle, sondern der Un-
terschied zwischen den Bedürfnissen der Bevölkerung und den wirtschaftlichen
Defiziten«. Zu Deutsch: Noch immer war China bettelarm, ging es der Bevölke-
rung schlecht. Deng Xiaoping und Liu Shaoqi setzten sich deshalb für weniger
Ideologie und mehr wirtschaftliche Realpolitik ein.

*Maos Thron
wackelt.*

Der Große Sprung nach vorne

Kampflos wollte Mao jedoch die politische Bühne ganz bestimmt nicht verlassen.
Er antwortete mit einer gigantischen Kampagne, die alles bisher Dagewesene in
den Schatten stellen sollte: Nicht in Schritten, sondern in großen Sprüngen sollte
es vorangehen! Die Ziele des »Großen Sprung nach vorne« *(da yuejin* 大跃进*)*
waren dementsprechend ambitioniert: In nur 15 Jahren sollte die Stahlproduk-
tion Englands überholt werden, die Landwirte ihre Erträge um mehr als 45 %
jährlich steigern und China geradewegs in einen paradiesischen Kommunismus
eingehen. Um diese Ziele zu erreichen, wurden die landwirtschaftlichen Koopera-

*In großen
Schritten
dem Pa-
radies ent-
gegen*

tiven zu gigantischen Volkskommunen zusammengefasst und praktisch das gesamte Privatleben lahm gelegt. (Die Verpflegung erfolgte nun beispielsweise in den Speisesälen des Kollektivs.) In »Hinterhof-Stahlöfen« sollte aus Metall aller Art Stahl gewonnen werden: Fast jeder Topf, jeder Schrankbeschlag fiel diesem naiven Vorhaben zum Opfer.

In der Realität hungerte das Volk.

Um sich bei der Parteiführung einzuschmeicheln, meldeten fast alle Kader fantastische Steigerungen an die Zentrale. In der Realität hungerte das Volk: Fehlplanungen und Naturkatastrophen kosteten Millionen das Leben.

Schon 1961 galt der Große Sprung als gescheitert. Deng Xiaoping und Liu Shaoqi gewannen abermals die Oberhand: Die private Initiative der Menschen war nun wieder gefragt. Dank der Parzellen zur Eigenbewirtschaftung, Reorganisation der Verantwortlichkeiten und privater Märkte verbesserte sich die Versorgungslage innerhalb weniger Jahre erheblich.

»Nieder mit der sowjetischen revisionistischen Renegatenclique!«

Für Mao Zedong waren die frühen 1960er Jahre nicht nur aufgrund seiner gescheiterten Politik eine höchst schwierige Zeit: Er hatte sich zudem auch noch mit dem »großen Bruder« Sowjetunion verkracht! Stalin – Maos Vorbild! – war zwischenzeitlich verstorben. Ohne die chinesischen Verbündeten vorzuwarnen, rechnete sein Nachfolger Chruschtschow auf dem 20. Parteitag der KPdSU mit dem Personenkult Stalins ab. Für Mao, der dem Personenkult selbst wahrlich nicht abgeneigt war, geradezu eine Unverschämtheit. Zudem waren die »russischen Revisionisten« offensichtlich nicht bereit, China zur Atombombe zu verhelfen. Nicht zuletzt spielte auch das Machtgerangel im Komintern eine wichtige Rolle: Während sich die Sowjetunion als Führer aller sozialistischen Staaten sah, hatte China längst begonnen, Länder der Dritten Welt auf seine Seite zu ziehen und ebenfalls ideologische Führungsansprüche angemeldet. Innerhalb weniger Wochen kam es zum offenen Bruch, die sowjetischen Berater wurden Hals über Kopf abgezogen.

Die Leiche im Keller: Die Kulturrevolution 1966–76

Maos finaler Gegenschlag kam Ende der 1960er Jahre. Unter dem Deckmantel einer »permanenten Revolution« der Gesellschaft rief er 1966 die »Große proletarische Kulturrevolution« *(wenhua da geming* 文化大革命*)* ins Leben. Nun galt es, die Gesellschaft von allen revisionistischen Elementen zu säubern. Große Teile der chinesischen Jugend formierten sich zu den »Roten Garden« *(hongbing* 红兵*)*, die als marodierende Massen durch das Land zogen, alles Alte und »Bourgeoise« zerschlugen (kaum ein Tempel blieb verschont!) und willkürlich Menschen öffentlichen Kritiksitzungen unterzogen. Aus dieser Zeit stammen die Bilder der »blauen Ameisen«, die – die Mao-Bibel gen Himmel gereckt – ihrem »Großen Steuermann« zujubeln. Sie waren aufgerufen, an Massendemonstrationen teilzunehmen, ihre Lehrer zu denunzieren, ja selbst ihre eigenen Familien zu verraten. Die Schulen und Universitäten des Landes blieben daher zu großen Teilen über Jahre geschlossen – eine ganze Generation wurde so um ihre Bildungschancen betrogen!

Die Roten Garden zogen marodierend durch das Land.

中国人民解放军是毛泽东思想大学校

Der »Große Steuermann«

Wie viele Opfer die Kulturrevolution letztlich forderte, bleibt ungewiss, es sind jedoch etliche Millionen. Selbst über die Dauer der Kulturrevolution streiten die Historiker. Sicher ist, dass nach einer »heißen« Phase von 1966 bis 1969 nach und nach wieder mehr Alltag eintrat. Wirklich beendet jedoch war die Kulturrevolution erst, als Mao Zedong 1976 starb und der »Viererbande« der Prozess gemacht wurde. Gemeint sind damit Maos Ehefrau Jiang Qing (江青) und drei weitere Kader, die in den letzten zehn Jahren vor Maos Tod zunehmend an Macht gewonnen hatten und als eigentliche Drahtzieher galten. Wirklich aufgearbeitet wurde die Kulturrevolution nie: Kaum ein Chinese gibt heute offen zu, an den Übergriffen der Roten Garden beteiligt gewesen zu sein.

Die Viererbande wird gestürzt.

1978: China öffnet die Tore

Deng Xiaopings große Stunde

Mit dem Ende der Viererbande und Maos Tod war Deng Xiaopings große Stunde gekommen. Sein Mitstreiter, Liu Shaoqi, hatte die Kulturrevolution nicht überlebt, Deng jedoch stand Gewehr bei Fuß. 1978 wurde er vollends rehabilitiert, die Kulturrevolution offiziell verurteilt und die ersten Reformen ins Leben gerufen. Nicht mehr Klassenkampf, sondern wirtschaftliche Entwicklung und Modernisierungen sollten in den 1980er und 1990er Jahren im Vordergrund stehen.

An die Stelle der Volkskommunen trat nun ein Verantwortungssystem, das den Bauern erheblich mehr Freiheiten zugestand. Mit einem Male waren die Märkte wieder voll von Waren, von denen die Menschen die letzten Jahre nur hatten träumen können. Auch in den Städten veränderte sich das Leben rapide: Eigeninitiative war wieder gefragt. »Reich sein ist gut!« verkündete Deng, und das Volk tat, wie ihm geheißen. Kein Wunder, dass sich schnell eine neue Mittelschicht von selbständigen, erfolgreichen Unternehmern bildete.

China lässt ausländisches Kapital ins Land.

1979 wurde China im Westen voll anerkannt, als die USA reguläre diplomatische Beziehungen aufnahmen – und damit das Tor aufstießen für ausländisches Kapital. Auch wenn die Anfänge der Joint Ventures nicht immer einfach waren, konnten sich zahlreiche ausländische Firmen in China etablieren. Als Experimentierfeld für »kapitalistische Ausflüge« wurden die Wirtschaftssonderzonen an der Küste geschaffen. Gerade hier zeigt sich, in welch ungeheurem Ausmaß die Reformpolitik die Volksrepublik China geprägt hat. Wer noch das Dorf Shenzhen an der Grenze zu Hongkong kennt, wird sich heute in der Millionen-Metropole ganz bestimmt nicht mehr zurechtfinden.

Wirtschaftlich orientierte sich China also ganz eindeutig am Westen – nicht jedoch politisch. Die große Ernüchterung kam 1989, als die Studentenproteste auf dem Platz des Himmlischen Friedens blutig niedergeschlagen wurden. Durch das Ausland ging ein Aufschrei der Entrüstung – durch die KPCh nur ein leises Raunen, das die Architekten der Reformen, Deng Xiaoping, aber aufhorchen ließ. Noch immer gab es eine alte »Hardliner«-Fraktion der ersten Führungsgeneration, die am liebsten alle Reformen und Öffnungsgedanken ad acta gelegt

Ordnungshüter am Platz des Himmlischen Friedens

hätte. Auf einer letzten großen Reise durch Südchina warb Deng (der als zweite Führungsgeneration gilt) 1992 inbrünstig für seine politische Linie. Und gewann. Nur ein Jahr später wurde der ehemalige Bürgermeister von Shanghai, Jiang Zemin (江泽民), zum Präsidenten ernannt und blieb es bis 2003. Mit ihm und den Ex-Premierministern Li Peng (1987–98) und Zhu Rongji (1998–2003) bestand diese dritte

Generation vor allem aus Technokraten, die sich weniger auf ideologischem Gebiet als in konkret messbaren Erfolgen hervortaten – wie der Beitritt zur Welthandelsorganisation (WTO) Ende 2001. Echte Kursschwankungen oder Machtkämpfe im alten maoistischen Stil gab es seither in der Führungsspitze nicht mehr. Die Stimmen der Revolutionäre der ersten Stunde waren schon aus Altersgründen verstummt.

Auch ihre Nachfolger der vierten Führungsgeneration, der Präsident und Generalsekretär der KPCh Hu Jintao (胡锦涛, seit 2002) sowie der Premierminister Wen Jiabao (温家宝, seit 2003), gelten als solide Reformer, die sich auf wirtschaftlichem Gebiet gen Westen orientieren, politische Liberalisierung allerdings nur so weit zulassen, wie es für die wirtschaftliche Entwicklung unbedingt nötig ist.

Geschichtsmüde Schulkinder

INFO

Sun Yatsen – der Vater des Modernen China

Selten sind sich die Politiker der Volksrepublik und Taiwans einig. Beide Seiten jedoch, also die KPCh genauso wie die Guomindang, sehen Sun Yatsen (Sun Zhongshan 孙中山, 1866–1925) als den Gründer des modernen China an und berufen sich auf seine Lehre der drei Grundlehren *(sanminzhuyi* 三民主义*)* Nationalismus, Demokratie und Volkswohlfahrt.

Der Arzt und bekennende Christ hatte bereits als Jugendlicher viele Jahre auf Hawaii verbracht und kam so früh mit der westlichen Welt in Berührung. Nach seiner medizinischen Ausbildung in Kanton und Hongkong war er aus politischen Gründen gezwungen, den größten Teil seines Lebens im Ausland zu verbringen. Von Japan, Amerika, Großbritannien und Indochina aus versuchte er immer wieder, Gelder und Unterstützung für seinen Revolutionsbund Tongmenghui (同盟会) zu sammeln und einflussreiche Auslandschinesen auf seine Seite zu ziehen.

China heute:
(K)ein bisschen sozialistisch

Egal, ob die Katze weiß oder schwarz ist,
wenn sie Mäuse fängt, ist sie eine gute Katze.
Deng Xiaoping 1991

Ist dies wirklich ein sozialistischer Staat?

Westliche Mode auf dem Vormarsch

Wäre es nicht ein wenig zu spät dafür, der Anblick des nächtlichen Neongeflackers auf Shanghais Einkaufsstraßen würde Marx und Engels wahrscheinlich einen Herzinfarkt bescheren. Auch Mao Zedong dürfte die Hände über dem Kopf zusammenschlagen, verkörpert doch die glitzernde Konsumwelt der Kaufhäuser all die westlichen und kapitalistischen Aspekte, die der »Große Steuermann« für immer aus China verbannen wollte.

Kein Wunder, dass sich selbst gewöhnliche Touristen nach einigen Tagen insgeheim die Frage stellen: »Ist dies wirklich ein sozialistischer Staat?«

Alles eine Frage der Auslegung

Die Antwort aus der Führungsetage der KPCh lautet eindeutig: »Ja!«. Viele ideologische Verrenkungen und theoretische Begründungen hat sich die Kommunistische Partei einfallen lassen müssen, um dem aktuellen Staatsgefüge einen sozialistischen Mantel zu verpassen: Die Theorie des »marktwirtschaftlichen Sozialismus« zum Beispiel, oder das Schlagwort des »Sozialismus chinesischer Ausprägung«.

Marx, Mao oder Deng – wer macht die Chinesen glücklich?

Welche Begründungen nun auch immer angeführt werden, eine wirklich allgemeingültige Antwort kann es auf diese Frage ohnehin nicht geben, schließlich kommt es darauf an, wessen Definition von Sozialismus als Maßstab gilt. Die von Marx, oder doch lieber Mao? Richtet man sich nach Lenin? Trotzki? Oder vielleicht Deng Xiaoping, dessen Vorstellungen einer »sozialistischen Marktwirtschaft« sich überall in China manifestieren? Für die stetig wachsende Mittelschicht und viele Bewohner des breiten Küstenstreifens bedeuten die Deng'schen Auslegungen Wohlstand, ja teils sogar Luxus. Kaum ein Shanghaier trauert der

Zeit der totalen Verstaatlichung nach. Also doch ein Sozialismus »chinesischer Prägung«, der alle glücklich macht?

Der Zusammenbruch des Sozialwesens

Die Millionen von Wanderarbeitern, Arbeitslosen, Rentnern und Bauern der ärmeren Regionen Chinas würden dieser Behauptung wahrscheinlich widersprechen, denn eines ist sicher: Der neue Reichtum ist höchst ungleich verteilt.
Viele typische Merkmale sozialistischer Systeme, von denen vor allem die unteren Schichten profitierten, sind in den letzten Jahren abgeschafft worden. Dem massiven »Sozialabbau« sind Krankenversicherung und Rente genauso zum Opfer gefallen, wie Sozialhilfe oder Arbeitslosengeld. Der Grund ist einfach: Praktisch alle Zuwendungen waren an die Danwei (单位) geknüpft, die Arbeitseinheit, die auch in jeder anderen Hinsicht für ihre Mitglieder zuständig war. Doch längst spielt die Danwei keine große Rolle mehr, und immer mehr Menschen verlassen dieses System, weil ihre Einheit aufgelöst wurde oder weil sie sich selbständig machen.

Abbau staatlicher Fürsorge und Auflösung von Kollektivstrukturen

Bis 1978 waren zumindest die städtischen Arbeiter und Angestellten durch die Arbeitsversicherung *(laodong baoxian* 劳动保险*)* in Bezug auf Alter, Krankheit, Invalidität, Schwangerschaft und Hinterbliebenenversorgung grundlegend abgesichert.

In den ländlichen Gebieten war die soziale Absicherung auch in höchst sozialistischen Zeiten schon immer Sache der Familien. Lediglich die Arbeitsplatzgarantie im Kollektiv und die Zuteilung einer privaten Parzelle für den Eigenanbau sicherten die Existenz der Bauern. Je nach finanzieller Lage des Kollektivs konnten weitere Angebote hinzukommen, wie Wohnraum, Kindergärten und

Zu starkes Sozialgefälle zwischen Stadt und Land

medizinische Einrichtungen. Heute richten sich die Sozialleistungen vor allem nach der finanziellen Situation des Wohnortes. Wer das Glück hat, in einer prosperierenden Stadt zu leben, darf auf sehr viel mehr Unterstützung hoffen, als der Bewohner einer provinziellen Kleinstadt an der mongolischen Grenze.

Auch der Regierung ist natürlich bewusst, dass diese Situation dringend der Abhilfe bedarf. Die landesweit einheitliche Sozialpolitik steckt aber noch in der Planungsphase und dürfte einige Zeit bis zur Fertigstellung benötigen. 1998 wurde immerhin ein Ministerium für Arbeit und Soziales gegründet, das nunmehr die diversen regionalen Ansätze vereinheitlichen soll.

Willkommen im Frühkapitalismus

Abkehr von sozialistischen Werten

Für waschechte Sozialisten ganz besonders schwer zu verkraften, ist die Situation der Arbeiter in China. Ging es nicht einst darum, die bitteren Arbeitsbedingungen der Bevölkerung zu verbessern? Zum einen hat die Volksrepublik ihren Bürgern eine allgemeine Schulbildung gebracht, das Recht auf Urlaub, Mindestlohn und natürlich allerhand Arbeitsgesetze, die den Arbeitnehmer vor unternehmerischer Willkür schützen sollen.

Für die Abertausenden von jungen Männern und Frauen allerdings, die für wenige Euro im Monat in Hinterhof-Fabriken bis zu 14 Stunden arbeiten, jeden Tag, jahrelang, klingen die Gesetzestexte wahrscheinlich wie Hohn. Zwar wird dies von der Regierung nicht gefördert, wohl aber geduldet, denn gerade die niedrigen Löhne und geringen Auflagen sind es, die viele Investoren ins Land locken und den einheimischen Unternehmern große Gewinne bescheren.

Schluss mit »Massenlinie« und »Klassenkampf«

China paradox: Kapitalisten werden hoffähig …

Auch das Primat des Klassenkampfes, der letztlich die Unterschiede zwischen den verschiedenen gesellschaftlichen Schichten nivellieren soll, wird nur noch pro Forma befolgt. Längst ist China wieder eine klar strukturierte Gesellschaft, die, genau wie im Westen, vom Selfmade-Millionär bis zum bettelarmen Schuhputzer alle Extreme abdeckt. Und auch wenn die Neuerung, seit 2002 auch Wirtschaftsgrößen und Selbstständige (wir erinnern uns: Unter Mao wurden sie einfach enteignet) als Parteimitglieder zuzulassen, in vielerlei Hinsicht lobenswert sein mag – wirklich sozialistisch ist sie wohl nicht.

Parolen haben an Schlagkraft verloren, die Mittel sind subtiler geworden.

Die Zahl der politischen Massenkampagnen hat ebenfalls stark nachgelassen: Hier und da lugt noch eine verblassende Losung unter den zahlreichen Werbeplakaten hervor, ermahnen große Banner am Straßenrand die Passanten »fröhlich zur Arbeit zu fahren und abends sicher nach Hause zu kommen«. Politische Gegner werden heute jedoch nicht mehr per allgemeiner Volkshetze gejagt, sondern mit subtileren Mitteln daran gehindert, ihre unbequeme Meinung kund zu tun. Fazit: Wirtschaftliche Öffnung ja, politische Veränderung eher nein.

Von Staat und Regierung

In einer Hinsicht jedoch erfüllt der chinesische Staat ganz sicher alle Kriterien des Sozialismus: China ist ein Ein-Parteien-Staat, fest in der Hand der Kommunistischen Partei. Wer in der Politik Einfluss ausüben möchte, kommt um die KPCh nicht herum. Noch immer werden die Parteimitglieder handverlesen, gilt es hohe Kriterien zu erfüllen und nicht zuletzt braucht der potentielle Kandidat die Empfehlung zweier Mitglieder. Mittlerweile ist China das letzte sozialistische Land von internationaler Bedeutung und besitzt die mitgliederstärkste Kommunistische Partei der Welt.

China: Ein-Parteien-Staat, fest in der Hand der Kommunistischen Partei!

Theoretisch sind Partei und Regierungsapparat in China völlig getrennt: Alle fünf Jahre wählen die Provinzen pro 400 000 Einwohner je einen Abgeordneten für den Nationalen Volkskongress (NVK, *quanguo renmin daibiao dahui* 全国人民代表大会). Er ist das wichtigste Organ staatlicher Macht. Hier werden Gesetze verabschiedet, Wirtschaftspläne abgesegnet, der Staatshaushalt verabschiedet und der Staatspräsident bestätigt. Seine Auf-

Staatstragende Symbolik: Die Rote Fahne

gaben sind jedoch eher repräsentativer Natur. Aufgrund seiner Größe von 3000 Mitgliedern, tritt der Nationale Volkskongress nur selten zusammen. Stattdessen übernehmen die 500 Mitglieder des Ständigen Ausschusses die Regierungsgeschäfte. Obwohl der Nationale Volkskongress theoretisch von der KPCh unabhängig ist, finden in der Regel nur von der Partei unterstützte Mitglieder ihren Weg in den NVK.

Das eigentliche Machtzentrum der Regierung ist jedoch zweifellos der Staatsrat *(guowuyuan* 国务院*)*. Seine Mitglieder werden von der KPCh aufgestellt und vom Nationalen Volkskongress bestätigt. Der Ministerpräsident leitet die Arbeit des Staatsrates und gilt neben dem Generalsekretär der Partei als wichtigster Mann im Staat.

Die eigentliche Machtzentrale ist der Staatsrat.

Die Machtstrukturen der Partei

Die Kommunistischen Partei Chinas ist ähnlich organisiert: Alle fünf Jahre tritt der Nationale Parteitag zusammen. Hier werden die von der Parteispitze vorgeschlagenen Mitglieder des Zentralkomitees (ZK, *zhongyang weiyuanhui* 中央委员会) gewählt, das ein- bis zweimal im Jahr zum Plenum, *quanti huiyi* (全体会议), zusammenkommt. Praktisch alle Entscheidungen von größerer Tragweite werden hier getroffen, egal ob es um den generellen Parteikurs geht oder neue wirtschaftliche Reformen. Das dritte Plenum des 11. Zentralkomitees 1978 beispielsweise gilt in China als Beginn der Reformpolitik, da die politischen Grundlagen auf dieser Tagung beschlossen wurden. Der eigentliche Machtzirkel der Partei ist jedoch das Politbüro *(zhengzhiju* 政治局*)*, das ebenfalls auf dem Parteitag gewählt wird. Von diesen derzeit 24 Mitgliedern (2003) sind neun Vertreter (ebenfalls Stand 2003) im Ständigen Ausschuss *(changwu weiyuanhui* 常务委员会*)*. Wer es bis hierher geschafft hat, zählt zur absoluten Führungsspitze der Partei. Als Leiter des Ständigen Ausschusses des Politbüros ist der Generalsekretär einer der mächtigsten Männern Chinas.

Der Militär-kommission des ZK untersteht die Armee.

Eine besondere Rolle nimmt die Militärkommission des Zentralkomitees *(zhongyang junwei* 中央军委*)* ein: Ihr untersteht die gesamte chinesische Armee. Scheidende Führungspolitiker, die gerne noch einen Fuß in der Tür zur Macht lassen möchten, ziehen sich bevorzugt auf diesen Posten zurück. Deng Xiaoping blieb bis 1989 Vorsitzender der Militärkommission, seither hat Jiang Zemin das Amt inne.

Große politische Überraschungen gibt es auf den Parteitagen übrigens selten, meist ist schon viele Wochen im Voraus bekannt, wer welche Position erhalten wird. Trotzdem werden die Parteitage mit Spannung erwartet, denn zwischen den Zeilen der diversen Reden lässt sich viel über den aktuellen Stand der Politik erfahren.

Glaube und Aberglaube

Der Weise weiß nicht viel,
Der, der viel weiß, ist nicht weise
3. Zeile, 81. Strophe des Daodejing

Jeder auf seine Art

Auch wenn die Volksrepublik China sich selbst als atheistischen Staat definiert, spielen Glaube und Spiritualität eine große Rolle im Alltag der Menschen. Wieder, sei dazugefügt, denn in der Zeit der Kulturrevolution war Religion absolut verpönt und galt als »bourgeoises Übel«. In den 1960er Jahren wurden praktisch alle Klöster aufgelöst und viele davon von marodierenden Roten Garden in Schutt und Asche gelegt. Bewirkt hat dies auf Dauer wenig: Religiöse Gemeinschaften und Tempel aller Art erfreuen sich seit Beginn der politischen Lockerung wieder regen Zulaufs. Bei den Gläubigen handelt es sich dabei keineswegs nur um alte Menschen, wie es in Europa oft der Fall ist. Gerade bei den jüngeren Chinesen haben die rasante Entwicklung der chinesischen Gesellschaft und die politische Desillusionierung ein Vakuum geschaffen, das viele nun mit Religion zu füllen suchen.

Religion ist in China wieder erlaubt.

Die Frage nach der Religionszugehörigkeit lässt sich für viele Chinesen trotzdem nur schwer beantworten. Als Konfuzianer würden sich die meisten bezeichnen, schon aus Tradition. Doch auch daoistisches und buddhistisches Gedankengut gehören genauso dazu wie Ahnenkult, Geisterglaube und Wahrsagerei. Welche Komponente letztlich überwiegt, hängt von der aktuellen Lebenslage und der persönlichen Verfassung ab. All dies wird gerne unter dem Begriff

Verkauf von Räucherwerk

San jiao fa yi (三教发一) zusammengefasst: »Aus drei wird eins«. »Drei«, das sind die großen Religionen, »eins« das ist das Gemisch, das sich als »chinesischer Glaube« bezeichnen ließe und ein bunt gewürfeltes Potpourri der verschiedenen Glaubensschulen darstellt – obwohl die einzelnen Religionen in vielerlei Hinsicht geradezu konträre Standpunkte vertreten! In diesem Fall gilt es, sich nach persönlichem Gusto zu entscheiden.

Von allen Glaubenslehren ein bisschen

Alles in allem nimmt man in China Religion zwar ernst, ohne aber in missionarische Ambitionen zu verfallen. Der Glaube ist eine höchst persönliche Angelegenheit und jeder legt sich seine ganz private eigene Vorstellung vom Jenseits

*Missionari-
sche Ambi-
tionen sind
Chinesen
fremd.*

und dem Sinn des Lebens zurecht. Gezwungenermaßen, denn Konfuzianismus, Daoismus und Buddhismus sind keine Offenbarungsreligionen wie beispielsweise das Christentum. In den fernöstlichen Schulen bleibt es jedem Menschen freigestellt, sich seine Erkenntnis selbst zu suchen. Trotz dieses individuellen Ansatzes ist den meisten Chinesen allerdings ein Weltbild gemein, ein Grundglaube, auf den alle in China heimischen Religionen aufbauen.

Von der universellen Harmonie

*Alles ist
eins.*

Himmel, Erde und Menschen sind in der chinesischen Glaubenswelt eine Einheit, sie bilden den Kosmos; jede Veränderung oder Bewegung darin ruft eine ausgleichende Gegenbewegung hervor. Generell gilt es, die Harmonie im Kosmos und den Ausgleich zwischen den verschiedenen Komponenten zu wahren. Jede Erscheinung des Kosmos hat im Leben des Menschen eine Entsprechung, er trägt sozusagen dieselben Prinzipien in sich, gehorcht denselben Regeln wie der Kosmos. Diese universelle Harmonie und Ordnung muss deshalb unbedingt gewahrt werden.

*Das Man-
dat des
Himmels*

Im Alten China, so der Volksglaube, war der Kaiser für die Wahrung dieser Ordnung auf Erden zuständig. Er erhielt vom Himmelsherren *(tian 天)* das »Mandat des Himmels« *(tianming 天命),* das ihn berechtigte, über das Land zu herrschen und so die kosmische Ordnung auch auf Erden zu wahren. Tat er dies nicht, gab es eindeutige Anzeichen, dass das Mandat des Himmels verwirkt war: Überschwemmungen, Erdbeben und andere Katastrophen deuteten darauf hin, dass die kosmische Ordnung aus dem Gleichgewicht geraten war und ein Dynastiewechsel anstand (vgl. das Kapitel »Das Alte China«).

*Frühe
Religionen*

Doch auch vor der Zeit des Konfuzianismus, Daoismus und Buddhismus lebte das Volk keineswegs im religiösen Vakuum: Frühe Ausgrabungen aus der Shang-Dynastie, also aus dem 2. Jahrtausend v. Chr., zeigen, dass ein Pantheon von Göttern verehrt wurde, an dessen Spitze Shangdi (上帝), »der höchste Gott«, stand. Wahrsager versuchten bereits damals, die Götter zu konsultieren.

Spätestens mit der Zhou-Dynastie gewann im 1. Jahrtausend v. Chr. der Ahnenkult an Bedeutung und wurde zum wichtigsten religiösen Element. Den Vorfahren musste regelmäßig geopfert werden, eine Aufgabe, die äußerst ernst genommen und in eigens zu diesem Zwecke eingerichteten Ahnenhallen verrichtet wurde.

Tempel-
opfer

Der Ahnenkult

Auch heute sind Ahnenkult und der damit verbundene Geisterglaube für den Alltag von großer Bedeutung. Allen sozialistischen Kampagnen zum Trotz gehören
gute Wahrsager, die als Kenner der Geisterwelt gelten, seit Jahren zu den neuen
Spitzenverdienern. Aus gutem Grund, denn die Geister sind mächtig: Ob Blind-
darmentzündung, schlechte Schulnoten oder Pech in der Liebe, im Zweifelsfalle
war ein Dämon mit im Spiel. Auch Autounfälle gehen oft auf das Konto der ruhe-
losen Begleiter, die, trotz Glück bringender Amulette am Rückspiegel, gern auf
dem Beifahrersitz Platz nehmen. Von Grund auf böse sind dabei die wenigsten
Geister, oft stellt sich der Hass auf die Lebenden erst im Jenseits ein. Dort sind die
Seelen der Verstorbenen auf die Opfergaben der männlichen, lebenden Familien-
mitglieder angewiesen. Bleibt der Nachschub aus dem Diesseits aus, sinkt auch
der Lebensstandard des Toten und folglich das Wohlwollen des betroffenen
Geistes gegenüber seinen noch lebenden Anverwandten. Die Toten bei Laune zu
halten, ist deshalb für das eigene Schicksal von höchster Wichtigkeit. Auch nach
dem Tod bleiben die Ahnen also ein Teil der Familie, werden mit Geschenken bedacht und erhalten, wenn sie besonders nahe standen, zu besonderen Anlässen
sogar ein eigenes Gedeck an der Tafel.

Die Geister der Ahnen sind all-gegen-wärtig.

In der Regel besitzt auch heute jede Familie einen kleinen Hausaltar, wo den
Ahnen verschiedene Nahrungsopfer und Räucherstäbchen dargebracht werden.
Zu besonderen Anlässen verbrennt man Opfergeld, in US-Dollar ausgestellt! (Dieser Währung traut man am meisten zu.) So soll dem Adressaten das nötige Kleingeld im transzendentalen Portemonnaie verschafft werden. Hin und wieder werden auch andere Papiergegenstände geopfert, beispielsweise Autos, Waschma-
schinen und andere Nützlichkeiten, auf die auch die Toten nicht verzichten
möchten. Besonders in Hongkong und auf Taiwan gibt es zahlreiche Spezialge-
schäfte für »Totenbedarf«.
Für die weitere Religionsgeschichte Chinas waren Geisterglaube und die Harmonie
des Kosmos von entscheidender Bedeutung: Glaubensschulen, die sich mit diesen
Vorstellungen nicht vereinbaren ließen, konnten keine Mehrheiten gewinnen.

Räucher-stäbchen-kult und Opfergeld

Furchtein-
flößende
Tempel-
gottheit

So wird den Geistern der Eingang verwehrt

Wie stark die Bedrohung durch Dämonen empfunden wurde, lässt sich an den Eingängen alter Höfe leicht ersehen: Fast alle verfügen über eine »Geistermauer«, die als kleine parallele Wand hinter dem Eingangstor den direkten Zugang verwehrt. Um auf das Hofgelände zu gelangen, muss der Besucher nun einen Schlenker machen – eine Hürde, an der Geister scheitern müssen, denn sie können prinzipiell nur geradeaus laufen. Als weitere Vorsichtsmaßnahmen dienen extrem hohe Türschwellen, die dem Besuch aus dem Jenseits ebenfalls einen wirkungsvollen Riegel vorschieben. Geister können ihre Füße nicht heben und müssen so an der Schwelle umkehren.

Konfuzius – Ordnung braucht der Mensch

Dass Konfuzianismus und Daoismus ausgerechnet zum Ende der Zhou-Dynastie entstanden, war kein Zufall: Der Kaiser hatte seine Macht fast völlig an die Lehensfürsten verloren. Kriege und Fehden waren an der Tagesordnung, denn jeder Herrscher versuchte sein Reich auf Kosten der anderen zu vergrößern. Für die eigentlichen Regierungsgeschäfte schienen sich die Kleinherrscher kaum zu interessieren. Chaotische Zeiten waren es also, in denen der Kleinadlige Kongzi (孔子), im Westen als Konfuzius bekannt, aufwuchs. Kein Wunder, dass er sich nach den vermeintlich paradiesischen Zuständen der alten Dynastien zurücksehnte (vgl. Kapitel »Alte Geschichte«).

Neue Ideen – aus dem Chaos geboren

Im Jahre 551 v. Chr. im Staate Lu auf der Halbinsel Shandong geboren, verdingte sich Kongzi bereits früh als Berater und Lehrer bei diversen lokalen Herrschern. Nebenbei propagierte er, ungefragt, seine philosophischen Ansichten. Klare hierarchische Verhältnisse forderte er, Disziplin und Gerechtigkeit, und vor allem eindeutige Regeln für alle – auch für die Regenten. Gerade dieser Gedanke brachte ihm nicht nur Freunde ein, sondern sorgte dafür, dass sich der unbequeme Zeitgenosse immer wieder einen neuen Arbeitgeber suchen musste.

Regeln für alle, auch für die Regenten

Allzu originell und neu waren die konservativen Vorstellungen des Konfuzius im Grunde genommen nicht: Anhand der »vier Kardinaltugenden« wollte er die Gesellschaft zurück in die vollkommenen Zustände einer legendären Vergangenheit führen: Rechtschaffenheit *(yi* 义*)*, Mitmenschlichkeit *(ren* 仁*)*, kindliche Liebe *(xiao* 孝*)* und Loyalität *(zhong* 忠*)* sollten für einen zivilen Umgang der Menschen miteinander sorgen. Genauso wichtig schien ihm eine klare, hierarchische Struktur in der Gesellschaft, ja sogar innerhalb der Familie, die den Platz eines jeden genau festlegen sollte. Anhand der »fünf Beziehungen« *(wu lun* 五伦*)* und der korrekten Einhaltung aller rituellen Handlungen wollte er die kosmische Ordnung in der menschlichen Gesellschaft verwirklicht sehen. Der Sohn müsse sich dem Vater unterwerfen, forderte Kongzi, die Frau dem Manne, das Volk dem Herrscher, der jüngere Bruder dem älteren Bruder, sogar unter Freunden sei der jüngere Freund dem älteren Freund untergeben. Gleichberechtigte Beziehungen, wie sie im Westen heute als Ideal gelten, waren im Weltbild des Kongzi nicht vorgesehen.

Die vier Kardinaltugenden

Als Religionsstifter empfand sich Kongzi allerdings nicht: Sein Regelwerk sah keinerlei Vorstellung vom Jenseits vor. Ihm ging es vielmehr darum, das Leben der Menschen im Hier und Jetzt zu ordnen. Religiöse Praktiken wie beispielsweise Ahnen-

Konfuzius-Tempel in Peking

*Keine Zeit
für das Jen-
seits*
opfer forderte Kongzi nur für die Mitglieder der eigenen Familie. Zwar sollten die irdischen Verhältnisse die »himmlische Ordnung« reflektieren, Paradiesvorstellungen wie in der christlichen oder islamischen Welt fehlten jedoch. Erst in Kombination mit der traditionellen Ahnenverehrung erhielt der Volkskonfuzianismus religiöse Züge.

Ganz ohne himmlische Kontrolle kam jedoch auch der philosophische Kongzi nicht aus: Wenn die irdischen Verhältnisse, das Verhalten der Regenten also, zu sehr von der himmlischen Ordnung abwichen, entlud sich der himmlische Zorn in gewaltigen Naturkatastrophen – ganz im Sinne des »Mandats des Himmels«.

*Kongzi
stirbt in der
Bedeu-
tungs-
losigkeit.*
Dass seine Philosophie wenige Jahrhunderte später die Geschicke Ostasiens bestimmen würde, konnte Kongzi damals noch nicht ahnen. Als er 479 v. Chr. starb, hinterließ er kein einziges geschriebenes Wort. Selbst die Aufzeichnungen seiner Gespräche, der konfuzianische Klassiker Lunyu (论语), stammen nicht von ihm selbst, sondern wurden posthum von seinen Schülern zusammengetragen. Damit retteten sie nicht nur das Werk des Kongzi vor dem Untergang, sondern entwickelten seine Gedanken anhand eigener Interpretationen weiter.

Allen Wandlungen zum Trotz blieb die grundlegende Botschaft der verschiedenen konfuzianischen Schulen über die Jahrhunderte hinweg jedoch gleich: »Erst die Gemeinschaft, dann das Individuum« und »gesellschaftliche Harmonie« könnten die Maximen lauten.

Eine Be-
sonderheit
des lamais-
tischen
Buddhis-
mus: Ge-
betsfahnen
auf einer
Passhöhe

Im 2. Jahrhundert v. Chr., zum Beginn der Han-Dynastie, kam der Durchbruch des Konfuzianismus. Der Kaiser erkannte, wie vortrefflich sich das Volk anhand dieser Philosophie kontrollieren ließ und erhob den Konfuzianismus zur offiziellen Staatsdoktrin. Fortan mussten alle seine Beamten die konfuzianischen Klassiker auswendig lernen, wurde der Bildungsgrad eines Gelehrten an seinen Kenntnissen der konfuzianischen Philosophie gemessen. Bis zum Ende des Kaiserreiches 1912 blieb die Lehre des kleinen Staatsdieners, von kurzen Unterbrechungen abgesehen, die wichtigste philosophische wie politische Kraft.

Der Daoismus – Handeln durch Nichthandeln

*Im Einklang
mit dem
Kosmos*
Doch noch ein Philosoph machte sich gegen Ende der Zhou-Dynastie Gedanken über die Welt und den Sinn der Existenz – und kam zu völlig anderem Schluss! Nicht die Einhaltung starrer Regeln, sondern die Harmonie mit dem Kosmos sollten, so der Weise Laozi (老子), die Menschen glücklich und zufrieden machen.

Über Laozi selbst weiß man heute ausnehmend wenig. Wahrscheinlich lebte er als Zeitgenosse von Kongzi, den er sogar getroffen haben soll, wobei beide herzlich wenig miteinander anfangen konnten:»Alles unnützes Zeug« lautete Laozis Urteil über die strenge Lehre des Kongzi. Kein Wunder, vertrat er doch eine völlig konträre Philosophie. Für ihn war das Dao (道) das Zentrum aller Dinge. Da das Dao größer und umfassender als der Mensch ist, kann es ihm zufolge nicht beschrieben werden. Am ehesten ließe es sich als die Urkraft des Kosmos, der Weg, die kosmische Grundordnung erläutern. So ist denn auch das Daodejing (道德经), das Buch vom Dao und De, das Grundlagenwerk des Daoismus, eher eine Beschreibung dessen, was das Dao nicht ist:

Das Dao, das benannt werden kann,
ist nicht das wahre Dao
Der Name, der ausgesprochen werden kann,
ist nicht der wahre Name
Und doch ist das Namenlose der Quell des Universums
und die Mutter aller Dinge
1. Strophe des Daodejing

Ähnlich nebulös äußert sich Laozi auch zum zweiten zentralen Begriff, dem De (德). Wörtlich übersetzt bedeutet De zwar die»Tugend«, gemeint war aber eher eine Art Moral als praktische Umsetzung des Dao im wahren Leben. Das ultimative Ziel eines Daoisten sollte also sein, völlig im Einklang mit dem Kosmos zu sein. Nur das völlige Loslassen, beschied Laozi, führe den Menschen wieder zurück zur natürlichen Harmonie.»Nicht handeln« *(wu wei* 无为*)* empfahl er den Menschen, eine Maxime, die sich im Sinne von»nichts verändern, nichts bewirken, nichts anstreben«, übersetzen ließe. Je mehr der Mensch lernt, desto mehr entfernt er sich von der wahren Natur der Dinge, je mehr er verbissen danach sucht, desto mehr verbirgt sich das Dao. Letztlich projiziert Laozi eine Utopie vom einfachen Leben im Einklang mit der Natur, ohne Streit, ohne Besitz, ohne Streben:

Wahre Worte sind nicht wohlklingend
Wohlklingende Worte sind nicht wahr
Ein guter Mensch streitet sich nicht
Der, der sich streitet, ist kein guter Mensch
Der Weise weiß nicht viel
Der, der viel weiß, ist nicht weise
81. Strophe des Daodejing

Auch Laozi erlangte zu Lebzeiten keinen Ruhm. Angeblich verschwand der Philosoph eines Tages auf einem Büffel reitend gen Westen. Das Werk Daodejing soll er dabei einem Grenzbeamten übergeben haben. Spätere Philosophen wie Zhuangzi

Das Dao kann nicht beschrieben werden.

Ähnlich nebulös äußert sich Laozi auch zum De.

Der philosophische Daoismus blieb für das gemeine Volk schwer verständlich.

(ca. 370–300 v.Chr.) erläuterten zwar die Lehre des Daoismus in greifbarer Form, indem sie das Gedankengut in allerhand unterhaltsame Geschichten fassten. Dennoch blieb der philosophische Daoismus für das gemeine Volk schwer verständlich.

Der Volksdaoismus

Die Philosophie wird zur Religion.

Kein Wunder also, dass sich eine Art »Volksdaoismus« bildete, der sehr viel weniger Wert auf diffizile Gedankengänge legte, dafür aber schnell mit Göttern und Heiligen angereichert wurde. Auch Wahrsagerei, Geisterglaube und Schamanismus wurden in den neuen Glauben integriert. Als ultimatives Ziel des Daoismus galt nun die Unsterblichkeit. Meditation, Alchemie sowie auch spezielle Ernährungslehren sollten helfen, den Unterschied zwischen Leben und Tod aufzuheben – teils mit gegenteiligem Erfolg, denn eine Zeit lang stand Quecksilber irrtümlich im Ruf lebensverlängernd zu wirken. Aus diesem Gemisch alter wie neuer Glaubensinhalte entwickelte sich eine bunte Welt von Ritualen, Magie und Alchemie, die regional sehr unterschiedlich ausgeprägt war und ist. Allen lokalen Schulen gemein ist allerdings, dass sie den Jadekaiser *(Yuhuang Dadi* 玉皇大帝*)*, das personifizierte Dao *(Pangu* 盘古*)* und den Meister *(Laozi* 老子*)* selbst als Götter verehren.

Der Daoismus als geistiges Refugium

Eine staatstragende Religion konnte der Daoismus auf Dauer allerdings nicht werden. Zwar hingen ihm immer wieder Herrscher an, doch war es für den Kaiserhof allemal praktischer, von ihren Untertanen die Einhaltung der strengen konfuzianischen Regeln zu fordern. So wurde der Daoismus zu einer Art geistigem Refugium. Beamten, die ein Leben lang den Konfuzianismus vertreten hatten, wandten sich im Alter genauso dem Daoismus zu, wie Aufständische, die sich von den magischen Praktiken Unverwundbarkeit erhofften.

Der Buddhismus – Auf dem Weg zur Erlösung

Der Buddhismus als Konkurrenz

Glückverheißend: Der lachende Buddha

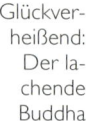

Der größte Konkurrent des Daoismus erreichte China im 1. Jahrhundert n.Chr. Über die Seidenstraße wurde der Buddhismus *(fojiao* 佛教*)* von Indien nach China getragen. Nur 500 Jahre später, zur Zeit der Tang-Dynastie (618–906), war er bereits die führende Religion des Landes. In dieser Zeit entstanden die Yungang- und Longmen-Höhlen, deren einmalige buddhistischen Skulpturen und Malereien heute zum Weltkulturerbe zählen.

Fengshui – Die Lehre von Wind und Wasser

INFO

Mit dem Daoismus aufs engste verbunden ist die Geomantik *(fengshui* 风水 *)*. »Die Lehre von Wind und Wasser«, so die wörtliche Übersetzung, soll dem Menschen helfen, Gebäude zu errichten oder andere landschaftliche Veränderungen so vorzunehmen, dass die spirituelle Umgebung möglichst wenig gestört wird. Der kosmische Energiefluss darf beispielsweise nicht gehindert werden. Für den Fall, dass sich ein Eingriff nicht verhindern lässt, kennt die Geomantik allerhand Tricks, wie sich die negativen Auswirkungen abwenden lassen.

Ursprünglich galten die Regeln des Fengshui, um die optimale Lage einer Grabstätte zu bestimmen. In mancher Hinsicht lässt sich durchaus noch nachvollziehen, wie es zu den verschiedenen Regeln kam. Das Gebot, den Eingang nach Süden auszurichten (und keinesfalls nach Norden), ist in Anbetracht der kalten Winter Nordchinas nur zu gut nachzuvollziehen, schließlich sollten die spärlichen Sonnenstrahlen die Haupthalle wärmen.

Besonders in Hongkong wird deutlich, wie wichtig Fengshui auch heute noch ist: Kein Unternehmen würde ohne vorherige geomantische Konsultation einen Firmensitz in Auftrag geben. Auch wenn der Bauherr selbst wenig von den daoistischen Regeln hält, wird er es um der Kunden willen tun. Die nämlich würden beispielsweise einer geomantisch ungünstig gelegenen Bank niemals ihr Geld anvertrauen. Doch auch im persönlichen Alltag spielt Fengshui eine große Rolle. Wer es sich aussuchen kann, wird keinesfalls die Wohnung neben einer Straßenlaterne mieten – das zieht das Unglück an! Und der Klodeckel gehört ohnehin immer geschlossen. Sonst nämlich fließt mit dem Wasser das Geld ab.

Der überragende Erfolg des Buddhismus hatte mehrere Gründe. Endlich gab es eine Religion, die sich nicht nur mit dem irdischen Leben befasste, sondern eine konkrete Vorstellung vom Leben nach dem Tode vermittelte. Seelenwanderung und Reinkarnation boten die Möglichkeit einer Erlösung, die allen Menschen offen stand. Besonders der Mahayana-Buddhismus wurde vom Volk schnell aufgenommen und sinisiert. Im Gegensatz zum ursprünglichen Theravada-Buddhismus ist die Erleuchtung hier nicht nur eine persönliche Angelegenheit. Stattdessen helfen Boddhisattvas – Wesen, die aus altruistischen Motiven auf den letzten Schritt ins Nirvana verzichten – allen Menschen gleichermaßen, die Erlösung zu finden. Im Laufe der Jahrhunderte verwandelten sich die Boddhisattvas immer mehr in anbetungswürdige Götter. Der Gedanke an das Nirvana trat damit in den Hintergrund.

Ein weiterer Grund für den schnellen Erfolg des Buddhismus war seine Ähnlichkeit mit dem Daoismus. Viele hielten die neue Religion sogar für eine Spielart des Daoismus, schließlich war Laozi nach Westen verschwunden, also genau in die Richtung, aus der nun der Buddhismus kam.

Leben nach dem Tod: Seelenwanderung und Reinkarnation

*Endlich ein
Paradies*

Im einfachen Volk stieß die »Schule des Reinen Landes« *(jingtu jiao* 净土教*)* auf ganz besondere Resonanz: Ihr zufolge war es ausreichend, an die errettende Gnade des Buddha Amitabha *(Omituo Fo* 哦弥陀佛*)*, den »Buddha des Paradies des Westens« und seinen Begleiter, die Boddhisattva Guanyin (观音), zu glauben. Um in jenem »Paradies des Westens« *(xifang jile* 西方极乐*)* wiedergeboren zu werden, genügte es, vollkommen aufrichtig den Namen zu rezitieren.

*Das Ende
der bud-
dhistischen
Ära*

Bei allem Anklang im Volk blieb das Verhältnis zwischen Buddhisten und Konfuzianern, denen das Mönchswesen zutiefst suspekt war, problematisch: Schließlich verlangten die Mönchswürden nicht nur Enthaltsamkeit, sondern auch Abkehr von der Familie, des Stützpfeilers des Konfuzianismus schlechthin. Zudem erschienen Mönche nur schlecht kontrollierbar. Im Jahr 845 war die Stunde der Anti-Buddhisten gekommen: Der Staat war mittlerweile verarmt, und unter dem Einfluss der Daoisten und Konfuzianer wurden große Teile des Vermögens buddhistischer Klöster sowie des Landbesitzes konfisziert. Über 200 000 Nonnen und Mönche mussten in den Laienstand zurücktreten, mehr als 40 000 Tempel wurden zerstört. Von diesem Schlag erholte sich der Buddhismus nur schwer. Zwar blieb vor allem die »Schule des Reinen Landes« in der Bevölkerung verhaftet, die Blütezeit war jedoch vorüber.

Fröhlich
und welt-
offen:
Mönchs-
novizen

Der Zen-Buddhismus

Aus dem Kontakt zwischen Daoismus und Buddhismus entstand im 7. Jahrhundert die Schule des Chan-Buddhismus. Diese im Westen unter der japanischen Übersetzung »Zen« bekannte Spielart basiert auf der Vorstellung der »plötzlichen Erleuchtung«. Die Buddha-Natur wohnt in jedem Menschen, und kann durch Meditationsübungen und Schüler-Meister-Gespräche spontan erfahren werden. Ein Studium der buddhistischen Klassiker ist dabei nicht nötig.

Falungong – Sekte oder Religion?

Seit dem Verbot des Falungong-Kultes (法轮宫, auch Falun Dafa 法轮大法 genannt) im Juli 1999 wird über die Anhänger dieser Heilsgemeinschaft immer wieder in den westlichen Medien berichtet. Ob es sich allerdings bei Falungong um eine Religion oder eine Sekte handelt, ist umstritten. Sicher ist, dass ihr Gründer Li Hongzhi seine Lehre seit 1992 sowohl in China als auch im Ausland propagiert. Auch wenn es keine gesicherten Zahlen gibt, scheint die Gruppierung viele Jahre unerhörten Zulauf gehabt zu haben. Falungong-Anhänger selbst sprechen von 70 Millionen Mitgliedern, laut Regierung sind es 2 Millionen.

Falungong-Anhänger propagieren ihre Ideen auch im Ausland.

Einig sind sich Gegner wie Anhänger dieser Heilslehre zumindest in der grundlegenden Zuordnung: Basierend auf dem Qigong, einer traditionellen Atemlehre, die die Gesundheit fördern soll, hat Li Hongzhi eine mit daoistischen und buddhistischen Elementen erweiterte Form des Qigong geschaffen. Das zentrale Element seiner Lehre ist das Dharma-Rad, das sich im Unterleib dreht und kosmische Energie in den Körper schaufelt – so zumindest behauptet Li. Seine Meditationsübungen sollen grundsätzlich eine »moralische Verbesserung« der Praktizierenden bewirken. Die These, Krankheiten ließen sich besser durch Falungong-Meditation heilen als durch Medikation, darf allerdings nachdenklich stimmen. Auch Lis Haltung zur Homosexualität – für ihn ein Kapitalverbrechen – sowie seine abwertende Haltung gegenüber Mischlingen verschiedener Rassen sind bestenfalls diskriminierend, wenn nicht gar faschistoid.

Zweifelhafte Thesen

Eine fundierte Meinung über die Falungong-Bewegung zu finden, fällt dem Westen verständlicherweise schwer, denn neutrale Informationen sind kaum zu erhalten. Angesichts der brutalen Verfolgung der Anhänger durch den chinesischen Staat, geraten die eigentlichen Inhalte der Lehre in den Hintergrund. Dass es sich bei Falungong um einen ausgeprägten Führerkult handelt, wird dabei gerne übersehen.

Der chinesische Staat verfolgt Falungong als Sekte.

Für die chinesische Regierung jedenfalls gilt der Falungong-Kult offiziell als Sekte. Aber auch ohne den spirituellen Inhalt zweifelhaften Ursprungs wäre Falungong sicher in das Visier der Kommunistischen Partei geraten: Eine Bewegung, die innerhalb kürzester Zeit so viele Anhänger gewinnen konnte, musste zwangsläufig als Bedrohung gelten.

Der chinesische Islam

Ein weiterer religiöser Import wird häufig vergessen: Immerhin gut zehn Millionen Menschen bekennen sich in China zum Islam *(qingzhen jiao* 清真教 oder *yisilan jiao* 伊斯兰教*)*. Die meisten seiner Anhänger zählen zur Hui-Minorität, die sich lediglich im Glauben von der Han-Mehrheit unterscheidet. Den Hui wurde mit der Autonomen Provinz Ningxia ein Minoritäten-Siedlungsgebiet zugewiesen. Eine weitere wichtige Gruppe stellen die Turkvölker in der Provinz Xinjiang dar, die sich allerdings tendenziell nicht mit den Hui identifizieren.

Rund zehn Millionen Chinesen bekennen sich zum Islam.

*Friedliche
Invasion:
Die ersten
Moslems
passten
sich an.*

Größtenteils sind die moslemischen Siedlungsgebiete entlang der Seidenstraße gelegen – kein Wunder, kam doch der Islam vor allem durch arabische Händler ins Land. Nachdem sich der moslemische Glaube während der Tang-Dynastie erstmals im Westen des Reiches manifestiert hatte, ging der internationale Handel während der Song-Dynastie (960–1279) fast vollständig in islamische Hände über. Im Gegensatz zu vielen anderen Ländern verbreitete sich der Islam hier

*Moschee in
Xi'an*

also nicht infolge einer Invasion oder Missionierung, sondern eher friedlich, als Nebenprodukt des internationalen Waren- und Beziehungs-Austausches. In der Regel verlief der Kontakt mit der nicht-islamischen Bevölkerung reibungslos. Obwohl die Moslems ihre religiösen Gewohnheiten wahrten, passten sie sich der chinesischen Umgebung äußerlich an: Sie übernahmen chinesische Namen, sprachen chinesisch untereinander und bauten ihre Moscheen zum größten Teil im Stil chinesischer Tempel oder Pagoden.

Auch auf Seiten des Kaiserhofes gab es gegenüber der islamischen Bevölkerung jahrhundertelang wenig Bedenken. Erst mit der Qing-Dynastie wechselte die Stimmung am Hof: Durch erzwungene Sinisierung versuchte man die Moslems mehr an China zu binden, was nicht gelang, sondern den gegenteiligen Effekt zur Folge hatte. Zudem erweiterten die Qing-Herrscher das chinesische Staatsgebiet weit nach Westen, wodurch die moslemische Bevölkerung erstmals in direkten Kontakt mit anderen islamischen Völkern kam. Unter dem Druck des Kaiserhofes und vom rebellischen Geist der nunmehr unterworfenen moslemischen Stämme infiziert, kam es zu zahlreichen Aufständen, die blutig niedergeschlagen wurden.

*Der Islam
im heutigen
China: Akzeptiert
aber nicht
sinisiert*

Dass sich der Islam in China trotz seiner langen chinesischen Geschichte bis heute nicht auf breiter Ebene durchsetzen konnte, hat verschiedene Gründe. Zum einen verhindert das islamische Ehegebot eine schnelle Durchmischung mit Anhängern anderer Religionen. Zum anderen widerspricht der Islam in vielerlei Hinsicht der für China so typischen, sehr flexiblen religiösen Haltung: Man ist Moslem oder man ist es nicht. Dieses Gebot der Exklusivität einer einzigen Glaubenslehre ist für viele Chinesen nicht nachvollziehbar. Zudem wurde der Islam inhaltlich nie wirklich sinisiert, wie es beispielsweise mit dem Import-Buddhismus geschah: Auch in China ist der Koran die verbindliche Quelle für alle Moslems, ohne dass es eine lokale Sonderform gäbe.

Woran erkennt man die Tempel der verschiedenen Glaubensrichtungen?

Auf den ersten Blick lassen Tempel oft nicht erkennen, welchen Göttern gehuldigt wird. Selbst Kenner müssen meist genauer hinsehen. Daoisten und Buddhisten etwa teilen sich häufig eine Kultstätte, praktischerweise, schließlich sparen die Gläubigen damit Zeit und Geld. Je nach Anliegen sucht man sich in der Regel den Gott oder Boddhisattva aus, von dem man sich besondere Kompetenz verspricht. In welchem Pantheon der Gott beheimatet ist, ist dabei nebensächlich.

▶ Konfuzianische Tempel *(miao* 庙*)* bestehen in der Regel aus einem einzigen Raum und haben außer einer Konfuzius-Statue oder einem Bildnis des Kongzi keine weiteren Götterbilder. In der Regel ist auch die Namensgebung wenig einfallsreich und daher eindeutig: Hinter »Fuzi Miao« verbirgt sich immer ein Konfuzianischer Tempel. Ein weiteres Indiz ist die Abwesenheit von Nonnen oder Mönchen. Lediglich ein Tempelwächter kümmert sich um den Zustand der Andachtsstätte.

▶ Buddhistische Tempel *(si* 寺*)* lassen sich natürlich zu allererst an den Buddhastatuen erkennen. Zudem sind auch die Mönche und Nonnen leicht von den Daoisten zu unterscheiden, denn sie tragen gelbe oder orange Gewänder, während Nonnen grau gekleidet sind. Ein weiteres Indiz sind die roten Säulen der Tempel. Neben den verschiedenen Buddhastatuen trifft man hier fast immer auch auf die Boddhisattva Guanyin, der mildtätigen Göttin, die an katholische Marienstatuen erinnert und oft in einem eigenen Raum untergebracht ist.

▶ Daoistische Tempel *(miao* 庙*, guan* 观 *oder gong* 宫*)* können eine Vielzahl von Göttern beherbergen, wobei die »drei Unsterblichen« immer vertreten sind. Meist sind sie auf einem Kranich, Tiger und Hirschen reitend dargestellt. Daoistische Mönche sind leicht an der Kleidung zu erkennen: Sie tragen gedeckte Farben und eine viereckige Mütze. Auch die Säulen der Tempel sind meist in gedeckten Farben gehalten. Das Yin-Yang-Zeichen wird oft verwendet.

Volksglaube und Zahlenmagie

▶ **Diese Zahlen bringen Glück:** Zahlenmagie ist natürlich kein ausschließlich fernöstliches Phänomen – auch im Westen haben Hotels in der Regel keinen 13. Stock. In China jedoch gibt es mehr Zahlen, die aufgrund ihrer Gleichlautigkeit mit anderen Begriffen eine bestimmte gute oder schlechte Bedeutung haben. Besonders positiv ist hierbei die 8. Sie verspricht Wohlstand, denn sie wird in vielen Dialekten gleichlautend mit dem Wort »Reichtum« ausgesprochen. Im August 2003 ersteigerte die Firma »Sichuan Airlines« die Telefonnummer 88888888 für eine Rekordsumme von 2,33 Millionen Yuan (ca. 254 000 Euro). Auch die neun ist beliebt, denn sie wird genauso ausgesprochen wie das hochchinesische Wort »lang andauernd«. Hochzeitstermine wie der 9. September sind deshalb besonders gefragt, verheißen sie doch eine lang anhaltende Ehe.

▶ **Vorsicht vor der Vier:** Mit der Zahl vier hingegen möchte niemand zu tun haben. Sie wird genauso ausgesprochen wie das hochchinesische Wort für »Sterben«. Hotels verzichten daher auf den vierten Stock, Autofahrer geben alles, um keine vier auf dem Nummernschild zu haben.

▶ **Nicht das Unglück an die Wand malen!** Wer das Unglück beim Namen nennt, ruft es herbei! Sätze wie »Fall nicht von der Leiter« lassen jeden Chinesen erschaudern. Als direkte Konsequenz aus diesem Leitsatz sind Motorradhelme und Autogurte höchst unbeliebt. Wer einen Gurt anlegt, rechnet doch insgeheim mit einem Unfall und verursacht ihn somit indirekt!

▶ **Nicht auf fremde Hilfe bauen!** Der Kontakt mit Unfallopfern ist vielen Chinesen höchst suspekt. Auch wenn es niemand so recht zugibt – wer will schon den darin verwickelten Dämonen an sich binden? Für Verletzte im Straßenverkehr bedeutet dies, dass sie mitunter recht lange auf Hilfe warten müssen.

▶ **Nicht schulmeistern!** Versuchen Sie nicht, den Geisterglauben oder die Wahrsagerei zu diskutieren. Die meisten Chinesen wissen recht genau, dass man im Westen darüber anders denkt und scheuen sich, ihre Glaubenswelt zu erörtern.

▶ **Rücksicht nehmen beim Fotografieren!** Egal ob im buddhistischen, daoistischen oder konfuzianischen Tempel, in der Regel wird es niemanden stören, wenn Sie diskret einige Fotos machen. Auf Blitzlicht und direkte Personenaufnahmen sollten Sie allerdings verzichten. Im Zweifelsfall fragen Sie beim Tempelwächter nach – eine kurze Geste auf den Fotoapparat genügt, um verstanden zu werden. Falls Sie auf ein explizites Fotografierverbot treffen, hat dies meist nicht religiöse Gründe, sondern soll die Farben der teils sehr alten Tempelmalereien schützen.

Chinesen untereinander:
Gesellschaft und Soziales

Den Stolz darf man nicht wachsen lassen,
dem Verlangen nicht nachgeben,
den eigenen Willen nicht voll erfüllen und
das Vergnügen nicht auf die Spitze treiben.
Konfuzius, »Das Buch der Riten«, Liji (礼记)

Hauptsache menschliche Nähe

Keine Frage, den meisten Chinesen gefällt es in Deutschland eigentlich recht gut. In einem Punkt jedoch, da sind sich fast alle einig, kann es China keinesfalls das Wasser reichen: In puncto Sozialleben empfinden die meisten Deutschland als emotionale Wüste. Ein wenig verwundert, teils sogar belustigt, betrachten sie unsere Versuche, durch Vereine, Gesellschaften und Hobbys die Freizeit mit Leben zu füllen. Ja, haben denn die Deutschen keine Familie, Freunde, Nachbarn?

Chinesen haben einen ausgeprägten Gemeinschaftssinn.

Um einen Blick auf das chinesische Kontrastprogramm zu werfen, genügt es, an einem frühen Sommerabend in einer beliebigen chinesischen Stadt in die Seitengassen abzubiegen: Hier wird auf dem Bürgersteig gemeinsam Tee getrunken, Majiang oder Schach gespielt, geredet und gestritten. Alles natürlich immer vor den Augen der Nachbarn, die jeden Ehekrach mit Spannung verfolgen. Währenddessen strickt die Generation der Großmütter gemeinschaftlich bei einem Schwatz, halten alte Männer im Feinripp-Unterhemd ein kurzes Nickerchen auf einer Bambus-Liege am Straßenrand oder blättern entspannt in der Abendausgabe einer Tageszeitung. Auch die abendlichen Gymnastikübungen finden auf dem Bürgersteig statt, ohne dass dies für irgendjemanden einen zweiten Blick wert wäre. Warum auch nicht, schließlich kann man so gleich noch den neuesten Klatsch aufschnappen und braucht nicht allein zu turnen. Natürlich hat der Hang zum permanenten Nachbarschaftsfest mit der beengten Wohnsituation zu tun. Aber auch mit dem grundlegenden Bedürfnis, sich mit anderen Menschen zu

Fast alles spielt sich auf der Straße ab.

umgeben. Allein sein – das ist in China eigentlich für niemanden erstrebenswert.

Westliche Besucher ereilt in China deshalb hin und wieder ein regelrechter Gruppenkoller: Immer und überall sind andere Menschen präsent, fast nie gelingt es, die Intimität einer westlichen, persönlichen Unterhaltung herzustellen. Und über-

Tüfteln über dem Brettspiel

Nicht der Einzelne zählt, sondern die Gemeinschaft.

haupt ist der Ausdruck »Privatsphäre« ganz bestimmt keine chinesische Erfindung, denn nicht das Individuum, sondern die Gruppe steht im Zentrum allen Denkens und Handelns. Während wir uns im Westen über unsere ganz persönlichen Eigenheiten definieren und alles das, was uns von anderen Menschen unterscheidet, in den Vordergrund stellen, scheint es in China genau umgekehrt: Schön, wenn man Gemeinsamkeiten entdeckt und sich zu einer Gemeinschaft zugehörig fühlen darf! Sich der Gesellschaft anzupassen, das hat keinerlei negativen Beigeschmack. Ganz im Gegenteil, ein kultivierter Mensch lebt im Einklang mit den anderen Menschen und weiß durch seine diplomatische Art, auch in schwierigen Situationen ohne laute Worte zurechtzukommen.

Das Vermächtnis des Konfuzius

Strenge Hierarchie

Die Dominanz der Gemeinschaft über den Einzelnen ist eindeutig das Vermächtnis des Philosophen Konfuzius. Er reduzierte das menschliche Miteinander auf die grundlegenden fünf Beziehungen (vgl. Kapitel »Glaube und Aberglaube«), die, grob gesprochen, den Herrscher über seine Untertanen, den Älteren über den Jüngeren und den Mann über die Frau stellen. Damit schuf er eine gesellschaftliche Ordnung, die auch heute noch in vieler Hinsicht gültig ist: Jeder hat seinen Platz in der Hierarchie, kennt seine Rechte und Pflichten (wobei letztere klar überwiegen) und hält sich daran! Individuelle Wünsche oder eigene Vorstellungen werden selbstverständlich zugunsten der Gemeinschaft zurückgestellt. Anstelle eines »Ich-Bewusstsein« tritt das »Wir-Bewusstsein«.

Nur wer der Gemeinschaft nutzt, hat einen gesellschaftlichen Wert.

Diese Reduzierung des »Ich« geht soweit, dass selbst Originalität, Genialität oder besonders ausgefallene Fähigkeiten geradezu suspekt sind, solange sie nicht in den Dienst der Gesellschaft gestellt werden. »Den Kopf aus der Menge strecken«, sprich, sich durch besondere Eigenheiten oder Denkweisen hervorzutun, wird in China noch immer als törichtes Verhalten empfunden. Das daraus resultierende Menschenbild ist für den Westen nur schwer zu verstehen: Der Einzelne ist soviel wert, wie er der Gemeinschaft nutzt. Schlechte Karten also für alle Randgruppen, Behinderte oder andere Minderheiten, die sich offensichtlich von der Menge abheben. Auch Straftäter spüren die unbarmherzige Konsequenz dieser Sichtweise: Verbrecher sind doch ganz offensichtlich schädlich für die Gemeinschaft und müssen deshalb durch Erziehung geläutert werden. Ist dies nicht möglich, ist es durchaus legitim, sie zu »eliminieren«. Die europäische Kritik an der Todesstrafe trifft bei vielen Chinesen auf Unverständnis.

Gruppen-Fixierung

Für Europäer ist diese Gruppen-Fixierung nur schwer zu verstehen, gehört doch das Recht auf Selbstverwirklichung und freie Entfaltung der Persönlichkeit zu den absoluten Grundrechten der westlichen Gesellschaft. Von Kindesbeinen an werden wir dazu erzogen, uns durchzusetzen, eigene Ziele zu verfolgen und eine möglichst einzigartige Persönlichkeit zu entwickeln. Völlig anders dagegen das östliche Ideal: Pflichtbewusst, selbst-kontrolliert, gehorsam, anpassungsfähig und in keiner Weise extrem soll der Mensch sein, immer bereit, sein persönliches

INFO

Direkte Konfrontationen sind tabu

Konflikte sind den meisten Chinesen ein Graus. Anstatt sie möglichst schnell anzugehen und aus dem Weg zu räumen, scheint man sich in China auf die »Methode-Strauß« geeinigt zu haben: Hinausschieben, verzögern, verschleppen, lautet die Devise. Wenn dies nicht hilft (und das ist meist der Fall), wird eventuell die Einschaltung eines neutralen Mittelsmannes erwogen. Über den Freund eines Freundes zum Beispiel, kann eine der Konfliktparteien eine Lösung unterbreiten oder nach den tieferen Ursachen forschen. Hin und wieder ist diese Vorgehensweise erfolgreich, denn sie gibt allen Beteiligten die Möglichkeit, ohne Gesichtsverlust Meinungsverschiedenheiten beizulegen. Problematisch ist jedoch, dass dieses komplizierte Taktier-Spiel auch bei (aus westlicher Sicht) geradezu lapidaren Angelegenheiten angewendet wird. Wer seinem chinesischen Kollegen allzu deutlich die Meinung sagt, darf deshalb eventuell zusehen, wie dieser seelenruhig aus dem Fenster schaut, ohne auf die Vorwürfe in irgendeiner Hinsicht einzugehen, oder aus Verlegenheit alle Bleistifte seines Schreibtisches spitzt. Dabei handelt es sich nicht um Desinteresse, sondern um Hilflosigkeit ob der ungewohnten Situation, Gesichtsverlust und nicht zuletzt die vage Hoffnung, der unangenehme Zeitgenosse möge einfach verschwinden.

Glück zugunsten anderer zu opfern. Und dazu hatten die Chinesen in der Geschichte wahrlich mehr als genug Gelegenheit. Selbst die Massenkampagnen der frühen Volksrepublik basierten letztlich auf konfuzianischen Vorstellungen: Maos Vision vom »neuen Menschen« beschrieb einen genügsamen, idealistischen und egalitären Bürger, der sich für das Kollektiv aufopfert. De facto bedeutete dies, oft jahrelang, fern des Ehepartners unter erbärmlichen Bedingungen übertriebenen Produktionszielen nachzuhechten. Kein großer Unterschied also zu den Forderungen des ach, so verpönten großen Meisters!

Vom Innen- und Außenleben

Wer aus diesen Theorien schließt, dass die Chinesen allesamt von größter Höflichkeit und Umgänglichkeit sind, wird im Reich der Mitte allerhand Überraschungen erleben: Selbstverständlich gelten alle diese Regeln nur im »inneren Kreis«, also der Familie, unter Freunden, am Arbeitsplatz, kurzum unter Menschen, die sich kennen und in irgendeiner Form miteinander direkt oder über gemeinsame Bekannte in Beziehung stehen.

Ganz anders stellt sich das Alltagsverhalten in der »Außenwelt« dar: Da rempeln fragile Großmütter an der Bushaltestelle wie Rugby-Profis, drängeln sich Menschen in der Post ungeniert an einer langen Schlange vorbei, lassen Passanten scheinbar ungerührt ein Unfallopfer liegen. Eine wirklich logische und auch aus westlicher Sicht nachvollziehbare Erklärung gibt es dafür nicht. Der Fremde auf

Gegenüber Fremden gibt es keine Verpflichtungen.

Feilschen angesagt: Markt in Fuli

der Straße gehört eben nicht zum eigenen »Innenleben«, ergo gibt es ihm gegenüber keinerlei Verpflichtungen. Die westliche Empörung über das herzlose Verhalten ruft deshalb meist Verwunderung hervor, zumal sich in diesem Fall der Aberglaube, es könne ein Dämon verwickelt sein, hartnäckig hält. Natürlich gibt es auch in China eine Menge netter Menschen, die, ganz ohne Verpflichtung und ohne darüber nachzudenken, spontan helfen – nur darauf verlassen darf man sich nicht!

Einem Ausländer ergeht es in dieser Hinsicht meist besser, schließlich ist er »Gast« im Land und verdient als solcher eine bevorzugte Behandlung.

Die Familie: Der Urkern der Gesellschaft

Der klassische »Innen-Bereich« schlechthin ist die Familie. Sie ist die kleinste Einheit der Gesellschaft, in der nach konfuzianischer Ansicht dieselben Hierarchien und Abhängigkeiten gelten wie im Staat, ja sogar dem gesamten Kosmos. Seit jeher ist der »Clan« für seine Mitglieder verantwortlich: Häufig sorgte im Alten China die Sippenhaft dafür, dass sich die Mitglieder untereinander streng kontrollierten. Ein Ausbrechen war daher praktisch unmöglich – selbst Auswanderer organisierten sich in der neuen Heimat nach Clan-Zugehörigkeit.

Alter verdient Respekt.

In der Familie haben auch heute ganz eindeutig die älteren Generationen das Sagen: Wichtige Entscheidungen, wie Eheschließung, Jobwechsel oder die Verwaltung des Geldes werden nicht ohne den Segen der Eltern und Großeltern getätigt. Auch den anderen Familienmitgliedern ist man in China weitaus verpflichteter als in Europa: Macht der Bruder Schulden, werden Geschwister, Eltern und Großeltern selbstverständlich zusammenlegen, um ihm aus der Patsche zu helfen. Und auch, wenn manch einer seine Sippschaft in diesen Momenten insgeheim zum Teufel wünschen mag, zugeben würde er dies wahrscheinlich nicht einmal im allerintimsten Kreise: Die Familienbande sind geradezu »heilig«!

Großmutter und Enkelkind

Hin und wieder werden die konfuzianischen Gesellschaften Ostasiens wegen ihres starken Familiensinns auch im Westen als Beispiel hochgehalten. Doch ganz so rosig, wie es sich auf den ersten Blick darstellt, sind die Verhältnisse im Reich der Mitte nicht. Auch in China stöhnen viele (vor allem jüngere) Chinesen über den sozialen Druck, sehnen sich die Menschen insgeheim nach ein wenig mehr persönlicher Freiheit oder würden einfach gerne mal die Schwiegermutter vor die Tür setzen. Dies ist natürlich nur einer kleinen Minderheit städtischer »Yuppies« oder Künstlern vorbehalten, die sich schon aus finanziellen Gründen einfach nicht mehr um die allgemeine Meinung scheren, oder ohnehin keine gesellschaftliche Akzeptanz finden und sich deshalb den alten Werten kaum verpflichtet fühlten.

Auch in China stöhnen viele über den sozialen Druck der Familie.

Ab in die Einheit: Danwei statt Clan

Ganz zu Recht vermutete die neue, sozialistische Regierung 1949 in der Familie einen Hort konservativer und »bourgeoiser« Gedanken. Der »neue Mensch« sollte sich nicht der Familie sondern dem Kollektiv verpflichtet fühlen. Die Macht der Familie musste also gebrochen werden. Anstelle des Clans trat nun die »Einheit«, *(danwei* 单位*),* die theoretisch auch heute noch für ihre Mitglieder in jeder Hinsicht zuständig ist.

Das Vermächtnis Maos

In der Regel ist sie mit der Arbeitsstätte identisch. Doch die Funktion der Danwei reicht weit über die Beschäftigung hinaus: Sie ist für Wohnraum, medizinische Versorgung, Renten, Kindergärten und viele andere Lebensaspekte ihrer Mitglieder verantwortlich. Dabei ist es keinesfalls nebensächlich, zu welcher Einheit man gehört: Je profitabler das zugrunde liegende Unternehmen arbeitet, desto höher fallen die Leistungen aus.

Die Danwei ist für alles zuständig.

Auch als Instrument der politischen und sozialen Kontrolle eignet sich die Einheit ganz hervorragend: Ungebührliches Betragen? Schon hat der Bürger einen Eintrag in der Personalakte. Die Verlobte heiraten? Nur wenn die Einheit zustimmt! Sollten im weiteren Verlauf der Ehe Probleme auftreten, ist die Danwei ebenfalls zuständig und versucht, die Zerstrittenen wieder zu versöhnen. Eine gewisse Sicherheit und Geborgenheit kann man der Danwei nicht abstreiten: Sie nimmt ihren Mitgliedern viele bürokratische Erledigungen ab, bietet eine feste lebenslange Gemeinschaft und sorgt für unschlagbar günstigen Wohnraum. Trotzdem ärgern sich viele Chinesen insgeheim über die permanente

Aufpasserin einer Danwei

Überwachung durch den Danwei-Vorsteher: Jeder Streit, jedes Familienproblem bietet Anlass zur Einmischung in höchst private Angelegenheiten. Kein Wunder, dass sich vor allem junge Chinesen oft gegen die Sicherheit der Danwei und für ein anonymes Apartment in einem neuen Wohnblock entscheiden. Seit Beginn der Reformpolitik Anfang der 1980er Jahre wurde die Stellung der Einheiten ohnehin immer mehr geschwächt: Die wachsende Zahl der Selbstständigen lebt gezwungenermaßen jenseits des Danwei-Systems und sorgt selbst für die soziale Absicherung. Andere gehen freiwillig: Mitgliedern eines quasi-bankrotten Staatsunternehmens fällt der Abschied von der Einheit am leichtesten. Sie haben in der Regel nicht mehr viele Zuwendungen zu erwarten.

Ein Leben lang verpflichtet: Kindheit in China

Ein Leben ohne Kinder ist für die meisten Chinesen kaum vorstellbar.

Schreiende Säuglinge werden Sie in China nur selten hören. Sehr zur Verwunderung westlicher Eltern scheinen chinesische Babys immer zufrieden (und leise!) zu sein. Vielleicht liegt es daran, dass sich der Kinderwagen noch nicht hat durchsetzen können: In der Regel werden die Kleinen auf den Rücken gebunden und teils sogar mit einem dünnen Tuch abgedeckt. Auf alle Fälle sind sie immer dabei, wenn Mutter oder Großmutter unterwegs sind. Können sie erst einmal laufen, beginnt eine kurze Phase der Narrenfreiheit: Bis ins Kindergartenalter werden sie unglaublich umhätschelt und verwöhnt. Fast nichts können die kleinen Lieblinge falsch machen. Und falls doch, wird das Kind mit sprichwörtlicher asiatischer Geduld unermüdlich sanft ermahnt. Im Gegensatz zu manchen anderen Ländern Asiens, haben auch die Väter ein zärtliches Verhältnis zu ihren Sprösslingen. Ein Leben ohne Kinder, am Ende sogar noch aus freien Stücken, das ist für die meisten Chinesen kaum vorstellbar!

Staatlich verordnet: Geburtenkontrolle gegen die Bevölkerungsexplosion

Für viele war die Einführung der Ein-Kind-Politik Anfang der 1980er Jahre deshalb nur schwer zu schlucken. Trotzdem unterstützt die Mehrheit die Geburtenkontrolle. Auf die Frage, welches Problem denn China am meisten zu schaffen mache, geben fast alle dieselbe Antwort: »*ren tai duo!*« Zu viele Menschen! Westlichen Kritikern der scharfen Geburtenkontrolle wird deshalb gerne empfohlen, kurz nach Büroschluss auf der Shanghaier Haupteinkaufsstraße ein Bad in der Menge zu nehmen. Die meisten kehren als geläuterte Menschen zurück.

Egal wie verwöhnt und geliebt Kinder auch sind, zu Beginn des vierten Lebensjahres ist Schluss mit lustig: Von nun an gilt es, Disziplin zu wahren, seine Emotionen im Griff zu haben und Verantwortung zu zeigen. Zumindest im sozialen Sinn: Chinesische Schulkinder sind sehr viel disziplinierter als ihre europäischen Kameraden.

Vaterliebe

Auch das konfuzianische Ideal der »kindlichen Pietät« kommt nun zum Tragen: Hauptaufgabe eines jeden Kindes, auch wenn es längst erwachsen ist und selbst schon Nachwuchs in die Welt gesetzt hat, ist es, den Eltern zu gehorchen und sich um sie zu kümmern. Egal, ob bei der Wahl des Ehepartners oder der Suche nach einem Arbeitsplatz, fast immer haben die Eltern das letzte Wort oder zumindest ein Veto, das sich nicht umgehen lässt. Ein unverheirateter Sohn Ende 30, der der Mutter zuliebe keine Stelle in einer anderen Stadt annehmen möchte? In Europa gilt er als therapiebedürftig, in China jedoch als Beispiel für Kindspietät.

Fast immer haben die Eltern das letzte Wort.

Staatliche Propaganda für die »Ein-Kind-Familie«

Fette »Kaiser«

In den Großstädten fällt es hin und wieder schwer, an die Existenz der konfuzianischen Ideale von Gehorsamkeit und Bescheidenheit zu glauben. Die »kleinen Kaiser«, verwöhnte Einzelkinder, die sich der Aufmerksamkeit der gesamten Sippe sicher sein können, werfen sich durchaus schon einmal im Kaufhaus heulend auf den Boden, wenn das gewünschte Eis nicht schnell genug herbei gezaubert wird. In diesem Zusammenhang tritt in der jetzigen Generation der Schulkinder ein in der Geschichte Chinas einmaliges Phänomen auf: Zum ersten Mal wächst hier eine Generation mit Gewichtsproblemen heran. Noch nie wurde den Kindern so viel kulinarische Aufmerksamkeit zuteil: Eltern, Großeltern, Onkel und Tanten legen sich zusammen so ins Zeug, ja immer die Leibspeisen des kleinen Lieblings auf den Tisch zu bringen, dass heute erstaunlich viele Kinder mit prallen Wangen übergewichtig durchs Leben gehen.

Die Hälfte des Himmels: Frauen im Alten und Neuen China

Für die Frauen Chinas war der Sieg der Kommunisten eine wirkliche Befreiung.

Bei aller Kritik an der Politik der Kommunistischen Partei Chinas kann man vor einer Tatsache kaum die Augen verschließen: Für die Frauen Chinas war der Sieg der Kommunisten 1949 eine wirkliche Befreiung. Abgesehen von einigen wenigen, sehr westlich beeinflussten Familien, war die Stellung der Frau bis Mitte des 20. Jahrhunderts im gesamten Land miserabel. Bildung für Mädchen? Wozu, schließlich handelte es sich um bessere Putzfrauen, deren einziger Lebenszweck darin bestand, der Familie männliche Nachkommen zu verschaffen und der Schwiegermutter zu dienen. Die Geburt eines Mädchens war eine kleine Katastrophe, vor allem für arme Familien: Mit der Hochzeit gingen Frauen in die Familie ihres Mannes über und trugen also nicht zur Versorgung der eigenen Eltern im Alter bei. Ein Mädchen groß zu ziehen, war insofern geradezu eine Geldverschwendung und keinesfalls erstrebenswert. Kein Wunder, dass Kindsmord an weiblichen Säuglingen gang und gäbe war.

Frauenunterdrückung im klassischen China

Als billiges »Personal« in den Haushalt der Schwiegereltern verkuppelt

Im Alten China wurden Mädchen oft bereits als Kleinkinder verheiratet und wuchsen als billiges »Personal« im Haushalt der Schwiegereltern auf: Diese Variante der Eheschließung war besonders kostengünstig für die Herkunftsfamilie der kleinen Braut und deshalb vor allem auf dem Lande verbreitet. In besseren Kreisen galt es natürlich, die Töchter möglichst »gut« zu verheiraten und eine profitable Verbindung zwischen zwei Familien herzustellen. Die Meinung der Braut oder des Bräutigams in spe war dabei nicht gefragt: Es war Sache der Eltern, mittels Kupplerin die eheliche Verbindung auszuhandeln. Auch die Konsultation eines Astrologen gehörte dazu, denn nicht jede Verbindung stand unter guten Vorzeichen: Eine Tiger-Frau und ein Hase-Mann? Auf gar keinen Fall! Sie könnte ihn »fressen« und die Oberhand in der Ehe gewinnen!

Liebe war ebenfalls kein Kriterium — ganz im Gegenteil, starke Gefühle waren stets suspekt und nicht erwünscht: Verliebte sich der Ehemann in seine Frau, stand zu befürchten, dass er sie vor seiner Mutter in Schutz nehmen würde. Und dies war für fast alle Schwiegermütter undenkbar: Jahrzehntelang hatten sie selbst gelitten, waren gedemütigt worden und hatten sich bedingungslos dem Hausdrachen unterworfen — immer mit dem Blick auf den fernen Tag, an dem sie selbst diese Position einnehmen würden, sozusagen als Lohn für die harten Jahre der Jugend. Welche Frau hätte freiwillig auf diesen späten »Ausgleich« verzichtet?

Wohlhabende Männer leisteten sich Konkubinen.

Adlige, reiche Beamte und Großgrundbesitzer — also Männer mit gut gefülltem Portemonnaie — kamen trotzdem auf ihre Kosten. War die Hauptfrau nicht nach ihrem Geschmack, stellte sich kein männlicher Nachwuchs ein oder stand ihnen der Sinn nach sexueller Abwechslung, konnten sie weitere Nebenfrauen ins Haus holen. Diese Konkubinen *(qingfu* 情妇) unterstanden der Hauptfrau, die ihre Nebenbuhlerinnen nicht selten schikanierte und ihnen das Leben schwer machte.

Verkrüppelte Schönheiten: Die »Lilienfüße« INFO

Sie sind selten geworden, doch hin und wieder treffen Sie in China noch immer auf alte Frauen, deren Füße in jungen Jahren »gebunden« wurden, um dem Schönheitsideal des Alten China zu entsprechen. Im Alter von fünf bis sechs Jahren wurden den Mädchen die Zehen unter die Fußsohle geknickt und fest bandagiert – ein extrem schmerzhafter Prozess, der oft dazu führte, dass die Knochen brachen und die Füße teilweise abstarben. Die nunmehr faustgroßen Lilienfüße *(jinlian* 金莲*)* waren die intimste Stelle des Frauenkörpers und ein wichtiges Kriterium bei der Heirat: Je kleiner der Fuß, desto besser! Laufen konnte man damit allerdings kaum noch. Bauersfrauen blieb diese Tortur daher meist erspart, denn sie wurden als Arbeitskraft gebraucht. In den besseren Schichten war es eine Frage des Prestiges, eine Frau mit »Lilienfüßen« zu ehelichen. Der wiegende und unsichere Gang einer »gebundenen« Frau galt als erotisch, wie auch die künstlich klein gehaltenen Füße selbst. Auf die Stellung der Frau hatte diese Tradition katastrophale Auswirkungen: Sie war nicht mehr fähig zu arbeiten, ja nicht einmal den Haushalt oder die Kindererziehung allein zu bewältigen. Genauso wenig war sie fähig, das Haus zu verlassen oder gar heimlich vor den Schikanen der Schwiegermutter zu fliehen.

Alles in allem war die Ehe also keine sehr attraktive Angelegenheit für die Frauen des Alten China. Nur – es gab keine Alternative! Nicht einmal weglaufen konnten die Frauen, im wahrsten Sinne des Wortes, denn die »gebundenen« Füße machten selbst kurze Spaziergänge unmöglich. Nur die Geburt möglichst vieler Söhne konnte ihre Stellung verbessern. Blieb der männliche Nachwuchs aus, setzten die Frauen oft ihrem Leben ein Ende.

Wie konnten Mütter dies ihren Töchtern antun? mag sich da manch ein Europäer fragen. In der Regel hatten sie keine Wahl: Ein Mädchen mit großen Füßen zu verheiraten, war praktisch unmöglich, und ein Leben ohne Ehemann und Versorger kaum vorstellbar, durften doch Frauen kein eigenes Vermögen besitzen.

Ans Haus gefesselt – ausweglos

Das traditionelle Frauenideal: Sanftheit und Anmut

Frauenemanzipation im Neuen China

*Das Ehe-
gesetz von
1952
schafft
Gleichbe-
rechtigung.*

Mit der Machtübernahme der Kommunisten begann praktisch über Nacht eine neue Ära. Mao hatte den Frauen »die Hälfte des Himmels versprochen« und hielt Wort: Konkubinat, arrangierte Ehen, Kindsheirat, Füßebinden – alle diese jahrhundertealten Traditionen wurden mit dem Ehegesetz von 1952 abgeschafft. Endlich erhielten Frauen das Recht auf Eigentum und erbten gleichberechtigt mit ihren männlichen Geschwistern.

Ganz uneigennützig war die Emanzipation nicht: Nach einem halben Jahrhundert Chaos lag China wirtschaftlich am Boden. Jede Arbeitskraft wurde gebraucht, um das Land möglichst schnell wieder aufzubauen. Chinas Frauen lernten nun lesen und schreiben, wurden berufstätig und hielten zum ersten Mal in der Geschichte eigenen Lohn in der Hand.

*Kinder-
gärten am
Arbeitsplatz
und kosten-
lose Schulen*

Kindergärten am Arbeitsplatz waren dabei genauso selbstverständlich wie kostenlose Schulen für die älteren Geschwister. Und auch wenn sich die alten Traditionen nicht über Nacht ausrotten ließen – denn auch jetzt erledigten die Frauen weiterhin den Haushalt allein –, erfuhren sie dennoch eine unglaubliche gesellschaftliche »Beförderung«.

Mit dem Blick auf die dynamischen Shanghaier Geschäftsfrauen, ist es heute kaum mehr vorstellbar, dass sich die Großmütter dieser schlagfertigen und emanzipierten Frauen ein Leben lang demütigen ließen.

*Die städti-
schen Chi-
nesinnen
heute:
selbst-
bewusst
und selbst-
ständig*

Die städtischen Chinesinnen der Moderne sind selbstbewusst und vor allem selbstständig. Sie sind häufig in typischen Männerberufen tätig: Wer den Tag über als Bauarbeiterin, Busfahrerin oder Lastenträgerin harte Arbeit verrichtet, lässt sich auch im Privatleben nicht herumschubsen. Von den »Girly-Manieren« der jungen Chinesinnen sollte man sich jedenfalls nicht täuschen lassen. Hinter der Fassade von schamhaftem Gekicher und vermeintlicher Unbeholfenheit steckt oft ein starker Wille.

*Flanieren in
Peking*

Auf dem Lande sieht es schon ein wenig anders aus. Auch hier haben die Frauen eine ungleich bessere Stellung als vor der Gründung der Volksrepublik. Doch die alten Traditionen sind wieder im Vormarsch. Noch immer spielt die Ahnenverehrung eine große Rolle und für die Opfer-Rituale sind männliche Nachkommen nun einmal unerlässlich. Und solange kein einheitliches Rentensystem geschaffen wird, bleiben Söhne eben doch die beste Altersvorsorge. In der staatlich verordneten

Ein-Kind-Familie bedeutet dies, dass die werdenden Eltern oft das Geschlecht des Fötus bestimmen lassen, um notfalls selektiv abtreiben zu lassen. Legal ist das zwar nicht, aber üblich.

Bei einem Verhältnis von 117 männlichen zu 100 weiblichen Geburten braucht es keine großen mathematischen Fähigkeiten, um sich auszurechnen, wie viele Männer dieser »selektierten« Generation später keine Frau finden werden. In den abgelegenen Gebieten der armen Regionen suchen heute schon viele junge Landarbeiter verzweifelt nach einer Braut. Wenn partout keine andere Lösung in Sicht scheint, legen die Familien-Mitglieder zusammen und kaufen ein: bei Mädchenhändlern, meist Mafia-Schergen, die die Opfer in weit entfernten Gebieten entführen lassen. Selbst die Regierung gibt mittlerweile unumwunden zu, dass sie dieser »Wachstumsbranche« kaum mehr Herr wird.

Der Mädchenhandel kehrt zurück.

Die neue Freiheit: Sex und Erotik

Frisch eingetroffene Ausländer wundern sich hin und wieder über die perfekte Service-Gesellschaft in China: Frisörläden, die bis nachts um drei geöffnet haben? Tolle Sache! Nur, Haare schneiden lassen sollte man sich hier lieber nicht, denn wenn die Angestellten allesamt Miniröcke tragen und ganz besonders einladend winken, dann handelt es sich um ein mehr oder minder getarntes Bordell.

Prinzipiell ist Prostitution im sozialistischen China natürlich noch immer bei Höchststrafen verboten. Doch im allgemeinen Filz fällt es den Bordellbetreibern leicht, gegen Bares oder Sachleistung, die Polizei zum Wegschauen zu bewegen. Da das horizontale Gewerbe offiziell gar nicht existiert, gibt es natürlich keinerlei Gesundheitskontrollen. Genauso wenig wie verlässliche Aids-Statistiken – 0,5–1,5 Millionen HIV-Infizierte gibt es nach diversen Schätzungen. Sicher ist aber, dass sich die meisten Prostituierten wenig Gedanken darüber machen: Sie stammen in der Regel vom Lande, wo in Sachen Aids-Aufklärung noch große Defizite herrschen. Bis vor einigen Jahren waren nicht einmal Verhütungsmittel allgemein zugänglich: Kondome wurden nur an Verheiratete abgegeben. Dies hat sich inzwischen geändert, jeder Chinese kann sich nun diskret im Supermarkt für die Nacht wappnen.

Prostitution ist bei Höchststrafe verboten – es gibt sie trotzdem.

Mittlerweile herrschen ohnehin viel lockerere Sitten, zumindest in den Großstädten. Sexshops sind nun offiziell erlaubt und Aufklärungslite-

Nur unterschwellig erotisch: Werbung für warme Unterwäsche

Illegal, aber schwungvoll: der Handel mit Pornografie

ratur ist in jedem größeren Buchladen erhältlich. Genauso verbreitet, wenn auch illegal, ist die Pornografie: Offiziell gibt es die Heftchen nirgendwo zu kaufen, doch viele Kioskbesitzer betreiben unter dem Ladentisch einen schwungvollen Handel mit den »gelben Zeitschriften«, *huangse zazhi* (黄色杂志). Wenn sich in Shanghai oder Beijing junge Paare körperlich nicht nahe kommen, liegt es oft gar nicht mehr an den moralischen Vorstellungen, sondern schlichtweg an den beengten Wohnverhältnissen und dem wachsamen Auge der Eltern: Von jungen Menschen wird erwartet, dass sie sich vorrangig um Schule oder Studium kümmern und keine Zeit mit Liebschaften vergeuden.

Ansonsten kennzeichnet China eine ausgeprägte Prüderie.

Auf dem Lande hingegen hat sich wenig geändert: Jungfräulichkeit bis zur Ehe gilt als selbstverständliche Tugend, und auch sonst läuft vor der Hochzeit nicht viel. Den christlichen Sünden-Gedanken kennt die chinesische Glaubenswelt zwar nicht, dafür aber eine ausgeprägte Prüderie. Selbst die vermeintlich hocherotischen Werke der klassischen Literatur wie das »Jin Ping Mei« (金瓶梅) oder der »Traum der Roten Kammer«, *hong lou meng* (红楼梦), sind so verklausuliert geschrieben, dass der westliche Leser oft gar nicht merkt, wenn er auf eine anzügliche Szene stößt.

Bei allen Unterschieden sind sich Stadt und Land in einer Hinsicht einig: Homosexualität ist in China verpönt und gilt noch immer als heilbare Krankheit. Zwar gibt es sehr wohl eine kleine Gay-Szene in den Großstädten, doch die meisten legen aus gutem Grund großen Wert darauf, ihre sexuelle Orientierung geheim zu halten: Sie fürchten das Getuschel der Nachbarschaft und Benachteiligung am Arbeitsplatz.

Dazugehören: Ohne Guanxi läuft nichts

Gute Beziehungen sind in China essentiell.

Ganz unbekannt ist das Phänomen der guten Beziehungen in Europa sicher nicht: Wer an den richtigen Stellen Freunde sitzen hat, der muss auch hierzulande nicht so lange auf die Genehmigung eines Antrages warten und findet leichter eine neue Stelle. Ganz im Unterschied zu China lässt es sich in Europa aber prinzipiell auch ohne »Kontakte« leben und arbeiten. Im Reich der Mitte sind die Beziehungen *(guanxi* 关系*)* essentiell: Mit Guanxi zum Reisebüro findet sich auch im ausgebuchten Flieger noch ein Platz am Fenster. Zu Ungunsten eines Reisenden ohne Guanxi versteht sich. Besonders Geschäftsleute (vgl. Kapitel »Vom Handeln und Verhandeln«) sind ohne die richtigen Beziehungen nahezu aufgeschmissen. Viele Banketts, Gespräche, Empfehlungen und geduldige Wartezeiten gilt es deshalb zu meistern: Je nach sozialen Fähigkeiten und Sprachkenntnissen kann dies einige Wochen dauern – oder sich über Jahre hinziehen!

Guanxi knüpfen bedeutet letztlich die Hürde zwischen »Innen« und »Außen« wenigstens teilweise zu überwinden, einen Platz in der chinesischen Gesellschaft (und nicht unter den zahlreichen Expats!) zu finden. Nur in diesem Fall kann sich der chinesische Partner darauf verlassen, dass der Ausländer zumindest ein

Echte und falsche Freunde

Dank des sozialistischen Umfelds unterlag der Begriff »Freund«, *pengyou* (朋友), lange Zeit einer gewissen Inflation. Mit der bedeutungslosen Worthülse pengyou wurden eigentlich alle Menschen bezeichnet, egal ob es sich um die »sozialistischen Brudervölker« oder ausländische Besucher handelte (auch wenn sie aus dem kapitalistischen Europa kamen und deshalb ganz bestimmt nicht zum freundschaftlichen Umgang taugten).

Auch heute noch ist es für viele Ausländer überraschend, wie schnell völlig unbekannte Chinesen mit ihren neuen, langnasigen Bekannten Freundschaft schließen. Hin und wieder handelt es sich dabei um Schnorrer, die sich davon allerhand Vorteile bis hin zur Einladung erhoffen. Meistens jedoch ist es einfach etwas ganz Besonderes, einen Ausländer kennen zu lernen, endlich einmal die paar Brocken Englisch auszuprobieren und den Hauch der weiten Welt zu schnuppern. Viele, von denen man es nie gedacht hätte, halten nach einer kurzen Konversation mit Visitenkartentausch über Jahre hinweg den Kontakt aufrecht. Dank Internet und E-Mail ist dies zumindest für die städtische Bevölkerung kein großes Problem mehr. Wenn der Kontakt doch schließlich abreißt, kann dies, vor allem auf dem Lande, schlicht finanzielle Gründe haben: Für einen kleinen Provinzangestellten sind Auslandsbriefe immer noch unverschämt teuer. Falls Sie den Eindruck gewinnen, dass der potentielle Brieffreund sich das Porto nicht leisten kann, kaufen Sie einen Satz passender Briefmarken und schicken Sie diese von Deutschland aus zu. Als Gesicht-wahrende Ausrede können Sie dann immer noch vorgeben, Sie hätten erst in der Heimat festgestellt, dass Sie noch chinesische Briefmarken besitzen. Und die sind in Deutschland nun einmal nicht zu gebrauchen. Drücken Sie dem neuen Bekannten die Marken nicht vor Ort in die Hand – das könnte gönnerhaft wirken.

---

klein wenig der sozialen Kontrolle unterworfen ist und sich einigermaßen vorhersehbar verhält. Auch gibt es im Fall eines Konfliktes automatisch potentielle Mittelsmänner (die gemeinsamen Bekannten), die bei der Suche nach einer Lösung behilflich sein können. Kurzum, Guanxi verwandelt einen unberechenbaren Ausländer in eine bekannte Größe.

In der Regel basieren Beziehungen auf Gemeinsamkeiten *(tong* 同*)*. Egal ob es die gemeinsame Herkunft, Schulzeit oder der Arbeitsplatz ist: Haben sich erst Seilschaften gebildet, läuft der Rest praktisch von selbst: Der eine Gefallen zieht einen anderen nach sich, und sobald die ersten »Geschäfte« über Drittkontakte abgelaufen sind, ist der Mensch Teil eines ganzen Netzwerkes, das im günstigsten Falle alle ideal bedient. *Gemeinsamkeit schafft Nähe.*

Die daraus resultierenden Verpflichtungen und Vergünstigungen übertragen sich übrigens auch auf das engere Umfeld des eigentlichen Guanxi-Gebers. Und so kommt es, dass – falls auf direktem Wege nicht möglich – oft über die Freunde

Die Grenze zur Bestechung ist fließend.

eines Freundes eines Verwandten zweiten Grades letztendlich die passende Beziehung hergestellt werden kann.

Hat ein Mensch keinerlei Gemeinsamkeiten mit seiner Umwelt, z. B. nach einem Umzug oder Arbeitsplatzwechsel, kann Guanxi natürlich auch anders aufgebaut werden: Hier ein kleiner Gefallen (der natürlich zurückgezahlt werden muss), dort eine freundliche Einladung, ein Mitbringsel für die Frau des Kollegen, die zufällig Geburtstag hat, und schon werden auch für den Fremden viele Dinge möglich. *La guanxi* (拉关系), »Beziehungen knüpfen«, ist allerdings eine Disziplin, die viel Feingefühl erfordert: Die Grenze zur Bestechung ist, positiv formuliert, immer fließend. Gerade beim Umgang mit Behörden sollte man nicht allzu plump vorgehen.

Guanxi entscheiden über den Erfolg manch eines Geschäfts.

So bitter dies für manch einen Ausländer sein mag: Über den Erfolg einer China-Mission entscheiden am Ende weniger die Preise oder der Service eines Anbieters, als die sozialen Fähigkeiten des Firmen-Vertreters. Wer sich mit Karaoke und Small Talk ganz und gar nicht anfreunden mag, muss sich in China ganz besonders ins Zeug legen, wenn er die Konkurrenz ausstechen will. Im Zweifelsfall verspricht der Erhalt einer bestehenden Guanxi-Beziehung langfristig eben mehr Profit als ein kurzfristiges Preis-Geschäft.

INFO

Die sozialen Daten im Überblick

	China	Deutschland
Lebenserwartung	70,6 Jahre	78 Jahre
Alphabetisierungsrate	85,8 %	99 %
Bevölkerungsanteil mit weniger als 2 US-$ Einkommen pro Tag	47,3 %	—
Bevölkerung 2001	1,285 Milliarden	82,3 Millionen
voraussichtliche Bevölkerung 2015	1,4 Milliarden	82,5 Millionen
Säuglingssterblichkeit pro 1000 Geburten	31	4
Handy-Inhaber pro 1000 Menschen	110	682

Quelle:
Human Development Report 2003, United Nations Development Programme

Die Grundlagen der chinesischen Medizin im Überblick

Es ist unsichtbar und wissenschaftlich nicht nachzuweisen.
Nicht einmal fühlen kann man es.
Trotzdem besteht für mehr als eine Milliarde Chinesen seit Jahrtausenden
kein Zweifel: Das »Qi« ist die Basis allen menschlichen Lebens.
Vortrag eines traditionellen chinesischen Arztes

Chinesen sind geradezu besessen von ihrer Gesundheit und können stundenlang darüber diskutieren, was wann und wo gegen welche Krankheit auch immer am besten hilft. Jedem China-Reisenden sollten daher zumindest ein paar Grundbegriffe der traditionellen chinesischen Medizin, kurz TCM, geläufig sein.

Die eigene Gesundheit – ein Lieblingsthema der Chinesen

Wenn es darum geht, Körper oder Seele zu kurieren, kann China auf eine lange und eigenständige Geschichte zurückblicken. Völlig unabhängig vom Westen wurden im Reich der Mitte zahlreiche Therapien und Modelle entwickelt, die auch heute noch Anwendung finden – wenn auch in Kombination mit der westlichen Medizin. Das zugrundeliegende medizinische Modell indessen ist ein völlig anderes und fordert dem westlichen Betrachter allerhand Vorstellungskraft ab.

Körper und Seele im Einklang

Im Spannungsfeld von Yin und Yang

Alles im Kosmos, also auch der Kosmos selbst, setzt sich nach daoistischer Lehre aus einer kühlen, dunklen und weiblichen Seite Yin (阴) sowie einer heißen, hellen und männlichen Seite Yang (阳) zusammen. Auch im menschlichen Körper lassen sich daher die Organe dem Yin und Yang zuordnen. Selbst die Energieströme des Qi (气), der grundlegenden Kraft, des Lebenshauches sozusagen, bestehen aus Yin und Yang. Nicht minder wichtig sind die fünf Elemente Erde, Wasser, Feuer, Metall und Holz, sowie die ihnen zugeordneten Geschmacksrichtungen, Gefühle und Eigenschaften. Sie alle müssen im Einklang miteinander stehen, denn nur dann kann das Qi fließen. Entlang unsichtbarer Linien, den Meridianen, strömt es durch den Körper und versorgt die Organe mit lebensnotwendiger Energie. Zwölf Hauptmeridiane kennt die traditionelle chinesische Medizin *(zhongyi* 中医*),* sowie zahlreiche

Die Energieströme des Qi müssen fließen können.

Beweglich bis ins hohe Alter

Verbindungen und Abzweigungen, die alle Bereiche des Körpers durchfluten. Gerät dieser Fluss ins Stocken oder wird zuviel Energie transportiert, erkranken die Organe entlang des betroffenen Meridians.

Die vorbeugende Medizin ist von besonderer Bedeutung.

»Die Balance halten« ist dem TCM-Mediziner daher ganz besonders wichtig. Am besten, die Missverhältnisse treten gar nicht erst auf oder werden bereits in ihrem Frühstadium, noch bevor überhaupt erste Krankheitsbeschwerden auftauchen, erkannt und behandelt. Durch Taiqi-Übungen *(taijiquan* 太极拳)*,* auch als Schattenboxen bekannt, die Qigong-Atemtechniken *(* 气功 *)* oder aber eine gesunde Ernährung: Yin und Yang müssen dem Körper im richtigen Verhältnis zugeführt werden – und zwar regelmäßig! Die westliche Angewohnheit etwa, hier und da eine Mahlzeit auszulassen, wenn die Zeit drängt, ist für Chinesen völlig unverständlich, bedeutet dies doch, seine Gesundheit aufs Spiel zu setzen. Dank des starken Gewichts der vorbeugenden Medizin werden die Therapien der TCM hin und wieder auch mit dem etwas altbackenen, aber durchaus passenden Begriff »Gesundheitspflege« übersetzt.

Die Harmonie wiederherstellen

Gesundheitsstörungen werden ganzheitlich behandelt.

Die aus dem Meridian-Modell resultierenden Diagnosen sind für westliche Betrachter schwer nachzuvollziehen: Bluthochdruck, Kopfschmerzen, Augendruck und Spannungen im Rippenbereich beispielsweise, gehören für einen TCM-Mediziner zusammen und werden unter dem Begriff Leber-Yin-Yang-Disharmonie gehandelt.

In der westlichen Medizin würden diese Krankheitssymptome wahrscheinlich getrennt behandelt, für einen TCM-Arzt hingegen sind sie untrennbar verbunden. Er sucht deshalb entlang der betroffenen Meridiane nach der Ursache, beispielsweise einer Blockade, und behandelt diese.

Röntgen, Ultraschall oder andere teure Geräte braucht der traditionelle Mediziner dazu nicht: Mittels Zungendiagnose – jedem Meridian ist eine Zungenregion zugeordnet – verschafft er sich ein erstes Bild über den Gesundheitszustand seines Patienten. Zusätzlich gibt der Puls Auskunft über eventuelle Disharmonien: Mehr als 30 unterschiedliche Arten der Pulsrhythmik unterscheidet die

Anlaufstelle für Erste Hilfe

TCM. Neben den traditionellen Diagnose-Methoden ist aber auch das Patientengespräch von großer Bedeutung: Der allgemeine Eindruck des Kranken – ein zugegeben sehr subjektives Kriterium – und Informationen über seine seelische Belastungen fließen bei der finalen Beurteilung seines Zustandes immer mit ein. Hin und wieder beschnuppern sich Arzt und Patient im wahrsten Sinne des Wortes: Selbst aus dem Geruch des Patienten zieht ein erfahrener TCM-Mediziner allerhand Informationen. Der Befund eines westlichen Medizin-Kollegen als zusätzliche Informationsquelle ist ebenfalls willkommen. Manchmal genügt es, die Symptome nur richtig zu sortieren, um nach westlicher Sicht scheinbar unabhängige Krankheiten in den richtigen Zusammenhang zu stellen. Zeitgleiche Beschwerden im Bereich der Kniegelenke, der Mandeln, der Schilddrüse oder der Gonaden könnten zum Beispiel auf eine Störung des Magen-Meridians hindeuten. Die besten Erfolge erzielt die TCM erfahrungsgemäß bei funktionalen Störungen, egal ob es sich um eine Reizmagen-Erkrankung, um Schlafstörungen, Unfruchtbarkeit oder andere vegetative Störungen handelt. Auch schwer erfassbare Erkrankungen wie Allergien, Depressionen, Asthma, und Migräne gehören in den Behandlungs-Bereich der TCM. Erwiesenermaßen erreicht die traditionelle chinesische Medizin bei Schmerzpatienten (ein klassischer Fall von »Energiestau«) besonders gute Ergebnisse.

Anerkannt gute Ergebnisse bei Schmerzpatienten

»Großer Wasserschlund« und »Zurückflutender Strom«

Ist die Diagnose gestellt, stehen dem Arzt verschiedene Methoden zur Verfügung, um der Lebenskraft wieder auf die Sprünge zu helfen. Allen gemein ist, dass der Fluss des Qi reguliert werden soll. In der Regel geschieht dies durch die Stimulation bestimmter Stellen entlang der Meridiane. Wann, wo und in welcher Kombination der »große Wasserschlund«, die »Straße zur Heiterkeit«, der »zurückflutende Strom« und andere illustre Punkte dabei eine Rolle spielen, ist Gegenstand vieler Abhandlungen, deren älteste Ausgaben bereits aus dem 2. Jahrhundert v. Chr. stammen sollen.

Uralte Methoden

Die klassische Körperakupunktur *(zhenci* 針刺 *)* kennt 361 Punkte, durch die der Mediziner die Ströme des Qi beeinflussen kann. Akupunktur-Neulinge schrecken hin- und wieder vor den Nadeln zurück. Die Angst vor Schmerzen ist jedoch überflüssig: Die Nadeln werden nur knapp unter die Haut gestochen, wo sie bis zu einer halben Stunde wirken. Sofern der Akupunkteur sein Handwerk versteht, empfindet der Patient nur ein elektrisiertes Kribbeln.

Akupunktur: Mehr als nur Nadeln

Garantiert schmerzfrei hingegen ist die Moxibustion *(jiu* 灸 *)*. Auch hier geht es darum, an den Akupunkturpunkten das Qi zu regulieren, dies allerdings durch brennende Beifuss-Stäbchen oder Kegel. Diese, für den Betrachter recht spektakuläre Methode, entwickelt nicht nur beeindruckende Rauchschwaden, sondern vertreibt Yin-Kälte, stärkt das Yang, soll »Feuchtigkeit« aus den Meridianen vertreiben und stagnierendes Qi wieder in Bewegung bringen. Besonders Nadel-Phobiker greifen gerne auf Moxibustion zurück.

Moxibustion: Heiße Kegel

Schröpfen: Unterdruck im Glas

Im Westen kaum bekannt ist das Schröpfen *(huoguan* 火罐*)*: Kleine Glasgefäße werden erhitzt und auf die gewünschten Akupunkturpunkte gesetzt. Durch die Abkühlung entsteht im Glas Unterdruck – die Gefäße saugen sich also fest und wirken so auf den gewünschten Meridian. Asthmatiker und Patienten mit Störungen des Muskelapparates haben die besten Chancen, einem Schröpfglas zu begegnen.

Massage: aber kräftig

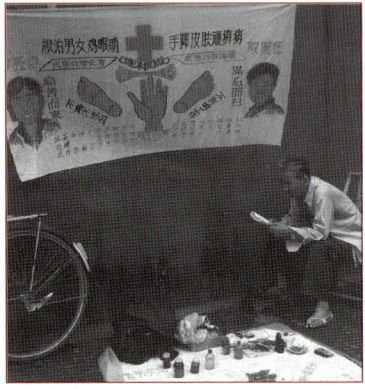

Wer kein Geld hat, verlegt seine Praxis auf die Straße.

Ebenfalls – noch – recht unbekannt ist Tuina (推拿): Die Massage der Meridiane ist oftmals die angenehmste Art, dem Qi auf die Sprünge zu helfen. Neben den gewünschten Qi-Stimuli profitieren stressgeplagte Patienten vom allgemeinen Erholungseffekt. Wer sich nur aus Wellness-Gründen der Massage hingibt, darf allerdings hin und wieder Überraschungen erleben. Bei besonders hartnäckigen Störungen kann die Massage recht schmerzhaft werden.

INFO

Der Besuch eines TCM-Arztes in China – Darauf sollten Sie achten!

▶ Lassen Sie eine traditionelle Diagnose stellen: Der Arzt wird dazu die Iris betrachten, die Zunge und den Puls untersuchen und eventuell diverse Meridiane betasten. Sofern ein Übersetzer dabei ist, erkundigt er sich möglicherweise nach der Verdauung und eventuell vorliegenden westlichen Diagnosen.

▶ Die Akupunktur-Nadeln müssen unbedingt sterilisiert sein oder direkt aus einer neuen Packung stammen. Darauf sollten Sie bestehen!

▶ Planen Sie für den Rest des Tages kein anstrengendes Programm. Akupunktur und Moxibustion können überraschend ermüdend wirken.

▶ Erwarten Sie keine Wunder! Es mag vorkommen, dass gleich bei der ersten Sitzung Besserung eintritt, in der Regel sind aber mehrere Sitzungen nötig, um einen positiven Effekt zu spüren.

▶ Achten Sie darauf, dass es sich wirklich um einen Arzt handelt und nicht einen findigen Verteter der »Das-hab-ich-bei-meinem-Vater-gelernt«-Schule. TCM-Ärzte sollten einen regulären TCM-Studiengang an einer staatlichen Universität absolviert haben. Wenn Sie sich im Krankenhaus akupunktieren lassen, treffen Sie garantiert auf fachlich qualifiziertes Personal.

Potente Kräuter

Die Stimulierung und Harmonisierung der Energieströme muss jedoch nicht zwingend von Außen erfolgen: Auch die traditionelle Kräutermedizin *(zhongyao* 中药*)* kennt Hunderte von Rezepturen, die helfen, eine gestörte Balance wieder herzustellen. Im Gegensatz zu westlichen Medikamenten werden der Kräutermedizin geringe Nebenwirkungen nachgesagt. Die Mär, die traditionellen Pillen und Pülverchen seien völlig frei davon, lässt sich freilich nicht aufrechterhalten. Manch ein potentes Kraut wandert in die Kügelchen und Tees. Und der Kauf ist reine Vertrauenssache, denn unter welchen Bedingungen die Rohstoffe in China hergestellt wurden, lässt sich kaum überprüfen. Umso wichtiger ist es daher für den Patienten, nicht nur das Rezept, sondern auch die Arznei selbst aus qualifizierter Quelle zu beziehen. Wer in China selbst einkauft, staunt oft nicht schlecht über die Zutaten: Tigerknochen und Hirschpenis werden genauso zu stärkenden Pulvern verarbeitet wie die vergleichsweise harmlosen Schildkrötenpanzer. Manche Rezepte lesen sich wie ein Auszug aus der Roten Liste der vom Aussterben bedrohten Tierarten. Wenn es der Gesundheit dient, schreckt man in China auch nicht davor zurück, das letzte Exemplar einer Art zu Medizin zu verarbeiten.

Tigerknochen und Hirschpenis mit Heilkraft

INFO

Jedem Geschmack ein Element: Die Zusammenhänge der TCM					
Element	Geschmack	zugeord. Yin-Organ	zugeord. Yang-Organ	Emotion	Wirkung
Erde 土	süß	Milz	Magen	Schwermut	stärkend, harmonisierend
Wasser 水	salzig	Niere	Blase	Angst	aufweichend, abführend
Metall 金	scharf	Lunge	Dickdarm	Trauer	löst Stagnationen, zerstreuend
Holz 木	sauer	Leber	Galle	Ärger	zusammenziehend, kann blockierend wirken
Feuer 火	bitter	Herz	Dünndarm	Freude	trocknend

Kulinarisches:
Ein Blick in Chinas Kochkultur

蚂蚁上树 **mayi shang shu**
Die Ameisen krabbeln auf den Baum

250 g Glasnudeln
500 g Hackfleisch vom Schwein
6 EL Sojasoße
2 TL Reiswein
2 TL Sesamöl
2 El sehr fein gehackter Ingwer
5 mittlere Knoblauchzehen
½ Bund Frühlingszwiebeln
2 EL Chili-Bohnen-Soße
1 TL Salz
4 TL Zucker
4 TL Sesamöl
900 ml Hühnerbrühe

Weichen Sie die Glasnudeln 15 Minuten in heißem Wasser ein. In der Zwischenzeit braten Sie das Hackfleisch mit der Sojasoße, Reiswein, 3 EL Sesamöl, Ingwer, Knoblauch und Frühlingszwiebeln an. Nach ca. 5 Minuten geben Sie die Hühnerbrühe, die Chili-Bohnen-Soße, Salz und Glasnudeln hinzu.
Kochen Sie alles solange, bis nur noch wenig Flüssigkeit übrig ist.
Vor dem Servieren werden einige frische, gehackte Frühlingszwiebeln über das Gericht gestreut.
Dieses Rezept reicht für 2–3 Personen.

Ameisen waren übrigens nie Bestandteil des Rezepts: Der Name leitet sich von den feinen Schweinehackteilchen ab, die in der Tat bei flüchtigem Hinsehen an Ameisen erinnern.

Über die Bedeutung des Essens

In Sachen asiatische Kulinaria halten sich fast alle Deutschen für »Experten« — schließlich hat jeder schon einmal in einem China-Restaurant gegessen. Derart vorbereitet dürften sich die Freunde der fernöstlichen Küche bei ihrer ersten Chinareise allerdings auf kräftige Überraschungen gefasst machen: Kein bisschen erinnert das echte lokale Ambiente eines chinesischen Standardrestaurants an die dekorationsüberladenen Kuschel-Lokale mit dezenter Hintergrundmusik, die bei uns als typisch chinesisch gelten. Mit der exklusiven Candlelight-Dinner-Stimmung eines europäischen Restaurants könnten die meisten Chinesen ohnehin wenig anfangen. Essen wird als höchst soziale Angelegenheit betrachtet und in der Regel gilt das warme Abendessen als der wichtigste Termin des Tages und als Hauptmahlzeit. In ländlichen Gebieten ist es sogar durchaus üblich, sich mit der traditionellen rhetorischen Frage »Hast Du schon gegessen?« *(chiguole ma?* 吃过了吗*)* zu begrüßen.

Essen gilt in China als höchst soziale Angelegenheit.

Freiwillig alleine zu speisen, käme den meisten daher gar nicht erst in den Sinn. Möglichst viele gut gelaunte Teilnehmer braucht die Runde, Schlagermusik bis die Boxen krachen und lautstarke Unterhaltungen über drei Tische hinweg.

Geselligkeit unter Neonlicht

Lautes, wiederholtes einander Zuprosten gehört genauso dazu wie geräuschvolles Schlürfen der Suppe, während andere bereits mit einer Verdauungszigarette Platz für den nächsten Gang schaffen. All dies findet unter dem unerbittlichen Licht einer gleißenden Neonleuchte statt, die auch dem besten Make-up keine Chance lässt, und ebenfalls keine Zweifel darüber, was der Koch so alles aufgetischt hat. Für Europäer wahrlich gewöhnungsbedürftig.

Typisches Straßenrestaurant

Ganz im Einklang mit dem Spaß-Prinzip, gelten auch in Sachen Benimm rauere Sitten als in Europa: Wer mit dem Zahnstocher genüsslich im Mund die letzten Fleischreste erledigt, hat in China gute Chancen, kein bisschen aufzufallen und erst recht nicht der einzige zu sein. Herzhafte Rülpser und andere Körpergeräusche sind keine Seltenheit und erschrecken niemanden. In den großen

Lockere Sitten bei Tisch

Ungefragte Gesellschaft

Wer alleine isst, hat offensichtlich weder Freunde noch Familie, die ihm Gesellschaft leisten könnten. Wundern Sie sich also nicht, wenn Ihnen gerade auf dem Lande wildfremde Menschen lächelnd, aber ungefragt, Gesellschaft leisten. Hier handelt es sich meist nicht um Schnorrer, sondern um Zeitgenossen mit viel Mitgefühl für einsame Menschen.

chinesischen Küstenstädten mit viel West-Kontakt werden mittlerweile zwar andere Maßstäbe angelegt, je weiter Sie sich jedoch aufs Land begeben, desto rustikaler wird die Atmosphäre. Besonders gewöhnungsbedürftig für Europäer: das oftmals abrupte Ende einer Abendveranstaltung, wenn man bei uns eigentlich erst zum gemütlichen Teil übergehen würde. Sobald der letzte in der Runde die Stäbchen sinken lässt, springt die chinesische Tischgesellschaft auf und begibt sich nach Hause. Als einziges Zugeständnis an die strapazierte Verdauung kommen in China vor dem Aufbruch eventuell noch hochprozentige Magenputzer auf den Tisch.

Essen ist immer auch Medizin.

Doch auch, wenn abends im Restaurant aufgetragen und geschlemmt wird, als gäbe es kein Morgen, ist es keinesfalls egal, was auf dem Teller landet: Ernährung, Essen, Kochen und sogar das Einkaufen der Zutaten sind in China überaus wichtige Angelegenheiten, die Stoff für abendfüllende Diskussionen bieten. Denn – Essen ist immer auch Medizin. Egal ob beim Frühstück oder beim nachmittäglichen Büro-Snack, alles was dem Körper zugeführt wird, muss sorgfältig nach dem Yin-und-Yang-Prinzip ausgeglichen werden. Wenn die Harmonie der beiden kosmischen Grundkräfte aus den Fugen gerät, beispielsweise durch falsche Ernährung, wird der Mensch krank. Die eiskalte Cola aus dem Kühlschrank – viel zu viel Yin! – verbietet sich dabei genauso wie der übermäßige Verzehr einer einzigen Speise. Wer leicht aufbraust und nervös ist oder gar mit Fieber im Bett liegt, tut jedoch gut daran, sich an die Zutaten aus der Kategorie Yin zu halten: Offensichtlich besitzt er schon mehr als genug feuriges Yang. Zwar sind sich die Chinesen nicht immer ganz einig, welche Speisen nun Yin oder Yang zuzuordnen seien, in einem Punkt jedoch stimmen alle Köche zu: Essen will wohlüberlegt sein. Impulsives Naschen trifft in China auf Unverständnis.

Vier Küchen – tausend Geschmäcker

Klimatisch bedingte Vielfalt

Wenn es um die kulinarische Umsetzung der kosmischen Regeln geht, gibt es natürlich große geographische Unterschiede. Fast zehn Millionen Quadratkilometer umfasst China – kein Wunder, dass sich im Laufe seiner Geschichte weit mehr regionale Küchen herausgebildet haben, als die Speisekarte eines deutschen China-Restaurants jemals vermuten lässt.

Der Norden: Zwischen Rustikal und Palastküche

Die Kost muss wärmen und gut sättigen.

Lange, bitterkalte Winter, viel Schnee und eisige Winde prägen das Klima von der russischen Grenze bis in die Provinz Shandong – da muss die Kost vor allem wärmen und gut sättigen. Die Speisen der nördlichen Küche sind daher oft ölig und schwerer als ihre südlichen Konkurrenten. Weizen, das Grundnahrungsmittel des Nordens, ist von der Speisekarte nicht wegzudenken. Anstelle der in China sonst allgegenwärtigen Reiskocher, trifft man in den Straßen Harbins, Beijings oder Xi'ans vor allem auf Nudelbäcker, Pfannkuchenverkäufer und allerhand Garküchen, die sich den vielen Variationen von Teigtaschen *(jiaozi 饺子)* verschrieben haben. Freunde der exquisiten Küche dürfen sich trotzdem auf den Norden freuen: Jahrhunderte lang wurde hier der Kaiserhof bekocht. Von der Peking-Ente bis zu raffinierten Vorspeisen ist der Einfluss der Palastküche heute noch zu spüren. Auch die Nähe zu den Nomadenvölkern der Mongolei und den westlichen, moslemischen Provinzen Chinas lässt sich bei den Essgewohnheiten nicht übersehen. Ziege, Hammel und Lamm gehören genauso zum täglichen Speiseplan wie Rindfleisch, das im Rest des Landes eher selten verwendet wird. Selbst Milch und Käse, die von den meisten Chi-

Noch leben sie – die Pekingenten ...

nesen allerdings verschmäht werden (den meisten Chinesen fehlt das zur Milchverdauung erforderliche Laktase-Enzym), gehören hin und wieder zum Arsenal der nördlichen Köche. Gewürzt wird mit Knoblauch, Schalotten, Lauch und vergorener schwarzer Bohnenpaste.

Der Osten: Viel Fisch und milde Gewürze

Im Osten des Reiches liegt das »Wasserland«: Die Provinzen Jiangsu, Jiangxi, Zhejiang, Anhui und Fujian, rund um Shanghai gelten als Heimat besonders milder Kochkunst. Hier werden vor allem Fische, Meeresfrüchte, Entenfleisch und frisches Gemüse verwendet. Und dies alles in so milder Würze, dass auch der ungeübte Ausländermagen aufatmen darf. Besonders typisch sind die Hongshao (红烧)-Gerichte, »rot-geschmortes« Fleisch, das seine Farbe und seinen Geschmack durch einen Reiswein-Sojasoßen-Sud erhält. Extreme sind dem östlichen Koch zuwider: Alles muss leicht verdaulich sein, zart im Geschmack, dezent in der Würze. Dämpfen und Kochen sind daher besonders beliebt im Osten.

Mild gewürzt und leicht verdaulich

Der Westen: Nichts für zarte Gaumen

Chinas südwestlichen Provinzen Hunan und Sichuan hingegen begegnen auch Einheimische mit gebührendem Respekt – in kulinarischer Hinsicht. Nirgendwo wird so unbarmherzig mit Chili und Pfeffer gewürzt. Immer ein wenig als Bauernküche verschrien, blieb die westliche Küche lange aus den Meister-Res-

Sauerscharfe Fantasien

taurants verbannt. Mao Zedong stammte übrigens aus Hunan und blieb ein Leben lang dieser Küche treu. Mag sein, dass dies ein wenig geholfen hat, die scharfen Gerichte der Region populärer zu machen. Mit viel Ingwer, Knoblauch, Lauch und Essig kreieren die westlichen Köche vor allem sauer-scharfe Gerichte, die, mit fantasievollen Namen versehen, in ganz China auf der Bestsellerliste stehen.

Der Süden: Bekannt und gefürchtet

Frösche und Affen auf dem Speiseplan

»Kantonesen essen alles, was vier Beine hat und kein Tisch oder Stuhl ist«, behaupten böse (chinesische) Zungen. Spätestens in Kanton packt den Reisenden daher die heimliche Furcht vor den »unkonventionellen« Zutaten der südlichen Küche. Hunde, Katzen, Meerschweinchen, Schlangen und Ratten gehören hier genauso auf den Speiseplan wie Frösche und Affen. Aus gutem Grund: Was heute als Delikatesse auf den Tellern der neuen Oberschicht landet, sicherte noch vor wenigen Jahrhunderten das Überleben der Aller-Ärmsten. Die Provinzen Guangdong und Guangxi sind zwar fruchtbar, aber auch seit jeher besonders dicht bevölkert. Missernten, Wetterkatastrophen und lokale Unruhen zwangen die Menschen immer wieder, den Speiseplan kreativ zu erweitern. Geholfen hat es wenig: Schon immer stellten die südlichen Provinzen Kanton und Fujian das Gros der Auswanderer, die sich in der Ferne als Kulis oder Köche verdingten. Dies allerdings mit durchschlagendem Erfolg. Von »zweifelhaften« Zutaten bereinigt, trat die exquisite Küche schnell ihren Siegeszug um den Globus an. Raffiniert und verspielt ist die kantonesische Küche, bekannt für feine Soßen und außergewöhnliche Kombinationen. Ganz typisch und auch im Westen hoch gelobt sind die Dim Sum *(dianxin* 点心*)*, leichte Häppchen, die im Bambuskorb gedämpft,

in Teehäusern direkt vom Servierwagen angeboten werden.

Mitteleuropäer rümpfen, ob der Zutaten, insgeheim oft die Nase, wenn von der kantonesischen Küche die Rede ist. Und sprechen ihr – ohne es zu wissen – begeistert zu: Keine Kochschule hat die Speisekarten der deutschen China-Restaurants so geprägt wie sie, sodass sie sich regelrecht als Synonym für chinesische Küche generell etablieren konnte.

Grundnahrungsmittel Reis

Frühstück und Snacks

Von ihrem eigenen Frühstück scheinen die Chinesen selbst nur wenig zu halten. Für ein ordentliches »American Breakfast« lassen sie alle einheimischen Produkte links liegen. Touristen geht es in der Regel nicht anders, denn traditionell

Wieso eigentlich Stäbchen? | INFO

Bereits seit der Shang-Dynastie, also dem 2. Jahrtausend v. Chr., ist der Gebrauch von Stäbchen *(kuaizi* 筷子*)* im chinesischen Kernland nachgewiesen. Wahrscheinlich sind es wirtschaftliche Gründe, die bereits damals für die Verwendung von Stäbchen sprachen: Schon im Alten China war Brennholz rar im chinesischen Kernland, die Zutaten wurden daher mundgerecht zerkleinert, um die Garzeit zu verkürzen. Mit Hilfe von kleinen Zweigen fischte man dann »bei Tisch« das Essen aus dem gemeinschaftlichen Topf. Dass sich später vor allem Bambus als Stäbchen-Material durchsetzte, hat einfache Gründe: Er ist hitzeresistent, geschmacksneutral und vor allem billig. Je nach Anlass werden aber auch andere Materialen verwendet, wie beispielsweise Cloisonnée, lackierte Varianten oder mitunter sogar Metall-Stäbchen. In Haushaltswarenläden findet man hin und wieder besonders schön verpackte Exemplare aus Metall, die mit einer Kette verbunden sind. Diese »Hochzeitsstäbchen« werden nur paarweise verschenkt und stehen für eine unzerstörbare und harmonische Ehe.

wird morgens eine dünne Reissuppe *(damizhou* 大米粥*)* serviert, die mit allerhand getrockneten Zutaten wie Rindfleisch oder eingelegtem Gemüse »aufgepeppt« wird. Genauso beliebt sind ungefüllte, gedämpfte Hefebrötchen *(mantou* 馒头*)* und Nudelsuppen *(miantang* 面汤*)*. *Frühmorgens Suppe*

Viele Chinesen verzichten morgens ganz auf die Zubereitung eines eigenen Frühstücks und nehmen auf dem Weg zur Arbeit lieber unterwegs einen Snack mit, meist Teigtaschen oder Fladen, die an den vielen Straßenständen frisch und preisgünstig angeboten werden.

Noch mehr Auswahl an Snacks gibt es ab den frühen Abendstunden auf dem Nachtmarkt: Wo sich tagsüber Schlangen an einem Busbahnhof bilden oder vor den Geschäften einer ganz normalen Einkaufsstraße, schlagen abends die Marketender blitzschnell ihre Stände auf und verwandeln den Asphalt mit ein paar einfachen Hockern und einem tiefen Tisch in ein mobiles Restaurant. Hier wird bis in die frühen Morgenstunden gebraten, gekocht und gegrillt, bis der Letzte pappsatt die Stäbchen fallen lässt. Genauso wichtig ist hier aber auch die soziale Komponente: Enge Wohnungen und heißes Klima treiben die Menschen abends auf die Straße. Dementsprechend locker und ungezwungen ist die Stimmung der Besucher. Zwischen Häppchen, Suppe und Zigaretten finden Kartenspiele statt, werden wichtige Diskussionen geführt und der neueste Tratsch weitergegeben. Gerade in kleineren Orten ist der Nachtmarkt wichtigster Treffpunkt, Freiluftkneipe und manchmal Zweitjob in einem – und der ideale Ort, um für einige Yuan die lokalen Spezialitäten zu probieren. Mit etwas Glück finden Sie hier vielleicht sogar eine Gelegenheit, mit Ihren »Mit-Essern« ins Gespräch zu kommen, wenn Sie das wollen. *Nachtmarkt*

Warme Mahlzeiten

Eine warme Mahlzeit gehört für Chinesen immer auf den täglichen Speiseplan. Sich nach westlichem Vorbild über Tage hinweg von Knabbereien und Snacks zu ernähren, ist für die meisten unvorstellbar.

Die klassischen Zubereitungsarten

In Tee mariniert oder in Reiswein geköchelt

Bei aller Kreativität der chinesischen Köche und den regionalen Unterschieden, gibt es einige klassische Zubereitungsarten, die sich in ganz China durchgesetzt haben: Süß-sauer braucht keinerlei Erklärung, schließlich gehört das süß-saure Schweinefleisch auch in Deutschland zu den beliebtesten Fernost-Gerichten. Genauso bekannt ist der Curry, der sich allerdings angenehm mild von seinen indischen Brüdern unterscheidet. In Südchina wird er mit Kokosmilch kombiniert. In Europa noch recht unbekannt sind die Shacha (沙茶)-Gerichte: Hier wird das Fleisch in Tee mariniert. Unbedingt probieren sollten Sie eines der »rot-geschmorten« Gerichte, die in einer Mischung aus Sojasauce und Reiswein geköchelt werden. Landesweit verbreitet sind auch die Gerichte mit der irreführenden Bezeichnung »Fisch-Duft« *(yuxiang* 鱼香*)*, die jedoch keinerlei Fisch- oder Meeresfrüchte enthalten. Stattdessen handelt es sich um eine Würzmischung aus Ingwer, Knoblauch, Chili und Essig.

Von Vielfalt und der richtigen Konsistenz

Was für uns Europäer in Sachen Esskultur in China so fremdartig anmutet, gilt natürlich auch umgekehrt: Die erste Begegnung mit der europäischen Küche ist

Kleine Snacks am Straßenrand

für viele Asiaten geradezu schockierend: Dosengemüse, riesige Fleischberge oder gar Reis al dente lassen jeden Chinesen erschaudern. Zutaten müssen in China selbstverständlich immer tagesfrisch gekauft werden und sollten zügig und heiß gebraten werden. Fleisch ist dabei eher ein Geschmackgeber und nicht, wie so oft in Europa, die Hauptkomponente. Besonders wichtig ist es, die Konsistenz des Gemüses durch schnelles Garen zu erhalten. Zerkochte Beilagen wird man in China in keiner noch so billigen Bude finden.

Frisches Gemüse und Fleisch in kleinen Häppchen

Auch die europäische Sitte, sich nur mit einem einzigen Gericht den Bauch vollzuschlagen, ist aus chinesischer Sicht sehr eintönig und wenig verständlich. In China wird grundsätzlich in großem Kreis gegessen und es sollten so viele unterschiedliche Gerichte, wie Gäste am Tisch sitzen, serviert werden. Am liebsten auf einer Drehplatte *(lunpan* 轮盘*)* in der Mitte des Tisches und somit für jeden bequem erreichbar. Gegen Ende des Menüs wird die Suppe serviert, eine für europäischen Geschmack recht fade Angelegenheit. Suppe dient in China dazu, den Durst zu löschen und gilt nicht als eigener Gang. Ähnlich steht es um den Reis: Er wird erst nach den Hauptgängen serviert und soll den Magen füllen. Dies gilt vor allem für teure Restaurants.

Die Suppe löscht den Durst.

Rosige Zeiten für Vegetarier

Vegetarier dürfen überall in China auf Verständnis hoffen, schließlich ist für gläubige Buddhisten – theoretisch – der Verzehr von Lebensmitteln tierischen Ursprungs verboten. Auch wenn sich in China wenige daran halten, stehen auf der Speisekarte immer auch mehrere fleischlose Gerichte wie beispielsweise *shucai,* eine Mischung saisonaler Gemüsesorten, oder Eierspeisen. *Doufu*-Gerichte sind übrigens nicht immer rein pflanzlich, sondern enthalten hin und wieder Hackfleisch. Einzige Ausnahme: In den buddhistischen Klöstern, die übrigens auch Besuchern offen stehen und oft auch über einfache Restaurants verfügen, kommt garantiert nur Vegetarisches auf den Tisch. Sollten Sie Gerichte wie »Rindfleisch süß-sauer« oder »Gebratenes Huhn« auf der Karte finden, handelt es sich um Imitationen.

Es geht auch gänzlich ohne Fleisch.

Generell gilt: Je teurer das Restaurant, das Sie besuchen, desto mehr Fleisch dürfen Sie dort erwarten. Rein-vegetarische Ernährung gilt in China immer noch als ärmlich. Bei einer Einladung gehören daher vorrangig Fleisch-Gerichte auf den Tisch. Alles andere würde geizig wirken.

Hund & Co. – gewöhnungsbedürftige Gerichte

Die Chinesen sind die Meister der Speisekarten-Poesie: Je besser das Restaurant und je ungewöhnlicher die Zutaten, desto eher lassen sich die Köche dazu inspirieren, auch in der Namensgebung geradezu literarische Höhen anzuvisieren. Vor »Familienglück«, »Acht Kostbarkeiten« oder »Buddha springt über die Mauer« muss sich zwar niemand fürchten, und auch »Ameisen klettern auf den

Keine Angst vor furchterregenden Gerichten

Klassisches
Fettgebäck

Baum« ist ganz bestimmt ohne eine einzige Ameise zubereitet. Wenn jedoch »Drache und Tiger kämpfen« oder die »Zusammenkunft von Phönix, Tiger und Drachen« oder »Feldhühner« auf der Speisekarte stehen, werden auch Nordchinesen nervös. Dahinter verbergen sich Zutaten wie Schlange, Katze oder Frosch. Da mag es manch einen Ausländer beruhigen, dass diese Leckereien meist ausnehmend teuer sind und deshalb nur sehr selten auf dem Teller eines Reisenden landen. Viele der furchterregenden Gerichte sind nur saisonal zu finden: Hundefleisch beispielsweise gehört in die Kategorie Yang, erhitzt den Körper und gehört daher nur auf den Winterspeiseplan.

Der Chinesen liebste Getränke

Auf den ersten Blick scheinen sich die Getränke der Kioske und Restaurants gar nicht so sehr vom europäischen Angebot zu unterscheiden. Coca-Cola *(kekou kele* 可口可乐*)*, Fanta *(fenda* 芬达*)* und Sprite *(xuebi* 雪碧*)* gibt es genauso wie Obstsäfte *(guozizhi* 果子汁*)* und Tomatensaft *(xihongshizhi* 西红柿汁*)*.

Von Wasser und Tee

Wasser immer nur abgekocht – aber bei jeder Gelegenheit!

Gälte es jedoch, im Westen das typisch-chinesische Getränk zu küren, stünde der Tee ganz bestimmt an erster Stelle. Zu Unrecht übrigens, denn das beliebteste Getränk heißt … abgekochtes Wasser *(kaishui* 开水*)*. Dies hat verschiedene Gründe. Zum einen ist Wasser natürlich die billigste Variante. Zum anderen werden dem Wasser ausgleichende Eigenschaften zugesprochen. Es ist nicht Yin oder Yang und neutralisiert daher allerhand Ungleichgewichte. Das abgekochte Nass ist gut gegen alles, reinigt den Organismus und kann, so scheint es zumindest, geradezu wundersame Heilungen herbeiführen. Eine Erkältung bahnt sich an? Unbedingt *kaishui* trinken! Der Magen zwickt? Erst wenn das Wasser versagt, bekommen Pülverchen und Arzneien eine Chance. Selbst im Krankenhaus beendet der Arzt nicht selten die Visite mit dem Rat, ordentlich dem *kaishui* zuzusprechen. Einen Vorteil hat die Wasserphilie allemal: Egal ob im Hotel, im Zug oder im Wartesaal, kochend heißes Wasser ist überall zu haben. Selbst in der billigsten Absteige stellt der Hausherr ganz selbstverständlich täglich eine neue Thermoskanne aufs Zimmer.

In Bezug auf das zweitwichtigste Getränk der Chinesen – und das ist dann doch der Tee *(cha* 茶*)* – ist das allgegenwärtige Angebot an heißem Wasser ebenfalls

So bleiben Sie gesund   INFO

Kühlschränke, Gefriertruhen und Spülmaschinen gehören mittlerweile zur Standardausrüstung der renommierten Restaurants der Küstenstädte. Sollten Sie sich in ländlichen Gebieten bewegen, wird Ihnen jedoch hin und wieder eine etwas tolerantere Haltung in Hygiene-Fragen abverlangt. Gleiches gilt für viele Straßenstände, deren Gerichte keinesfalls schlechter schmecken als die Kreationen der Hotelköche, dafür aber nicht immer mit hundertprozentiger Sauberkeit überzeugen.

▶ Geben Sie ihrem Körper einige Tage Zeit, sich an die neue Umgebung und das ungewohnte Klima zu gewöhnen. Je besser Sie sich fühlen, desto eher sind Sie in der Lage, das eine oder andere Bakterium in die Flucht zu schlagen.

▶ Je kleiner das Restaurant oder der Straßenstand, desto eher sind kalte Speisen mit Vorsicht zu genießen. Mit der Devise »frisch gebraten und gut durch« sind Sie auf der sicheren Seite.

▶ Schärfe schützt vor Bakterien! Sollten Sie gezwungen sein, unter hygienisch bedenklichen Umständen zu essen, sind Sie mit einem Chili-Gericht gut beraten.

▶ Trinken Sie erst eine halbe Stunde nach dem Essen. Die konzentrierte Magensäure hat es so leichter, mit bakteriellen und viralen Übeltätern fertig zu werden.

▶ Besonders günstige Restaurants und Buden stellen oft einen Köcher Holz-Stäbchen auf den Tisch. Wie gut diese gespült wurden, lässt sich leider nicht nachvollziehen. Anbetracht weit verbreiteter Hepatitis-A empfiehlt es sich daher, nach Einweg-Stäbchen *(weisheng kuaizi* 卫生筷子*)* zu fragen oder ein eigenes Paar mitzubringen.

Unter Reisenden besonders weit verbreitet sind übrigens nicht die bakteriellen Erkrankungen, sondern ganz gewöhnliche Erkältungen: Gerade im Hochsommer legen die meisten Restaurantbesitzer ein ausgeprägtes Faible für arktische Temperaturen an den Tag. Wer verschwitzt unter dem 10-°C-kalten Gebläse der Klimaanlage Platz nimmt, hat den Rest der Reise vermutlich mit Schnupfen und Husten zu kämpfen.

äußerst nützlich. Selbstverständlich sprechen, wie beim Wasser, zahlreiche gesundheitliche Gründe für den Genuss von Tee. Des unfermentierten Grünen *(lücha* 绿茶*)* wohlgemerkt, denn der voll-fermentierte Schwarztee *(hongcha* 红茶*)* wie er in Europa getrunken wird, ist im Reich der Mitte oft nur schwer zu finden. Im Restaurant jedenfalls gehört eine kostenlose Tasse Grüntee immer dazu. Ihn mit Zucker oder Milch »abzuschmecken« ließe sich bestenfalls noch mit dem Versuch vergleichen, in einem französischen Sterne-Restaurant Ketchup zu bestellen. Praktischerweise lässt sich grüner Tee mehrfach aufgießen. Viele Chinesen tragen deshalb den ganzen Tag ein Schraubglas mit grünem Tee mit sich herum, das sie dann und wann bei passender Gelegenheit wieder mit Wasser auffüllen.

Grüner Tee im Schraubglas

*Export-
schlager
Jasmintee*

Insgesamt lässt sich das chinesische Verhältnis zum Tee etwa mit der europäischen Liebe zum Wein vergleichen. Echte Liebhaber erkennen am Geschmack, um welche Sorte es sich handelt, und können mit der zeremoniellen Zubereitung und Verkostung eines Tees den halben Nachmittag zubringen. Als besonders »gut«, sprich teuer, gilt dabei der Oolong-Tee *(wulongcha* 乌龙茶*)*, eine halb-fermentierte Variante, dessen Spitzensorten einige hundert Euro pro Kilo kosten können – ein Tee für Feinschmecker.

Auch Bier setzt sich durch

*Jüngere
Chinesen
trinken
gerne Bier.*

Zum Abendessen hat der grüne Tee mittlerweile eine ernste Konkurrenz bekommen: Besonders jüngere Chinesen greifen gerne zum Bier. Wein ist in China praktisch wenig zu finden, sieht man von einigen lokalen Sorten mittlerer Qualität und diversen sündhaft teuren Importen ab. Wer bereits versucht hat, den passenden Wein zu einem chinesischen Menü zu finden, weiß warum: Besonders die Essig-Komponente der chinesischen Küche lässt jede noch so teure Rebe nach Tetrapack schmecken.

*Deutsches
Reinheits-
gebot in
China*

Bier-Liebhaber müssen in China nicht auf gewohnte Qualität verzichten. Seit gut 100 Jahren wird in Qingdao (der ehemaligen deutschen Kolonie Shandong) Bier nach deutschem Reinheitsgebot gebraut. Während die Einwohner der Shangdong-Halbinsel die deutschen Besatzer kaum in angenehmer Erinnerung behalten haben dürften, trat das typischste aller deutschen Getränke von hier aus seinen Siegeszug quer durch China an. »Tsingtao Beer« *(qingdao pijiu* 青岛啤酒*)* ist überall im Lande erhältlich und gehört zu den eher teuren Sorten. Günstiger sind die lokalen Brauereien, derer es mittlerweile hunderte gibt und deren Produkte, so behaupten zumindest erfahrene Biertrinker, allesamt problemlos mit der europäischen Konkurrenz mithalten können.

Getreideschnaps

*Vorsicht vor
hartem
Alkohol!*

Wenn zum Essen Alkohol gereicht wird, handelt es sich meist um einen der vielen Schnäpse oder Liköre. Auch hier gilt, wie generell in allen kulinarischen Fragen: Man trinkt nicht allein, sondern stößt immer mit den Tischnachbarn an.

Obwohl das Vorurteil, Chinesen vertrügen weniger Alkohol als Europäer, oft zutrifft (vielen Asiaten fehlt ein Enzym, mit dem der Alkohol abgebaut werden kann), sollten sich Ausländer vor dem hellen *baijiu* (白酒) in Acht nehmen. Der Getreideschnaps wird in Hunderten von lokalen Varianten gebrannt. Allen Sorten gemein ist, dass sie mit einem Alkoholgehalt von bis zu 65 % auch hartgesottene Trinker aus den Schuhen heben.

INFO

Im Restaurant

▶ Wenn Ihnen der Gastgeber per Stäbchen die besten Stücke auf die Reisschüssel legt, gibt es kein Kneifen. Egal ob gegrillte Hühnerkrallen oder Fischaugen: Herunter damit!

▶ Regen Sie sich nicht auf, wenn die Kellnerin das falsche Gericht bringt. Entweder hat sie Ihre Bestellung nicht verstanden, und dies zuzugeben könnte Gesichtsverlust bedeuten. Oder das Gericht ist zurzeit nicht zu haben. In Anbetracht möglicher Verständigungsschwierigkeiten hat sie wahrscheinlich nur mitgedacht und Ihnen etwas (in ihren Augen) Vergleichbares gebracht.

▶ Essen mit der Hand ist aus chinesischer Sicht eine Unsitte! Selbst größere Hähnchenknochen sollten Sie deshalb im Mund abnagen (Das geht wirklich! – und sieht bei Ungeübten erwartungsgemäß unästhetisch aus). Die Knochen legen Sie per Stäbchen neben die Schüssel auf den Tisch. In rustikalen Etablissements spucken Sie die Knochen auf den Fußboden.

▶ Naseschnäuzen bei Tisch ist ein absoluter Tabubruch! Wenn es wirklich unbedingt sein muss, wenden Sie sich ab und werfen das benutzte Taschentuch sofort in den nächsten Mülleimer. Es wieder in die Hosentasche zu stecken, entspräche ungefähr dem, sich vorsätzlich in die eigene Handtasche zu erbrechen.

▶ Nur Muffel schenken sich alleine die Getränke ein. Füllen Sie deshalb auch immer die Gläser der anderen Gäste, selbst wenn diese abwinken. Die chinesische Bescheidenheit gebietet, dass man ein Angebot erst nach dem dritten Versuch annimmt.

▶ Egal, wie gut es schmeckt, lassen Sie immer einen kleinen Rest Reis in der Schüssel. Wenn Sie allzu rückstandslos aufessen, könnte der Eindruck entstehen, Sie seien nicht satt geworden.

▶ Nach dem Essen legen Sie die Stäbchen flach quer über die Schüssel oder daneben auf den Tisch. Keinesfalls sollten Sie sie senkrecht in die Reisschüssel stellen, denn so werden die Opfer-Speisen am Ahnenaltar dargebracht. Damit laden Sie unter Umständen den Tod an den Tisch.

▶ Falls Sie mit chinesischen Freunden ein Restaurant Ihrer Wahl besuchen, sollten Sie darüber nachdenken, eventuell die Rechnung zu übernehmen. Den Wunsch, ein ganz bestimmtes Etablissement zu besuchen, kann Ihnen aus Höflichkeitsgründen nicht abgeschlagen werden. Für viele Chinesen sind Restaurantbesuche aber immer noch Luxus und können zum Beispiel bei einem Studenten das Monatsbudget verschlingen. Zugeben wird dies natürlich niemand.

INFO

▶ Aufgesplittete Rechnungen sind in China relativ unbekannt. In der Regel zahlt einer für alle. Sollten Sie beabsichtigen, dies diskret zu übernehmen, gilt es, schon vor Ende des letzten Ganges heimlich in Richtung Kasse zu verschwinden (bester Vorwand: die Toilette). Den ganz normalen Kampf um die Rechnung, der anstandshalber mit viel körperlichem Einsatz und heftigen Diskussionen ausgetragen wird, gewinnen Sie sonst ganz bestimmt nicht.

▶ Trinkgelder sind in China noch unüblich. Lediglich sehr teure oder sehr touristische Restaurants haben sich an diese westliche Sitte gewöhnt. Gerade auf dem Land kann Trinkgeld durchaus noch als beleidigend empfunden werden. Falls Sie sich trotzdem entschließen, Trinkgeld zu hinterlassen, tun Sie dies, indem Sie beim Verlassen des Lokals diskret einige Münzen oder Scheine neben dem Teller liegen lassen. Alles andere oder gar ein großspuriges »In-die-Hand-drücken« ist absolut indiskutabel.

Nudeln auf der Wäscheleine

Alltag in China

中国人民银行 10

Obwohl Mao Zedong das neue Streben nach Reichtum zutiefst abgelehnt hätte, ziert er noch immer die 10-Yuan-Scheine. Viel bekommt man dafür allerdings nicht mehr: Je nach Wechselkurs schwankt der Wert zwischen 1,00 bis 1,25 Euro.

Wer den chinesischen Alltag kennen lernen will, muss zeitig aufstehen: Schon um 6 Uhr sitzen die meisten Chinesen am Frühstückstisch. Früh aufzustehen und natürlich dementsprechend früh schlafen zu gehen, gilt traditionell als gesund und vernünftig. Bis in die 1990er Jahre hat auch der Staat sein Scherflein dazu beigetragen, hartnäckige Schlaf-Individualisten in die Knie zu zwingen: In vielen Einheiten wurden die Bewohner morgens mit einem Arsenal sozialistischer Hymnen per Lautsprecher aus den Federn getrieben.

Ein Volk von Frühaufstehern

Tanzen zum Frühstück

Noch bevor der Ernst des Tages beginnt, gilt es, sich dem geistigen und körperlichen Wohl zu widmen. Zeit für die Morgengymnastik! Auf öffentlichen Plätzen, an den Uferpromenaden der Flüsse oder einfach nur am Rande einer belebten Straße stehen vor allem Chinesen jenseits der 40 und turnen, was das Zeug hält. Auch in den Parks bilden sich kurz nach Sonnenaufgang schweigende Gruppen, die entweder die klassischen Atemübungen des Qigong (气功) oder Schattenboxen *(taiji quan* 太极拳*)* praktizieren. Das Ergebnis dieser regelmäßigen Betätigung kann sich sehen lassen: Vor allem ältere Menschen beeindrucken mit erstaunlicher Beweglichkeit und Ausdauer. Eine Stunde lang

Turnen, was das Zeug hält

Wiener Walzer in Lanzhou

in einer angedeuteten Grätschstellung Übungen zu vollziehen, das dürfte auch manch einen sportlichen, jungen Europäer überfordern.

Kein Land für Morgenmuffel

Die klassischen, meditativen Übungen sind allerdings nicht jedermanns Sache. Anstelle traditioneller Versenkung schultern manche lieber den Ghetto-Blaster und arbeiten sich mit gleich gesinnten Nachbarn zu rockigen Rhythmen durch das gesamte Programm des Standard-Tanzes. Große Plätze im Stadtzentrum sind geradezu ideal für einen frühmorgendlichen Schwof in den Tag, sodass hier zwischen 6 und 9 Uhr oft regelrechte Partystimmung herrscht. Wer körperlich nicht mehr fit genug ist, macht es sich auf einer Parkbank bequem und bespricht ausführlich die Leistung der Darbietenden mit den anderen Zuschauern. Wettbewerbs-Sport nach

Die Wäscherinnen von Fuli kommen ohne Frühgymnastik aus.

westlicher Manier hat in China nur wenige Freunde. Zu brutal, zu abrupt, zu körperbetont. Egal ob beim Schattenboxen oder Tanzen — es geht um die Einheit von Körper und Geist, die sich in harmonischen Bewegungen niederschlägt.

Wer beim Anblick der morgendlichen Tänzer auf mangelnde Arbeitsfreude schließt, der irrt: Seit sich Fleiß und Einsatz wieder lohnen, wird im Reich der Mitte mehr denn je geackert.

Geld stinkt nicht: Von Arbeit und Stress

Jahrzehntelang (bis weit in die 1970er Jahre!) galt es als an anstößig, materiellen Reichtum anzustreben. Ein echter Kommunist lebte karg, aber ideologisch korrekt, und begnügte sich mit einem einfachen Leben. Dazu kam das Gleichheitsgebot: Mehr zu haben als andere — das war geradezu unanständig!

Die Ära der »Eisernen Reisschüssel«

Die staatlich gesteuerte Existenzsicherung förderte nicht unbedingt die Arbeitsmoral.

Bis zum Beginn der Öffnungspolitik der 1980er Jahre ging es der chinesischen Regierung deshalb vor allem darum, die Grundbedürfnisse der Bevölkerung zu befriedigen. Die Grundlagen der staatlichen Beschäftigungspolitik waren einfach: Lebenslange Anstellung in Staatsbetrieben, minimale Lohnunterschiede innerhalb der Belegschaft und zentrale Zuteilung der Arbeitsplätze. Dazu kam die gesellschaftliche Einteilung in Einheiten, die, wie auch die Sozialleistungen und die Wohnungsvergabe, an die Arbeitsstelle gebunden waren. Was als Politik der »Eisernen Reisschüssel« *(tiefanwan* 铁饭碗) die Existenz der breiten Massen sicherte, trug freilich wenig zur Steigerung der Arbeitsmoral und Effizienz bei. Die Löhne waren niedrig und Kündigungen praktisch unmöglich — warum also hätte man sich über Gebühr anstrengen sollen?

Die wundersame Wandlung zur Service-Gesellschaft

Wer das China der frühen 1990er Jahre kennt, wird sich noch an die schlafenden Bankangestellten erinnern, die ungerührt ob des tobenden Treibens jenseits der Schalter den Kopf auf den Tisch legten, um einen ausführlichen Mittagsschlaf zu halten. Zwischen Fassungslosigkeit und Faszination hin- und her gerissen, stand manch ein Ausländer stundenlang Schlange, nur um festzustellen, dass von zehn Angestellten gerade mal ein einziger den Laden aufrechterhielt. Und so unglaublich es klingen mag – genau diese Büro-Schläfer sind es, die heute, das Handy am Ohr und immer die Armbanduhr im Blick, ihren Kunden perfekten Service bieten und selbstverständlich über alle internationalen Finanzereignisse informiert sind. Die Ursache dieser wundersamen Wandlung ist politischer Natur:»Sozialismus bedeutet nicht Armut« stellte Deng Xiaoping Anfang der 1980er Jahre klar – und trat eine ganze Welle wirtschaftlichen Aktivismus los. Die ersten Selbstständigen tauchten auf dem Markt auf und beeindruckten ihre Kollegen in den staatlichen Firmen durch pralle Portemonnaies. Selbst in den staatlichen Betrieben wurden nach und nach Leistungsboni eingeführt. Mit der Auflösung der zentralen Stellenzuteilung Ende der 1980er Jahre ging die Ära der»Eisernen Reisschüssel« definitiv zu Ende.

Heute heißt es: Handy am Ohr statt Büroschlaf.

Mobiler Kleinhändler

Nur wer reich ist, gilt als erfolgreich

Heute ist von sozialistischer Kargheit nur noch wenig zu spüren: Reich sein, ist »in«, und wer Geld hat, schämt sich nicht, seinen Wohlstand zu zeigen. Als Deng Xiaoping den Slogan»Reich sein ist gut« propagierte, sprach er seinen Landsleuten aus der Seele: Klare Sache! Denn mehr noch als in Europa übersetzen viele Chinesen ihren gesellschaftlichen»Wert« in Geld. Erfolg lässt sich zählen und macht sich auf dem Bankkonto bemerkbar. Aber auch umgekehrt gilt: Egal welcher Profession, wer wenig verdient – nun, der kann nicht gerade wichtig sein. Wenn es um Geschäfte geht, legen Chinesen eine unglaubliche Energie an den Tag. Stress? Ganz eindeutig eine Erfindung des Westens! Wenn der Laden so richtig brummt, der Kaufmann kaum mehr mit dem Bestellen nachkommt, die Bedienungen des neu eröffneten Restaurants vor lauter Kunden den Überblick verlieren, dann blühen chinesische Geschäftsleute erst richtig auf! In China ist der Anspruch, etwas Eigenes, Intellektuelles zu vollbringen oder dem Leben einen tieferen Sinn abzugewinnen, einfach erheblich geringer als im Westen. Wer es schafft, seiner Familie und sich ein angenehmes Leben zu sichern, kann sich der Anerkennung seiner Mitmenschen sicher sein. Einem Unternehmer,

»Reich sein ist gut«

Wenn es um Geschäfte geht, legen Chinesen viel Energie an den Tag.

Schule in China

Fast überall begegnen dem China-Reisenden Kinder in Schuluniform. Das war nicht immer so: Obwohl Bildung in der chinesischen Gesellschaft traditionell einen hohen Wert hat, wurde erst 1905 ein allgemeines Schulwesen aufgebaut. Bis dahin wurden Jungen durch Privatlehrer unterrichtet, sofern die Familie wohlhabend war. Mädchen wuchsen in der Regel völlig ohne jegliche Form von Schule auf. Ohnehin beinhaltete die Erziehung wenig praktische Aspekte: Es galt vor allem die konfuzianischen Klassiker zu beherrschen, um an der Beamtenprüfung teilzunehmen. Trotz diverser Reformen und Bemühungen in der Republikzeit gelang es erst den Sozialisten nach 1949, eine allgemeine Schulpflicht einzuführen und vor allem durchzusetzen.

Im Schulwesen hat die Reformpolitik der 1990er Jahre übrigens besonders deutliche Spuren hinterlassen: Seit der Wiederzulassung von Privatschulen steht es Eltern frei, ihr Kind außerhalb des staatlichen Systems zu erziehen. Die staatlichen Schulen entrümpelten ihrerseits den Lehrplan und modernisierten die Inhalte. Heute besteht in China eine allgemeine Schulpflicht von neun Jahren, die sich aus sechs Jahren Grundschule und drei Jahren Mittelschule zusammensetzt. Wer danach ein Studium anstrebt, muss weitere drei Jahre die Obere Mittelschule besuchen. Erst danach kann er sich der allgemeinen Aufnahmeprüfung der Universitäten stellen. Gut zwei Millionen Studenten gibt es zur Zeit in China. Ein Studium oder wenigstens Teil-Studium im Ausland steht dabei auf der Wunschliste praktisch aller jungen Chinesen. In umgekehrter Richtung ist der Andrang noch relativ gering, obwohl deutsche Studenten mittlerweile recht problemlos in China studieren dürfen. Nähere Auskünfte über die Zulassungsbedingungen, Fördermöglichkeiten und andere Informationen gibt es beim Deutschen Akademischen Austauschdienst (DAAD), Kennedyallee 50, 53175 Bonn, Tel. (02 28) 882-0, www.daad.de und den Auslandsämtern der deutschen Universitäten.

der mit 100 US-Dollar Startkapital und viel Fleiß ein wirtschaftliches Imperium aufgezogen hat, wird deshalb mindestens genauso viel Respekt entgegengebracht, wie einem renommierten Wissenschaftler.

Geldver-
dienen ist
schlicht
notwendig.

Nicht zuletzt ist Geldverdienen auch eine schlichte Notwendigkeit. In einem Land wie China, dessen Sozialsystem kaum das Adjektiv »rudimentär« verdient, ist es unerlässlich, beizeiten etwas für das Alter zurückzulegen. Auch Schulgebühren und Rücklagen für längere Krankheit müssen sehr rechtzeitig eingeplant werden.

Die neue Schere zwischen Arm und Reich

Bei allem Fleiß und persönlichem Antrieb schaffen es natürlich bei weitem nicht alle Chinesen, am neuen Wirtschaftswunder teilzuhaben. Mit jedem Jahr wächst daher der Unterschied zwischen Arm und Reich ein kleines Stück mehr.

Die Zahl der volksrepublikanischen (Euro-)Multimillionäre geht mittlerweile in die Zehntausende. Und das in einem Land, dessen Bauern im Durchschnitt gerade einmal 300 Euro im Jahr verdienen! Nach offiziellen chinesischen Statistiken leben zirka 42 Millionen Bürger des Landes in Armut. 1978, also zu Beginn der Reformen, waren es noch 250 Millionen.

Millionäre in den Städten, Armut auf dem Land

Wenn es nach den Kriterien der Vereinten Nationen geht, gibt es immerhin um die 150 Millionen Chinesen, die weniger als einen US-Dollar pro Tag verdienen und damit unter die Armutsgrenze fallen. Gleichgültig, nach welchen Maßstäben letztlich gemessen wird, sicher ist, dass die Reformpolitik relativ erfolgreich war: Kaum ein Land dieser Erde hat derart schnell so vielen Menschen zu Wohlstand verholfen.

Straßenbau in Fuli

Vom Wirtschaftswunder übersehen: Die Arbeitslosen

Für die wachsende Zahl der Arbeitslosen ist die Feststellung, dass es vielen ihrer Landsleute heute besser geht als früher, allerdings ohne jede Relevanz. Zwischen drei und vier Prozent sind es laut staatlicher Statistik, de facto dürften die Zahlen aber erheblich höher liegen. Gut 20 Millionen Stadt-Bewohner, so eine realistische Schätzung, sind bereits ohne Arbeit und ohne Hoffnung auf eine neue Stelle. Dazu kommt eine unglaublich hohe Anzahl von Arbeitskräften, deren Jobs durch Subventionen und Kurzarbeit künstlich am Leben erhalten werden. Vor allem der industrielle Nordosten Chinas mit seinen zahlreichen Staatsbetrieben ist davon betroffen.

Eine große Massenarbeitslosigkeit zeichnet sich ab.

Aus sozialen Gründen sind Massenentlassungen (noch) nicht durchsetzbar, zumal in der Regel die gesamte Existenz der Betroffenen auf dem Spiel steht: Mit dem Verlust des Arbeitsplatzes gehen auch die daran geknüpften Sozialleistungen verloren. Wohnraum, Rentenansprüche, Krankenversorgung, Sozialhilfe – alles das wird in den meisten Fällen vom Betrieb übernommen.

Auf dem Lande sieht es nicht besser aus: Überflüssige Arbeitskräfte haben kaum Möglichkeiten, am Wohnort eine Alternative zur Landwirtschaft zu finden, egal wie motiviert oder qualifiziert sie sind. Ob und wann es mit dem Traumjob klappt, hängt nicht vom persönlichen Werdegang des potentiellen Bewerbers ab, sondern oft von der schlichten Frage, ob er offiziell zur Stadt- oder Landbevölkerung zählt.

Auf dem Land sieht es nicht besser aus.

Nicht ohne meine »Hukou«

Das Zauberwort für einen guten Arbeitsplatz lautet »Hukou«: Nur wer am »richtigen« Ort gemeldet ist, hat überhaupt eine reelle Chance auf hohen Lohn und Wohlstand, denn seit 1958 sind Wohnen und Arbeiten unlösbar an die Haushalts-registrierung *(hukou 户口)* gebunden. Die Hukou, ein kleines Buch pro Familie, legt seither sowohl den Wohnort *(hukou suozaidi 户口所在地)* fest als auch den Status *(hukou leibie 户口类别)*. Unter den beiden Stati, »ländlich« oder »städtisch«, ist natürlich letzterer auf alle Fälle vorzuziehen. Städter schneiden ein-fach in jeder Hinsicht besser ab: Ob es sich um die medizinische Versorgung, Schul-wesen oder einfach nur das Freizeitangebot handelt, sie sind bevorzugt und kom-men in den Genuss sehr viel höherer staatlicher Investitionen.

Genau dieser Unterschied ist es, der die Regierung zur Einführung eines Regis-trierungswesens bewog: Nur so ließen sich die Wanderungsbewegungen der Be-völkerung kontrollieren. Die Landflucht und daraus resultierend das Entstehen von Slums in den Städten oder Vorstädten, wie sie in vielen Dritte-Welt-Ländern üblich sind, sollten verhindert werden.

Ein Umzug ohne offizielle Änderung der Hukou katapultiert den Bürger deshalb zwangsläufig in die Illegali-tät: Er kann sich um keinerlei Sozial-leistungen bemühen, muss seine Kinder auf eine private Schule schi-cken und ist oft auf niedere Arbeiten beschränkt, bei denen es niemand so genau nimmt mit der offiziellen Re-gistrierung.

Mitunter führt das Hukou-System zu abstrusen Familienkonstellationen, denn es kann zwar recht wirksam verhindern, dass Chinesen nach Lust und Laune um-ziehen, nicht aber, dass sie sich über die Grenzen ihrer Hukou hinweg verlieben. Zahllose Ehen finden deshalb in China über weite Distanzen hinweg statt. Be-sonders, wenn die Mutter eine städtische Registrierung besitzt, wird sie schon aus Rücksicht auf ihr Kind nicht aufs Land ziehen: Der Status wird, unabhängig vom Geburtsort, von Mutter auf Kind übertragen, und welche Mutter würde ihrem Sprössling nicht den bestmöglichen Start ins Leben sichern wollen?

Wanderarbeiter

Ganz so effizient wie zu Maos Lebzeiten ist das Hukou-System allerdings nicht mehr: Viel zu viele Menschen sehen auf dem Lande keine Zukunft mehr und drängen in die Städte. Diese Wanderarbeiter *(mangliu 盲流)* verdingen sich oft als Bauarbeiter oder Putzfrauen, schuften unter erbärmlichen Bedingungen in Hinterhof-Fabriken oder landen, sofern hübsch und weiblich, im Bordell. Mindestlöhne und andere Arbeitschutzbestimmungen sind für sie genauso irrelevant wie Kündigungsschutz oder Freizeit – ihre Beschäftigung ist ja ohnehin illegal. So viele sind es, dass etwa ein Zehntel aller Chinesen als Wanderarbeiter unterwegs ist.

Ein Zehntel aller Chinesen ist als Wanderarbeiter unterwegs.

Neben den Tagelöhnern gibt es aber auch zahlreiche qualifizierte Arbeitskräfte, die nach dem Studium in der Großstadt auf gar keinen Fall in ihre entlegenen Heimatorte zurückkehren wollen. Für sie sieht die Zukunft natürlich besser aus: Viele Städte haben Sonderregelungen gefunden, die diesen begehrten Arbeitskräften einen legalen Hukou-Wechsel ermöglichen. In Shanghai beispielsweise werden seit 2002 »Einwohner-Ausweise« vergeben. Universitätsabsolventen mit einem Bachelor-Abschluss (BA) oder einem festen Arbeitsplatz in Shanghai können sich darum bewerben und erhalten im positiven Falle dieselben sozialen Leistungen wie alteingesessene Shanghaier. Je nach Stadt variieren Quoten und Vergabemethode: Im Jahr 2003 beispielsweise sah die Millionenstadt Shenzhen eine Quote von 14 000 Hukous für die Familienzusammenführung vor.

Auch wohlhabende Neu-Bürger sind in der Regel willkommen: Wer eine Wohnung in der Stadt kauft, darf sich meist auch legal dort niederlassen. Sofern es die Haushaltskasse zulässt, kratzen viele Eltern ihre Ersparnisse zusammen und schenken ihrem Kind eine Stadt-Wohnung – und damit auch die Eintrittskarte in den »Club der Besserverdiener«.

Raus aus der Enge: Der neue Wohnungsmarkt

Noch vor wenigen Jahren wäre dies allerdings kaum möglich gewesen. Bis in die 1970er Jahre war der Wohnraum fest in staatlicher Hand. Zwar gab es formell durchaus noch Eigentümer – nur hatten diese keinerlei Verfügungsgewalt.

Dies änderte sich im Zuge der Reformpolitik: In den 1980er Jahren kam Bewegung in den Wohnungsmarkt, privates Wohneigentum war nun wieder möglich – und dringend nötig! Viele staatliche Wohnungen waren in katastrophalem Zustand, denn die eigentlichen Verwalter, also die Einheiten, waren finanziell nicht in der Lage, für die dringend notwendigen Sanierungen aufzukommen. Was also lag näher, als die Wohnungen an ihre Mieter zu verkaufen! Zur selben Zeit tauchten auch wieder die ersten nicht-staatlichen Wohnungsgesellschaften auf, die nicht nur vorhandene Apartments verwalteten, sondern auch für zahlreiche neue Anlagen verantwortlich zeichneten.

Mit der Reformpolitik kam Bewegung in den Wohnungsmarkt.

Wohnblock in Shanghai

Wohnen wie in Europa bleibt für viele ein Traum.

Mittlerweile sind die Großstädte von unzähligen neuen Wohnanlagen umgeben, deren Architekten sich ganz eindeutig am westlichen Baustil orientieren. Diese »Condominiums« erinnern jedoch nicht nur von außen an Europa: 70 Quadratmeter, drei Zimmer, Küche, Bad und Balkon – davon träumen auch chinesische junge Paare. Aber selbst, wenn dort noch so manch eine Wohnung leer steht, bleibt es beeindruckend, mit welcher Geschwindigkeit ganze Viertel neu erschaffen werden. Die traditionellen, einstöckigen Hutong-Wohnhöfe *(hutong* 胡同*)* hingegen gelten als rückständig und vor allem unbequem. Und in der Tat sind sie selten mit Heizung, fließend Wasser oder Toilette ausgestattet. Kein Wunder also, dass sie mittlerweile alle von der Abrissbirne bedroht sind.

Vor Schulden scheuen sich die meisten Chinesen.

Mieter gibt es natürlich weiterhin, denn längst nicht alle Chinesen verfügen über das nötige Kleingeld, eine Wohnung zu erwerben. Obwohl der Staat spezielle staatliche Kredite zum Hauskauf anbietet, scheuen sich viele Chinesen, diese langfristige finanzielle Verantwortung auf sich zu nehmen. Ein »anständiger Mensch« macht keine Schulden, auch nicht, um sich die Miete zu sparen. Angestellte von Staatsbetrieben haben es in dieser Hinsicht leichter: Sie bekommen vom Betrieb, sofern er profitabel läuft, hin und wieder Wohnungen und Häuser zu Sonderkonditionen angeboten.

Nach wie vor leben Stadtbewohner in China sehr viel beengter als in Europa. Schon aus finanziellen Gründen ist es vielen jungen Paaren nicht möglich, bei den Eltern auszuziehen. Drei Generationen, also mindestens fünf Personen auf zwei Zimmern, das ist noch immer durchaus üblich.

Altbauten am Kanal

Auf dem Lande ist die Wohnungssituation meist entspannter. Auch hier leben oftmals noch mehrere Generationen unter einem Dach, dafür allerdings erheblich weniger beengt und im traditionellen Stil. In Nordchina, wo die Wintertemperaturen immer wieder bis auf -25 °C und tiefer fallen können, ist der Kang (炕) das zentrale Wohnelement: Dieses aus Ziegeln gemauerte Bett wird im Winter von der Abluft des Küchenherds gut gewärmt. Hier schlafen und arbeiten die Familienmitglieder, schließlich ist dies der wärmste Ort des Hauses. Südlich des Yangzi-Flusses müssen die Menschen übrigens ohne künstliche Wärme auskommen: Traditionell verläuft hier die Heizungsgrenze.

Und wie sieht es innen aus?

Allzu gerne würde manch ein Ausländer hin und wieder einen Blick in eine ganz normale Wohnung werfen – wie richten sich die Chinesen wohl ein? »Gar nicht so anders« wäre die korrekte Antwort: Auch in Beijing gibt es einen Ikea, und Möbel im europäischen Stil sind durchaus »in«. Dies mag allerdings auch finanzielle Gründe haben, denn die traditionellen, schweren chinesischen Holzmöbel sind nicht nur ausnehmend schön, sondern dank ihrer reichen Verzierungen auch teurer als ihre Press-Span-Konkurrenten.

Auffallend ist allerdings der chinesische Hang zum Kitsch: Vom Porzellanpüppchen bis zu den Plastikblumen bewegen sich viele sonst durchaus intellektuelle Chinesen in puncto Inneneinrichtung geschmacklich hart an der Schmerzgrenze.

Geschmacklich hart an der Schmerzgrenze

Lang lebe der Konsum!

Viele Städter, die nicht auf Wohneigentum sparen, frönen mittlerweile einem völlig neuen Hobby: Shopping. Vorbei sind die Zeiten, in denen selbst für Grundnahrungsmittel »Einkaufen stehen« auf dem Programm stand: Die heutige Generation der jungen Chinesen kennt die obligatorische Schlange nur noch aus den Erzählungen der Eltern. Ausländer, die noch immer ein wenig sozialistischen Hauch in China vermuten, kommen vor Ort kaum mehr aus dem Staunen heraus: Selbst Provinzstädte stellen mit ihren ultramodernen Warenhäusern und Supermärkten die deutschen Großstädte in den Schatten.

Sozialistisches Schlangestehen ist passé.

Schicke Sachen für den Nachwuchs

Jahrzehntelang war das Warenangebot höchst mager, unglaublich günstig und vor allem von schlechter Qualität. Heute hingegen muss es nicht mehr unbedingt ein ausländischer Import sein – egal ob Elektronik, Kleidung oder Gebrauchsgüter, die einheimischen Waren können sich sehen lassen. Für Europäer sind sie noch immer ausnehmend günstig, für viele Chinesen allerdings kaum mehr erschwinglich. Schon von weitem lassen sich im Kaufhaus ländliche Wanderarbeiter ausmachen, die mit offenem Mund und voller Bewunderung ihren städtischen Landsleuten zusehen, wie sie in wenigen Minuten einen ganzen Arbeiter-Monatslohn auf den Kopf hauen.

Fast alle Luxusgüter werden mittlerweile im Land selbst hergestellt.

Was sind schon Gesetze: Personenmacht und Machtpersonen

In Anbetracht der neuen Kluft zwischen Arm und Reich verwundert es nicht, dass auch die Kriminalität seit Beginn der Reformpolitik gestiegen ist: Prostitution, Glücksspiel, Drogen- und Mädchenhandel sind genauso auf dem Vormarsch wie die klassischen Disziplinen Raub und Diebstahl. Alles in allem ist China aber noch immer ein (im internationalen Vergleich) sicheres Land. Für westliche Reisende gilt dies umso mehr, da sie von der staatlichen Neigung, Verbrechen gegen Ausländer besonders hart zu bestrafen, profitieren. Drakonische Strafen haben in China Tradition, und so steht auf Raub genauso die Todesstrafe wie auf Vergewaltigung.

Drakonische Strafen gegen wachsende Kriminalität

Verbrecher werden der Öffentlichkeit preisgegeben.

Mehr noch als in Europa herrscht in China der Glaube an die abschreckende Wirkung der schlechten Beispiele. Verbrecher werden deshalb nicht nur vor Gericht vorgeführt, ihre Fotos hängen auch öffentlich an den Anschlagsbrettern der Nachbarschaften aus: Interessierte Passanten erfahren hier nicht nur die Einzelheiten des Vergehens und die Strafe, sondern auch den vollen Namen. Tragen die abgebildeten Straftäter einen abgeschnittenen Strick um den Hals, handelt es sich um zum Tode Verurteilte. Auch die Auswirkungen des Verkehrs-Rowdytums werden so in erschreckender und blutiger Detailtreue der Öffentlichkeit vorgeführt.

»Selbstkritik« und Umerziehung

Bei kleineren Vergehen kann der Angeklagte mit viel Glück glimpflich davonkommen. Wichtig ist in diesem Falle, dass er aufrichtige Reue zeigt. Schon die konfuzianischen Philosophen hielten den Menschen für erziehbar: Die Methoden der chinesischen Regierung, Verbrecher durch »Selbstkritik« *(ziwo piping* 自我批评 *)* und Umerziehung *(gaizao* 改造 *)* zu läutern, sind also erheblich älteren Ursprungs als das sozialistische Gedankengut.

Sehr viel Vertrauen in das Rechtswesen haben die meisten Chinesen ohnehin nicht. Den Gedanken, einen allgemeinen Rechtskodex zu schaffen, mussten die »Legalisten« bereits vor unserer Zeitrechnung zu Gunsten des konfuzianischen Gedankengutes aufgeben. Recht war und ist in China eher an Personen als an Gesetze gebunden. Schon aus diesem Grunde misstrauen Chinesen traditionell allen Richtern und Staatsanwälten und scheuen den Gang vor Gericht. Viel lieber

nimmt man den Dienst eines Vermittlers in Anspruch und regelt Konflikte auf inoffiziellem Wege.

Auch in der Volksrepublik China ist die »Personenmacht« ungebrochen. Selbstverständlich gibt es eine Vielzahl von Gesetzen, die den einzelnen Bürger besser stellen als je zuvor in der Geschichte. Doch wer würde es wagen, gegen einen hohen Kader der Partei oder einen seiner Freunde vorzugehen?

Im Straßenverkehr gilt das Recht des Stärkeren.

Gut geschmiert: Bürokratie und Korruption

Bürokratie und Korruption: ein alltägliches Übel …

Zum großen Leidwesen der meisten Bürger Chinas gehören Bürokratie und Korruption zum Alltag. Zeit, diese Disziplinen zu vervollkommnen, hatten die Chinesen allemal, denn sie dürfen als Erfinder der ältesten, kontinuierlichen Bürokratie gelten.

Seit der Han-Dynastie, also seit mehr als 2000 Jahren, wurde das gewaltige chinesische Reich von Beamten verwaltet, die der Kaiserhof in allgemeinen Auswahlverfahren, an dem theoretisch jedermann teilnehmen konnte, rekrutierte. De facto bewarben sich jedoch vor allem Mitglieder der Oberschicht – wie hätte auch ein mittelloser Bauer das jahrelange, ja teils sogar jahrzehntelange Studium finanzieren sollen? Saßen die fertigen Beamten nach der Prüfung erst einmal auf ihren Posten, galt es natürlich in möglichst kurzer Zeit möglichst viel Reichtum anzuhäufen.

Grundlegend geändert hat sich dies bis heute nicht: Wenn es um die Kreation von Berechtigungsscheinen, Genehmigungen oder Erlassen geht, zeigen die chinesischen Bürokraten eine beeindruckende Erfindungsgabe. Natürlich lassen sich mit einer Stange Zigaretten (günstige Variante) oder einem Bündel Geldscheine (teure Variante) viele bürokratische Komplikationen umgehen. Für das Volk jedenfalls stellt die Korruption *(fubai* 腐败 *)* eines der Hauptübel der Gegenwart dar.

Filz bis auf höchste Ebenen

Dies ist auch der Kommunistischen Partei bewusst, die immer wieder groß angelegte Kampagnen gegen die Korruption durchführt. Problematisch ist, dass die Fäden der gigantischen Bestechungsskandale nicht selten just in die höchste Ebene der Partei führen. Grund genug, zum rechten Zeitpunkt die Ermittlungen wieder einzustellen. Letztlich führen die redlichen Kader, die es durchaus auch gibt, einen echten Sisyphus-Kampf: Bleibt die Korruption ungeahndet, gerät die Partei in Verruf, weil sie nichts dagegen unternimmt. Verfolgt sie die Übeltäter bis in ihre eigenen Ränge, steht sie nicht viel besser da.

Alles in allem ist aber trotzdem eine positive Tendenz bemerkbar: Laut des Korruptionsindex der Organisation »Transparency International« rangierte China 1997 noch auf Platz 41 von 52 Ländern (wobei 1 als bester Wert für den geringsten Korruptionswert steht). Im Jahr 2003 hatte es die Volksrepublik immerhin auf Platz 66 von 133 Ländern geschafft (Deutschland lag 2003 auf Platz 16).

Tendenz zur Besserung

Dass Korruption nicht untrennbar mit der chinesischen Mentalität verbunden ist, zeigt das Beispiel Singapur: Seit Jahren rangiert der Stadtstaat mit einem chinesischen Bevölkerungsanteil von über 77 % unter den ersten fünf Ländern besagter Liste und stellt damit bezüglich Ehrlichkeit und Transparenz auch die meisten Staaten Westeuropas in den Schatten. Das Erfolgsgeheimnis? Ausnahmslose Verfolgung aller Fälle bis in die höchsten Ebenen der Politik und harte Strafen für Korruption jeder Art.

Anfänger und gerade angekommene Ausländer sollten übrigens tunlichst die Finger von handfesten Bestechungsversuchen lassen: Es sind eben doch nicht alle Beamten korrupt. Der Fauxpas, einen ehrlichen Staatsdiener durch einen plumpen Versuch zu diskreditieren, lässt sich kaum mehr wieder gutmachen. Nachfragen zu diesem Thema sind ebenfalls schwierig, denn viele Chinesen geben gegenüber Ausländern nur ungern zu, wie weit verbreitet die Korruption ist.

Garantiert nicht gesellschaftsfähig: Chinesische Toiletten

Genauso ungern spricht man in China über das Thema Hygiene. Allen Erläuterungen zu chinesischen Toiletten sei vorangestellt: Chinesen stehen uns Europäern in Bezug auf persönliche Hygiene in nichts nach! Wer hingegen die erste öffentliche Toilette (möglichst bei hochsommerlichen Temperaturen!) be-

Das Thema Hygiene wird ausgeklammert.

Besser meiden: öffentliche Bedürfnisanstalt

Das Tourismusministerium nimmt sich der leidigen Sache an.

sucht hat, wird dieser These zunächst einmal widersprechen wollen. Fakt ist, dass die öffentlichen Aborte zum Großteil erbärmlich stinken und bei manch einem Reisenden für lang anhaltende Verstopfung sorgen. Lieber tot umfallen, als noch einmal durch diese Geruchshölle gehen! »Schlimm, schlimm …« wird Ihnen auch jeder Chinese beipflichten, bevor eine peinliche Gesprächspause eintritt – dieses Thema ist definitiv nicht gesellschaftsfähig. Zum Alltag gehört all dies natürlich trotzdem: Viele Chinesen haben auch heute noch keine eigene Toilette und müssen zu jeder Tag- und Nachtzeit zum nächsten öffentlichen Häuschen wandern.

Bei genauerem Hinsehen gibt es natürlich schon den einen oder anderen Grund, dass die öffentlichen Aborte in derart schlechtem Zustand sind. Zum einen werden sie von einer unglaublich hohen Anzahl von Menschen benutzt. Zum anderen tun sich viele Chinesen schwer, die eigene Verantwortung bei der Benutzung öffentlicher Anlagen, egal ob Park, Toilette oder Bus, zu erkennen. In der eigenen Wohnung würde niemand die Toilette so verkommen lassen! Ohnehin hat sich die Situation verbessert: Immerhin gibt es im Tourismusministerium sogar einen landesweiten Toiletten-Beauftragten!

Erfahrene Reisende haben jedenfalls immer ein leicht parfümiertes Taschentuch und einen großzügigen Vorrat eigenes Toilettenpapier dabei. Zum Glück gibt es überall im Stadtgebiet große Hotels und nicht zuletzt das Wissen um die menschliche Flexibilität: Man gewöhnt sich an alles!

Ein teures Gut: Die Gesundheit

Der eigene Gesundheitszustand ist ein chinesisches Dauerthema.

Über Krankheiten, Wehwehchen, die richtigen Hausmittel und was alles passieren kann, wenn man nicht auf die Gesundheit achtet – stundenlang können Chinesen über derartige Themen reden. Neben allerhand religiösen Wurzeln, wie dem daoistischen Streben nach dem ewigen Leben, gibt es recht handfeste Gründe, warum viele Chinesen sehr auf ihre Gesundheit achten: Sie ist teuer geworden und ein Kostenfaktor, der viele Geldbeutel bei weitem übersteigt. Nur 15% aller Chinesen besitzen eine Krankenversicherung. Und dies, obwohl alle Gesundheitsleistungen, von der Vorsorgeuntersuchung bis zur Blinddarmoperation, aus der eigenen Tasche bezahlt werden müssen! Für einen sozialistischen Staat ist dies recht ungewöhnlich. Lediglich die spektakulären SARS-Fälle wurden 2003 kostenlos behandelt. Stellte sich heraus, dass der Patient an einem vergleichsweise harmlosen grippalen Virus erkrankt war, wurden die Behandlungskosten oftmals trotzdem eingefordert.

Gar nicht lange ist es her, da war die Gesundheitsversorgung der Bevölkerung ein zentrales Anliegen der Regierung. Jeder Chinese, egal wie abgelegen seine Heimat, sollte Zugang zu medizinischer Versorgung bekommen. Dort, wo es keine Ärzte oder Krankenhäuser gab, wurden »Barfußärzte« *(chijiao daifu* 赤脚大夫*)* eingesetzt: Sie hatten eine minimale Ausbildung, konnten aber die wichtigsten Krankheiten erkennen, Knochenbrüche flicken und bei Geburten assistieren. Mehr als 80 % aller Chinesen kamen so in den Genuss einer kostenlosen medizinischen Grundversorgung. Mit beeindruckenden Folgen: In nur 36 Jahren verdoppelte sich die durchschnittliche Lebenserwartung von 35 Jahren (1949) auf 70 Jahre (1985).

Die Zeit der »Barfuß-Ärzte« ist vorbei.

Heute geht die Entwicklung weit auseinander: In den reichen Großstädten gibt es mittlerweile gute Kliniken, deren Ärzte vielfach im Ausland studiert haben. Eine vernünftige medizinische Versorgung ist dort allemal gewährleistet. Vorausgesetzt natürlich, der Patient bringt das nötige Kleingeld mit. Auf dem Lande hingegen ist der Standard enorm gesunken, denn mit der Auflösung der Volkskommunen verschwanden auch die angegliederten Gesundheitszentren.

Auf dem Land ist die Bevölkerung medizinisch unterversorgt.

Anfang der 1980er Jahre hielt der Kapitalismus auch im Gesundheitswesen Einzug: Die vormals staatlichen Gesundheitszentren wurden auf eigene Füße gestellt und mussten fortan Gewinn erwirtschaften. Kein Wunder, dass sich viele Krankenhäuser lieber auf den profitablen Verkauf von Medikamenten als auf allgemeine Impfkampagnen spezialisieren.

Für die traditionelle chinesische Medizin bedeutet diese Wende allerdings das Comeback. Ihre Behandlungsmethoden sind günstiger als die westliche Medizin und gehen selten mit einer teuren stationären Behandlung einher.

Intensiv-medizin fürs Pandababy

Eine Nation von Spielern: Freizeit in China

Die Frage nach der Lieblings-Freizeitbeschäftigung trifft in China sicher auf Verwunderung. Na, was schon! Spazierengehen, draußen sitzen, ein Schwätzchen mit den Nachbarn halten … Hauptsache gesellig und entspannend! Und so kommt es, dass im Neon-Geflacker der Shanghaier Prachtmeile Nanjinglu am späten Abend die Nachbarn noch im Pyjama zusammen sitzen und auf den öffentlichen Bänken Tee trinken, während rechts und links die letzten Einkäufer vorbeihetzen. Gemütlich soll es sein, wobei damit nicht unbedingt gedämpftes Licht, sondern eher die heimelige Nähe anderer Menschen gemeint ist. Von schweißtreibenden Sportarten oder einsamen Beschäftigungen hält man im Reich der Mitte wenig.

Am liebsten in Gesellschaft

Das gute Stück wird auf der Straße verkauft.

Selbst das Briefmarkensammeln ist eine gesellige Angelegenheit: Anstatt im einsamen Kämmerchen das Album zu sortieren, werden die teuren Stücke in kleine Plastikhüllen verpackt und schon kann es auf der Straße losgehen: Vergleichen, diskutieren, verkaufen, ankaufen, tauschen … in keinem Land der Welt rufen Briefmarken derart laute und leidenschaftliche Reaktionen hervor!

Wer sich für Briefmarken nicht erwärmen kann, der spielt mit Leib und Seele. Überall in China sind die Parks und Plätze voll von Menschen, die stundenlang über dem Majiang-Spiel brüten. Drumherum finden sich schnell Zuschauer, die ihre Expertise abgeben, ob eines geschickten Zuges anerkennend raunen oder einfach nur ein wenig zuschauen, bevor sie zum nächsten Tisch weiterwandern. Jahrelang war Majiang in der Volksrepublik verboten. Nicht weil das Spiel in irgendeiner Form anzüglich wäre – vielmehr die Wetteinsätze, die ganze Familien in den Ruin trieben, beunruhigten die Behörden. Fast alle Chinesen sind leidenschaftliche Spieler und schon manch einer hat in wenigen Stunden Haus und Hof verzockt.

Vom Schachbrett zum Gameboy

Geistig besonders anspruchsvoll und vor allem unter älteren Menschen beliebt sind chinesisches Schach und Weiqi (围棋), das im Westen unter dem japanischen Namen »Go« zahlreiche Anhänger gefunden hat. Beides sind Strategie-Spiele, die sich über Stunden hinziehen können. Auf Zugfahrten kommt eine andere Facette des chinesischen Spieltriebs zum Vorschein: Seit den 1990er Jahren nennt wahrscheinlich jeder Chinese, egal welchen Alters, einen kleinen Tetris-Gameboy sein Eigen. Auf den Sound möchte beim Spielen natürlich niemand verzichten, und so haben Bahnreisende teils tagelang das Dauer-Gepiepse und Gedudel der Gameboys im Ohr.

Auf dem Weg zum Gipfel

Ebenfalls laut, wenn auch ungleich ansprechender, ist die Angewohnheit, im Park zu musizieren: Wer ein Instrument spielt, singt oder sonst in irgendeiner Form etwas vortragen kann, findet dort immer ein wohlwollendes Publikum. Teils bilden sich Musizier-Zirkel, die über lange Jahre hinweg täglich an derselben Stelle üben.

Ein Land im Diskofieber

Chinareisende der ersten Stunde erinnern sich: Noch Ende der 1980er Jahre zogen sich die Abende in den Luxus-Hotels schier endlos hin. Selbst in Beijing war nach 22 Uhr kaum mehr etwas zu essen zu bekommen, ganz zu schweigen von jedweder anderen Unterhaltung. Dann tauchten die ersten Tanzpaläste auf und das ganze Land versank im Diskofieber. Endlich räumten die Musikhändler die Richard-Clayderman-Kassetten in die hinterste Reihe und legten stattdessen Michael Jackson, MC Hammer und Madonna aus. Innerhalb von zwei, drei Jahren verwandelte

sich die abendliche Wüste in eine regelrechte Spaßlandschaft. Parallel dazu ent-
standen die ersten zaghaften Versuche einer Subkultur. Wer sich heute in den
Großstädten vergnügen möchte, hat mehr als genug Auswahl: Selbst kleinere
Städte überraschen mit Bars und Kneipen, die auch in Europa für Furore sorgen
würden. Billig ist das neue Nachtleben allerdings nicht, zumindest für chinesische
Besucher. Wein und Bier werden meist nur literweise ausgeschenkt und auch die
Eintrittspreise können sich sehen lassen. Ein Blick auf das Publikum zeigt, dass es
offensichtlich trotzdem noch genug potentielle Kundschaft gibt. Die neue Mittel-
schicht ist fest entschlossen, möglichst viel und lange zu feiern!

Vom »beweglichen Ding« zum besten Freund: Eine tierische Karriere

Ebenfalls recht neu ist die Haustierhaltung. Natürlich gab es schon immer
Nutztiere, hielten sich viele Chinesen Grillen in eigens dafür gebastelten kleinen
Kästchen, gehört ein Singvogel im handlichen Käfig fast schon zum Klischee
eines chinesischen Seniloren. Um die emotionale Bindung zwischen Mensch und
Tier ging es dabei allerdings selten. Tiere *(dongwu 动物)* sind übersetzt »be-
wegliche Dinge« – und genauso werden sie auch behandelt! Dass Tiere Schmerz
empfinden können, ist den wenigsten Chinesen bewusst oder egal, denn Tiere gehören schließlich in den Stall oder den Kochtopf. Einen unnützen tierischen Esser
durchzufüttern ohne die Aussicht, ihn eines Tages selbst zu verspeisen, würde den
wenigsten in den Sinn kommen. Ohnehin war die Haustierhaltung in den meisten
Städten bis vor wenigen Jahren verboten. Wer die Enge der chinesischen Städte
selbst erlebt hat, erkennt schnell den Sinn einer solchen Bestimmung.

Keine emotionale Bindung zwischen Mensch und Tier

Mittlerweile ist die westliche Sitte, Hunde als Gefährten des Menschen zu halten,
bis in die Großstädte gedrungen. Und so kann man mittlerweile durchaus den
einen oder anderen Hundehalter beim Gassi-Gehen erleben. Ganz unumstritten
ist dies nicht. In Shanghai beispielsweise wird erwogen, Hundehaltern die Sozialhilfe zu streichen: Wer das Geld für die Hundesteuer aufbringt, so die Begründung,
kann schließlich nicht gerade arm sein. Einen echten Hundeliebhaber erschreckt
dies nicht, er hängt genauso an seinem tierischen Freund wie ein Europäer.

Ein Hund als Beglei-ter: neuer Trend in der Großstadt.

Bis dass die Nutztiere Chinas von diesem neuen Trend profitieren, mag es allerdings noch etwas dauern: Solange auf dem Lande die Menschen von durch-
schnittlich 300 Euro im Jahr leben, bemühen sie sich ganz bestimmt mehr um
das eigene Wohlergehen und das ihrer Nachkommen als um den Tierschutz.

Feste und Feiertage

恭喜发财
Beste Wünsche – Werde reich!
Traditioneller chinesischer Neujahrsgruß

Das chinesische Mondjahr

Verwirrspiel für Ausländer

Auch in China rechnet man seit dem Anfang des 20. Jahrhunderts offiziell mit dem gregorianischen Kalender – also demselben wie in Europa. Wenn es jedoch um wichtige soziale Ereignisse geht, Hochzeiten oder Begräbnisse beispielsweise, dann ist der traditionelle Bauernkalender *(nongli* 农历*)* gefragt: Er richtet sich nach dem Mond, dessen Erdumkreisung nur 29,5 Tage zählt. Um den Kalender wieder an den Sonnenkalender anzugleichen, wird alle 30 Monate ein Schaltmonat eingefügt – sehr zur Verwirrung aller Ausländer, denn die Termine des Bauernkalenders verschieben sich dadurch von Jahr zu Jahr.

Mondkalender und Zwölf-Jahres-Zyklus

In China scheint man sich indes daran kaum zu stören. Egal, ob im Business oder im Privatleben, Astrologie spielt eine große Rolle. Bevor wichtige familiäre, geschäftliche oder finanzielle Entscheidungen getroffen werden, ist der Blick in den (Mond-) Almanach unerlässlich, denn hier sind die günstigen und ungünstigen Tage genau aufgeführt. Auch in der Partnerwahl lassen sich viele von der Astrologie leiten, wobei nicht der Geburtsmonat, sondern das Geburtsjahr ausschlaggebend ist: Zwölf Tiere stehen nacheinander »Pate« und prägen mit ihrem Charakter die Ereignisse je eines Mondjahres. Beinahe wären es übrigens mehr geworden: Bevor Buddha die Erde verließ, so die Legende, soll er alle Tiere zu sich gerufen haben, doch nur zwölf folgten der Einladung. Sie erhielten, in der Reihenfolge ihrer Ankunft, als Abschiedsgeschenk je ein Jahr, das sie mit ihren Eigenschaften formen durften, und damit auch das Schicksal derer, die in dieser Zeit geboren werden. Historiker hingegen gehen – etwas realitätsnaher – davon aus, ein Astronom des Kaisers Huangdi habe ca. 2700 v. Chr. den ersten Mondkalender erschaffen und den Zwölf-Jahres-Zyklus eingeführt.

Überschäumende Lebensfreude

Die chinesischen Sternzeichen

▶ **Ratte** *(shu* 鼠 *)*
Lebendig und immer in Bewegung spielt sich die Ratte durchs Leben. Nichts entgeht ihrer Aufmerksamkeit – und ihrer Kritik. Mehr noch als Amüsement und Gesellschaft liebt die Ratte nämlich Klatsch und Tratsch und legt dabei eine erstaunliche Aggressivität an den Tag. Bei allem Charme und Geschick für Plauderei hat sie daher viele Bekannte – aber nur wenige Freunde. Beliebt ist die Ratte trotzdem, denn sie bringt Spannung ins Abendprogramm.
Jahre: 1924, 1936, 1948, 1960, 1972, 1984, 1996

▶ **Büffel** *(niu* 牛 *)*
Es fällt nicht schwer einem Büffel zu vertrauen, denn seine Geduld und Ruhe sind geradezu ansteckend. Zurückhaltend, aber zielstrebig, geht er seinen Weg, ohne sich mit unnötigem Geschwätz aufzuhalten. Wütend ist er dafür umso furchterregender – denn was er tut, das tut er richtig. Um seine traditionellen Auffassungen zu stützen, kann der Büffel starrköpfig und autoritär werden – um sich dann beleidigt zurückzuziehen, wenn ihn niemand versteht.
Jahre: 1925, 1937, 1949, 1961, 1973, 1985, 1997

▶ **Tiger** *(hu* 虎 *)*
Kühne Draufgänger werden im Jahr des Tigers geboren! Wenn sich der Berufswunsch »Revolutionär« nicht verwirklichen lässt – dann eben eine andere Stellung mit viel Macht. Ohne Risiko, so glaubt der Tiger fest, wäre das Leben langweilig. Gefahren sind für ihn ein Spiel, er hasst Konventionen und blinden Gehorsam – aber nur, wenn er gehorchen soll. Dass ihm andere blind folgen, findet er normal und erwartet es auch. Dafür belohnt er seine Gefolgschaft großzügig. Den sensiblen Geist hinter der rauen Schale entdecken nur wenige, dabei ist der Tiger eigentlich ein leidenschaftlicher Mensch.
Jahre: 1926, 1938, 1950, 1962, 1974, 1986, 1998

▶ **Hase** *(tu* 兔 *)*
Viel Geschmack und ein Gefühl für das Detail zeichnen den Hasen aus. Er ist ein Gesellschaftstier, immer darauf bedacht, eine möglichst gute Figur abzugeben und andere für sich einzunehmen. Als Diplomat kann er Hervorragendes leisten, denn er ist zugleich redegewandt, zurückhaltend und liebt es, zu repräsentieren. Im Grunde genommen ist er ein lieber Kerl, denn dem sanften und freundlichen Hasen sind Streit und Auseinandersetzungen äußerst unangenehm. Schnelle Entscheidungen und Veränderungen liegen ihm nicht, denn er ist ängstlich und sehr sicherheitsbewusst.
Jahre: 1927, 1939, 1951, 1963, 1975, 1987, 1999

▶ **Drache** *(long 龙)*

Wahre Siegernaturen sind die Drachen, immer voller Energie und Tatendrang. Kein Ziel ist dem Drachen zu hoch, und was er sich in den Kopf gesetzt hat, erreicht er auch. Ein wenig mehr Besonnenheit würde trotzdem hin und wieder nicht schaden, denn bei aller Intelligenz und Phantasie ist er vertrauensselig und leicht zu betrügen. Der Drache fordert viel, von sich selbst und von anderen, und bringt dies auch undiplomatisch zum Ausdruck. Erfolg und Glück fliegen ihm dennoch zu, ohne dass er sich übermäßig anstrengen muss.
Jahre: 1928, 1940, 1952, 1964, 1976, 1988, 2000

▶ **Schlange** *(she 蛇)*

Weisheit und Scharfsinn zeichnen die Schlange aus, denn sie denkt gern und lange nach. Entschlossen geht sie ihren Weg, manchmal sogar ein wenig zu zielstrebig, denn von ihrer Meinung überzeugt, tendiert sie zu Übertreibungen und erstickt ihre Freunde mit guten Ratschlägen. In Sachen Gefühl versagt ihr Verstand hin und wieder, denn sie ist besitzergreifend und wacht eifersüchtig über ihren Partner. Die Schlange ist aber dennoch äußerst beliebt: kein Wunder, denn ihr Charme und Humor gleichen die negativen Seiten wieder aus.
Jahre: 1929, 1941, 1953, 1965, 1977, 1989, 2001

▶ **Pferd** *(ma 马)*

Als Universalist mit viel Geschmack wirkt das Pferd oft ein wenig dandy-like. Partys, Feste und große Menschenmengen sind sein Element, denn mit Komplimenten und einem guten Gefühl für andere Menschen weiß es sich in den Mittelpunkt zu stellen. Veränderung und Bewegung sind für das Pferd wichtiger als Sicherheit, es fängt daher viele Projekte an, schließt aber nur wenige ab. Geduld gehört nicht zu seinen Stärken, doch das gleicht es mit Eifer und Fleiß aus.
Jahre: 1930, 1942, 1954, 1966, 1978, 1990, 2002

▶ **Ziege** *(yang 羊)*

Sensibel und einfühlsam präsentiert sich die Ziege ihrer Umwelt, und treibt ihre Freunde gleichzeitig mit Launen und Eskapaden in die Verzweiflung. Sie ist künstlerisch veranlagt, aber oft viel zu unsicher und realitätsfremd, um ihre Kreativität zu nutzen. Sie kann Verantwortung tragen, doch wenn ihr jemand die Arbeit abnimmt, warum nicht? Sicherheit steht für die Ziege an erster Stelle, denn das Leben ist voller Gefahren.
Jahre: 1931, 1943, 1955, 1967, 1979, 1991, 2003

▶ **Affe** *(hou 猴)*

Mit Charme und Humor nimmt der Affe seine Mitmenschen auf den Arm und schlägt dabei manchmal über die Stränge. Die Grenze zwischen Ehrlichkeit und

Lüge ist für den Affen verschwommen, Hauptsache man lässt sich nicht erwischen. Als Unterhalter ist der Affe unschlagbar, denn er ist nicht nur meist blendend gelaunt, sondern auch intellektuell und gut belesen.
Jahre: 1932, 1944, 1956, 1968, 1980, 1992, 2004

▶ **Hahn** *(ji* 鸡*)*
Beachtung und Anerkennung sind für den Hahn äußerst wichtig. Trotzdem nimmt er kein Blatt vor den Mund und stößt so oft seine Freunde vor den Kopf. Hinter dieser Aufrichtigkeit verbirgt sich eine gehörige Portion Selbstüberschätzung. Der Hahn übernimmt sich daher oft. Trotzdem kämpft er sich zäh voran – und verschleudert verschwenderisch und großzügig die Früchte seiner Arbeit.
Jahre: 1933, 1945, 1957, 1969, 1981, 1993, 2005

▶ **Hund** *(gou* 狗*)*
Ein Optimist ist der Hund ganz sicher nicht, denn seine Intuition nutzt er, um Fehler und Gefahren zu finden. Vielleicht besitzt er deshalb einen besonders zähen Kampfgeist und scharfen Verstand. In kritischen Situationen kann man sich absolut auf den Hund verlassen, denn er ist loyal, pflichtbewusst und ein guter Freund. Immer korrekt hält er sich zu Fremden gerne auf Distanz, denn es fällt ihm schwer Vertrauen zu fassen.
Jahre: 1934, 1946, 1958, 1970, 1982, 1994, 2006

▶ **Schwein** *(zhu* 猪*)*
Sie gelten als galante und hilfsbereite Kavaliere. Schweine sind immer ehrlich und aufrichtig und vor allem treu. Nie würde es einen Freund betrügen – dafür sind sie aber umso öfter selbst das Opfer unlauterer Machenschaften. Ein wenig tollpatschig, langsam und naiv sind die Schweine, aber dafür umso zielstrebiger und daher durchaus erfolgreich. Vor allem aber sind sie aufgrund ihrer sensiblen Ader bei allen beliebt.
Jahre: 1935, 1947, 1959, 1971, 1983, 1995, 2007

Feste nach dem Mondkalender

Obwohl sich die regionalen Gepflogenheiten teils sehr unterscheiden, gibt es einige Feste, die landesweit gefeiert werden. Sie richten sich allesamt nach dem Mondkalender und fallen daher jedes Jahr auf unterschiedliche Termine.

Das Frühlingsfest: Von Geistern und überfüllten Zügen

Das chinesische Neujahrsfest *(guonian* 过年*)*, auch Frühlingsfest *(chunjie* 春节*)* genannt, markiert den Beginn des Mondjahres und ist mit Abstand das

*Glücks-
bringer für
jeden
Zweck*

wichtigste Fest aller Chinesen. Bis zu 14 Tage können sich die Vorbereitungen hinziehen – eine ernste Angelegenheit, denn das Frühlingsfest entscheidet über Glück und Missge- schick des kommenden Jahres. Bis zum Jahreswechsel um Mitternacht müssen alle Dämonen die Wohnung verlassen haben, damit wohlgesonnene Geister einziehen können. Um sich der Dämonen zu entledigen oder ihnen von vornherein den Eintritt zu verwehren, gibt es allerhand Tricks: Gut, dass böse Geister die Farbe Rot nicht ausstehen können! Rechts und links der Tür werden deshalb rote Banderolen mit glücksverheißenden Sprüchen befestigt.»Viel Glück und Reichtum«,»langes Leben« oder»allumfassender Frieden« springen dem Dämon entgegen, der sich anschickt, die Schwellen zu übertreten. Auch die beiden Türgötter Shentu und Yulei sind beliebte Wächter. Wer die Mühe nicht scheut und besonders sicher gehen will, lackiert gleich die ganze Eingangstür rot und schafft so eine schwer überwindbare Barriere. Türmalereien *(menhua* 门画*)* gelten mittlerweile als eigenständiger Kunstzweig und gehören an Neujahr in jede Wohnung. Geschmacklich oft etwas anstrengend und nicht gerade dezent, sind sie trotzdem äußerst beliebt – in manch einem Wohnzimmer hängen die mit Geld überladenen dicken Kinder oder fetten Karpfen oft das ganze Jahr an der Wand.

*Putzorgien
im Privat-
leben*

Auch dem Frühjahrsputz kommt in China eine ganz besondere Bedeutung zu: Schmutz gilt als Versteck der Dämonen und Symbol allen Unglücks des vergangenen Jahres – bis zum Frühlingsfest muss die Wohnung daher gründlich gesäubert werden. 1,3 Milliarden Chinesen schwingen kurz vor Neujahr den Putzlappen und kehren, was das Zeug hält. Mit leerem Mülleimer und blitzender Küche erwartet man den Jahreswechsel, denn danach heißt es erst einmal »Finger weg vom Besen«: Wer nach dem Fest fegt, kehrt auch das Glück aus dem Haus. In den Pausen der Putzorgie wird im Privatleben aufgeräumt, denn die Situation zu Neujahr reproduziert sich über das gesamte folgende Jahr hinweg. So begleicht man am Tag vor Neujahr traditionell alle ausstehenden Schulden, versöhnt sich, zumindest temporär, mit dem Nachbarn und legt alte Fehden für ein paar Tage bei. Selbst das Festmahl ist höchst symbolbeladen: Neun Gänge sollte das Menu haben, denn die Zahl 9 *(jiu* 九*)* ist ein Homonym des Ausdrucks »lang andauernd« *(jiu* 久*)* und garantiert eine lange, gemeinsame Zeit auf Erden. Wer seiner Familie

Glück und Zufriedenheit wünscht, serviert extra lange Nudeln und Erdnüsse (langes Leben), Jiaozi-Teigtaschen (viele Söhne), Fisch (Überfluss) oder Lotussamen (noch mehr Kinder). Alles das natürlich inklusive einer großen Portion für den Ahnenaltar, sofern für die Verschiedenen nicht gleich mitgedeckt wurde. Vorbereitet werden die Gerichte bereits einen Tag vorher – an Neujahr selbst sind scharfe Gegenstände tabu, schließlich will niemand die Familienbande zerschneiden. Für Touristen ist chinesisch Neujahr eine eher unspektakuläre Veranstaltung. In den Küstenmetropolen wie Shanghai oder Beijing finden zwar öffentliche Feiern und Feuerwerk

Beste Wünsche zum Frühlingsfest

statt, doch für die meisten Chinesen ist das Frühlingsfest ein ausschließlich familiäres Ereignis. Rund um Mitternacht kommt der Einsatz der Freizeit-Pyrotechniker, die sich auf der Straße in akustischer Geisterjagd übertreffen – ein Schauspiel, dass manch einem Dämonen oder auch Menschen das Trommelfell kostet. Das Verbot von Feuerwerkskörpern in den Städten hat dabei wenig genützt: Wer keine echten Kracher in die Hände bekommt, legt eben die passende Kassette ein. Wenige Stunden nach Mitternacht kehrt wieder Stille ein und für den Touristen die gepflegte Langeweile: Restaurants, Geschäfte und Kneipen bleiben in einigen Regionen bis zu zehn Tage geschlossen, und manch ein sonst geschäftstüchtiger Hotelbesitzer macht zu Neujahr einfach den Laden dicht.

Für Touristen eher gepflegte Langeweile

Kein Fest »zum Mitmachen« also. Einsam bleibt der Reisende dennoch nicht: Das Frühlingsfest allein zu verbringen, ist für die meisten Chinesen schlichtweg undenkbar. Ein Großteil der 1,3 Milliarden Volksrepublikaner macht sich also auf den Weg quer durch das Reich der Mitte, um einmal im Jahr im Kreise der Großfamilie zusammenzukommen.

Wer in den Tagen vor Neujahr eine Reise per Bus oder Zug plant, muss entweder Stahlnerven und viel Durchsetzungsvermögen haben, oder eine Menge Glück. Wenn sich das größte Volk der Erde auf Reisen begibt, bleibt keine Sitzbank frei. Überfüllte Busse, doppelt belegte Zugabteile und mit Geschenken bepackte Menschenmengen am Bahnhof – beschauliches Reisen gehört nicht zum Frühlingsprogramm. Menschenansammlungen von mehreren Hunderttausend sind selbst für einen Provinz-Bahnhof keine Seltenheit. Erst einige Tage später entspannt sich die Lage: Begegnungen am fünften Tag bringen unweigerlich Streit und Unglück für beide Seiten. Wer dieses Risiko nicht eingehen möchte, bleibt daher einfach zu Hause.

Ein Volk auf Reisen

Mit dem Laternenfest, das am 15. Tag des ersten Monats stattfindet, geht chinesisch Neujahr offiziell zu Ende: Abends hängen die Menschen bunte Laternen vor das Haus und servieren Klebreiskugeln *(yuanzi* 圆子*)*, die den Zusammenhalt der Familie symbolisieren sollen.

Qingmingjie: Das Fest der Toten

Picknick auf dem Friedhof

Das nächste wichtige Fest findet am zwölften Tag des dritten Monats statt: Qingmingjie (清明节), das »klar und hell Fest«, ist der Tag, an dem die Toten ganz besonders geehrt werden. Dies geschieht in recht pragmatischer Form: Die Wohnstätte der Toten, also das Grab, werden einem ausführlichen Frühjahrsputz unterzogen. Viele senden den verstorbenen Angehörigen bei dieser Gelegenheit auch kleine Präsente in Form von Papiergeld, das am Grab verbrannt wird. Da sich die Friedhöfe meist ohnehin außerhalb der Stadt befinden, hängen viele Menschen gleich noch ein familiäres Picknick dran.

Duanwujie: Das Drachenbootfest

Eine laute und bunte Angelegenheit

Mit dem Drachenbootfest *(duanwujie* 端午节*)* am fünften Tag des fünften Monats, findet endlich ein Fest statt, das allen touristischen Vorstellungen von einem richtigen Volksfest genügt. Im Andenken an den Dichter Qu Yuan werden an diesem Tag vor allem in Südchina Bootsrennen veranstaltet – eine laute und bunte Angelegenheit. Im Jahr 278 v. Chr. hatte sich Qu Yuan aus Verzweiflung in den Fluss gestürzt, denn der König weigerte sich Reformen durchzuführen und die Korruption zu bekämpfen. Die Menschen am Ufer des Flusses versuchten vergeblich, ihn mit Booten zu erreichen. Um wenigstens die Fische vom Leichnam abzulenken, warf man Reis ins Wasser. Die Tradition des Drachenbootrennens soll heute an dieses Geschehen erinnern. Anstatt den Reis ins Wasser zu werfen, wird er heute jedoch von den Zuschauern verzehrt: Die »Zongzi« (粽子), kleine in Lotusblätter gepackte Reispakete, werden besonders in dieser Zeit angeboten.

Zhongyuan: Die Toten kehren zurück

Geisterfeier auf Erden

Der nächste wichtige Termin des Mondkalenders, Zhongyuan (中原) am ersten Tag des siebten Monats, ist eigentlich kein Feiertag – ganz im Gegenteil! Dann nämlich öffnen sich die Tore der Geisterwelt und ihre Bewohner dürfen sich einen Tag lang auf Erden amüsieren. Totenopfer sind an diesem Tag besonders wichtig, denn es gilt die Geister satt und bei Laune zu halten. Überall auf der Straße wird Totengeld verbrannt, oder man improvisiert sogar kleine Opern-Aufführungen, denn die transzendentalen Gäste sollen Spaß haben während ihres Ausfluges. Ganz geheuer ist Zhongyuan den meisten Menschen trotzdem nicht: Kaum ein Chinese wird für diesen Tag wichtige Ereignisse planen. Ein Umzug oder gar eine Hochzeit am Tag der Geister stünde unter schlechten Vorzeichen.

Zhonghuojie: Romantische Mondnächte

Viel leiser und weniger spektakulär wird das Mondfest am 15. Tag des achten Monats begangen Das »Mittherbstfest« *(zhonghuojie* 中伙节*)* ist der Tag der voneinander Getrennten: Wer fernab der Familie weilt, darf sich sicher sein, dass die Lieben zu Hause an diesem Tag ganz besonders an ihn denken. Traditionell besteigt man an diesem Tag – wenn möglich – einen Berg, um nachts den Vollmond zu bewundern. Wie zu den anderen Festlichkeiten des Jahres, wird auch hier eine besondere Speise zubereitet: Kleine »Mondkuchen« *(yuebing* 月饼*)* sollen den Mond repräsentieren.

Denken an die Lieben in der Ferne

Der Tag der Abrechnung

Richtig ernst wird es noch einmal am Ende des Jahres, denn am 23. Tag des zwölften Monats ist der Tag des Küchengottes. Während des Jahres wacht er, meist als Bild oder Porzellanfigur, über Heim und Herd. Kurz vor Ende des Mondjahres jedoch steigt er zum Jadekaiser auf, um über die guten wie schlechten Taten der Familienmitglieder zu berichten. Damit keine schlechten Worte über seine Lippen kommen, schmieren ihm die Menschen an diesem Tag Honig um den Mund.

Der Küchengott wacht über Heim und Herd.

Die weltlichen Feiertage

Neben den zahlreichen traditionellen Feiertagen wurden mit der Gründung der Volksrepublik auch einige »weltliche« Feiertage eingeführt. Selbstverständlich gehört der für sozialistische Länder obligatorische »1. Mai« genauso dazu, wie der »Internationale Frauentag« am 8. März. Besonders wichtig ist der 1. Oktober, der Tag der Gründung der Volksrepublik: Rund um diesen Termin schließen viele Fabriken und Firmen für mehrere Tage ihre Pforten.
Neben chinesisch Neujahr ist dies einer der Termine, die sich ganz bestimmt nicht für einen Ausflug in Eigenregie eignen, es sei denn, Sie planen ein ausgiebiges Bad in der Menge.

Am 1. Oktober bleiben viele Fabriken und Firmen geschlossen.

Festumzug in Gansu

INFO

Dies besser nicht zu Chinesisch Neujahr

▶ Am Neujahrstag darf keine Hausarbeit verrichtet werden. Vor allem Putzen, Fegen oder Staubsaugen würde das neue Glück wieder heraustragen. Auch Haarewaschen ist an diesem Tag tabu.

▶ Scharfe Gegenstände bringen am Frühlingsfest Unglück, denn sie zerschneiden die Bande zwischen den Menschen und die Bande zum Glück.

▶ Negative Worte müssen vermieden werden. Wer vom Unglück spricht, ruft es herbei, das gilt an Neujahr noch mehr als sonst.

▶ Da sich die Situation zu Neujahr praktisch das Jahr über reproduziert, sollte man keinen Streit vom Zaun brechen, sonst wird es ein streitvolles Jahr.

Die Bedeutung der Farben

Rot zeigt Freude – Weiß zeigt Trauer.

Ähnlich wie die europäische, kennt auch die chinesische Kultur eine ausgeprägte Farbsymbolik. Die Bedeutung der einzelnen Farben weicht jedoch stark von der unsrigen ab:

Rot *(hong* 红*)* ist die Farbe der Freude und wehrt böse Geister ab. Glückbringende Türbanderolen werden daher auf rotem Papier geschrieben.

Gelb und Gold für Kaiser und Mönche

Gelb *(huang* 黄*)* und **Gold** *(jin* 金*)* sind die Farben des Himmels. Zur Zeit des Kaiserreiches war es dem gemeinen Volk untersagt, sich gelb zu kleiden, denn die Farbe war dem Kaiser vorbehalten. Nur buddhistische Mönche waren von dieser Regel ausgenommen. Im modernen China hat die Farbe aber auch einen anrüchigen Beigeschmack bekommen: Mit dem Begriff »Gelbe Literatur« werden pornographische Werke bezeichnet.

Grün *(lü* 绿*)* ist die Farbe des Lebens und symbolisiert die Harmonie, gilt aber auch als Farbe der Eifersucht. Eine grüne Mütze trägt in China niemand, denn die bedeutet »Hörner aufgesetzt bekommen«

Weiß *(bai* 白*)* ist die Farbe der Reinheit, aber auch der Trauer. Die Teilnehmer von Beerdigungsprozessionen tragen ungefärbte, also natur-weiße Baumwoll-Kleidung.

Rosa *(fenhong* 粉红*)* gilt als die Farbe der Unzucht und Prostitution.

Blau *(lan* 蓝*)* hat nur wenig Bedeutung: Jahrhunderte lang verwendete man in der Umgangssprache den Ausdruck *qing* (青), der so ziemlich alles von dunkelgrau bis blau und grün bedeuten konnte.

Die chinesische Tier-Symbolik

Ähnlich wie bei den Zahlen basiert die Tiersymbolik oft auf der Lautgleichheit mit positiven Begriffen. Der Fisch *(yu* 鱼*)* gilt als Symbol des Reichtums, denn er wird wie das Wort yu *(余)*, Überfluss, ausgesprochen. Die Fledermaus *(bianfu* 蝙蝠*)* steht für das gleichlautende Glück *(fu* 福*)*. Sind es fünf Fledermäuse, symbolisieren sie die Segnungen des Alters: Reichtum, Gesundheit, hohes Alter, Tugendliebe und einen natürlichen Tod.

Der Fisch bedeutet Reichtum.

Das Wort für Karpfen *(li* 鲤*)* hingegen wird genauso ausgesprochen wie der Vorteil *(li* 利*)* und bringt deshalb Glück. Hähne *(gongji* 公鸡*)* vertreiben das Böse – dies übrigens, ohne dass sie dazu einer Laut-Spielerei bedürfen. Die Kiefer *(song* 松*)* tritt ebenfalls oft in der Malerei auf: Sie kann Kälte aushalten und verliert auch im Winter ihre Nadeln nicht und gilt daher als Symbol der Langlebigkeit. Auch der Kranich *(he* 鹤*)* steht für ein langes Leben, da die Vögel auch in der Natur ein sehr hohes Alter erreichen. Tiger *(hu* 虎*)* sind ebenfalls mächtig und gelten als männlichste Tiere. Sie können Dämonen vertreiben und stehen für Tapferkeit. Der Wolf *(lang* 狼*)* hingegen hat kein sehr positives Image. Er repräsentiert Grausamkeit und Gier.

Der Kranich steht für ein langes Leben.

Tiermotiv an einem Tempelaufgang

Persönliche Kontakte

Hallo Ausländer!
Wo kommst du her? Amerika? Europa?
Wie gefällt es dir hier?
Konversation über die Absperrung zweier Toilettenkabinen hinweg,
auf einem öffentlichen Abort in Nanjing, August 2000.

Hello-Reflex beim Anblick von Langnasen

Neugierige Fragen und explosive Nasenschneuzer

Schulkinder in Fuli

Freunde und Bekannte zu finden – das scheint auf den ersten Blick in China überhaupt kein Problem zu sein. Der Anblick eines westlichen Ausländers löst schon bei kleinen Kindern den »Hello-Reflex« aus, selbst wenn diesem mutigen Vorstoß mangels Englischkenntnissen nicht mehr viel Konversation folgen kann. Praktisch jeder Händler, Taxifahrer, Hotelangestellte oder Mitreisende ist an der Langnase *(dabizi* 大鼻子*)* interessiert. Landesweit scheint man sich dabei auf einen identischen Fragenkatalog geeinigt zu haben: Herkunft, Ehestand und natürlich das durchschnittliche Monatsgehalt sind immer Gegenstand des allgemeinen Interesses. Genauso wichtig ist den meisten Chinesen aber auch, welchen Eindruck nun denn ihre Heimat auf Ausländer macht. Die Frage »Gefällt Ihnen China?« ist allerdings eher theoretischer Natur. Sie zu verneinen, wäre höchst unhöflich und würde die meisten Chinesen vor den Kopf stoßen. Hin und wieder bieten die Gesprächspartner selbst eine gutmütige Kritik des Landes an: »Zu chaotisch« finden manche, »zu dreckig« wenden andere ein, gefolgt von einem explosiven Nasenschneuzer, der jedem Ausländer Gänsehaut über den Rücken jagt.

Taschenkontrolle

Sofern sich die sprachlichen Barrieren überwinden lassen, überraschen die angeblich so kühlen und beherrschten Chinesen durch eine unbändige Neugier auf alles Ausländische. Wie ist das Wetter in Deutschland? Wie groß ist die Wohnung? Schmeckt Ihnen das chinesische Essen? Und welche Sehenswürdigkeiten haben Ihnen in China am besten gefallen? Was kostet denn der Pullover, den Sie gerade tragen, in Deutschland? Schnell bildet sich so eine Menschentraube, die das Gesagte vor Ort noch einmal ausführlich durchdiskutiert, einen Blick auf die ausländische Armbanduhr (Rucksack, Schmuck, Kamera etc.) wirft und die europäische Maßarbeit lobt. Auf dem Lande kann es sogar passieren, dass man Ihnen die

Handtasche freundlich aus der Hand nimmt und für eine kurze Inspektion herumreicht. Ans Portemonnaie will Ihnen dabei niemand – es ist einfach nur unglaublich interessant, was denn ein Ausländer so mit sich herumträgt. Für die meisten Reisenden endet der authentische Landeskontakt hier: Zwischen Besichtigungen, Bahnfahrten und Souvenir-Jagd bleibt nun einmal nicht viel Zeit für ausführliche Begegnungen.

Am Rande der Gesellschaft

Auslandsstudenten und so genannte Expats haben es in dieser Hinsicht leichter. Auch wenn es viel Zeit und Mühe kostet, das Chinesische zu meistern, die Belohnung ist ihnen gewiss: Es kommt der Tag, an dem eine gewöhnliche Alltagskonversation keine Schweißausbrüche mehr verursacht. Diese Stufe allerdings offenbart völlig neue Erkenntnisse über die chinesische Gesellschaft – und viel Frustpotential! Denn: Ein Ausländer mag perfekt Chinesisch sprechen, sich ausschließlich mit einheimischen Freunden umgeben, alle Feinheiten der chinesischen Höflichkeit beherrschen – und dennoch für immer ein Außenstehender bleiben.

Damit muss man sich abfinden: Ausländer bleiben immer außen vor.

Sicher gibt es dafür handfeste »physische« Gründe: Westliche Ausländer stechen nun einmal aus der Menge hervor und müssen sich zwangsläufig als Fremde outen. Und zu Fremdem – nun, da hat man in China seit jeher ein gespanntes Verhältnis. Menschen, die ganz offensichtlich nicht dem chinesischen Kulturkreis angehören, werfen automatisch eine Menge Fragen auf: Wie soll man sich einem Fremden gegenüber korrekt verhalten? Gelten hier die chinesischen Regeln oder nicht? Sind Ausländer nicht im Grunde genommen allesamt Barbaren?

Nach konfuzianischer Denkweise hat jeder in der hierarchischen Gesellschaft einen festen Platz und den Anspruch, dementsprechend behandelt zu werden. Um ja nicht den falschen Ton anzuschlagen, gilt es, sein Gegenüber erst der richtigen Position zuzuordnen. Sprache, Kleidung, Gestik – all dies hilft dabei, die Mitmenschen in die richtige Schublade zu sortieren. Bei einem »weißen Teufel« *(bai guizi* 白鬼子*)* ist dies natürlich ein geradezu unmögliches Unterfangen. Manch ein Chinese erstarrt, von einem Ausländer unerwartet angesprochen, deshalb vor Hilflosigkeit geradewegs zur Salzsäule. Einige Worte Chinesisch wirken in diesem Falle Wunder: Na also, die Langnase hat doch ein wenig Kultur!

Ja nicht den falschen Ton anschlagen!

Jüngere Chinesen allerdings nutzen oft gerne die Chance, mit diesen gesellschaftlich nicht zuzuordnenden Wesen auf experimentelle Weise zu kommunizieren. Von westlichen Klischees inspiriert kann dies mitunter recht unterhaltsame Formen annehmen. Ausländische Studenten in China können ein Lied davon singen: Wenn um 23 Uhr Unbekannte an die Tür klopfen (die Uhrzeit? Kein Problem, denn Ausländer sind allesamt Nachttiere!) stehen nicht selten »Waltraut«, »Edelgard« oder »Siegfried« vor der Tür – Chinesen, die nicht nur eine Affinität für germanische Namen entwickelt haben, sondern auch Deutsch studieren und nun nach Übungsmöglichkeiten suchen.

Plötzlich steht Edelgard vor der Tür.

Derrick lässt grüßen

Im Gewühl fällt keiner auf.

Zugegeben, in den Fußgängerzonen der Großstädte wie Beijing, Shanghai oder Kanton rufen Ausländer kaum mehr große Überraschung hervor, schließlich hat das Wirtschaftswachstum genügend westliche Firmen in die aufstrebenden Küstenstädte gelockt. Kaum begibt man sich auch nur an den Stadtrand, sieht die Lage schon anders aus: Zwischen unverhohlener (freundlicher) Neugier und Skepsis schwanken die Blicke. Kein Wunder, haben doch weniger persönliche Kontakte als Derrick, J. R. Ewing und Mao Zedong am Ausländerbild mitgewirkt: Für die meisten Chinesen sind Fernsehen und staatliche Propaganda die einzigen Informationsquellen in Sachen Ausland. Irgendwo zwischen Dallas (versoffen, unmoralisch, kriminell aber ganz schön reich) und ehemaliger Kulturrevolutionspropaganda (der fiese Imperialist!) bewegen sich die Bilder. Nur die ganz Jungen haben mit dem Internet eine aktuelle Quelle gefunden, die auch andere Facetten übermitteln kann. Die unlogische Diskrepanz zwischen aufrichtiger Freundlichkeit gegenüber Ausländern und dem insgeheimen Argwohn, man habe es mit einem ungehobelten Barbaren zu tun, mag dem Westler unvereinbar erscheinen, den meisten Chinesen scheint dies indes keine Probleme zu bereiten.

Reine Äußerlichkeiten: Der erste Eindruck

Von Ausländern wird ein gepflegtes Erscheinungsbild erwartet.

Der Anblick struppiger ausländischer Männerbeine in kurzen Polyesterhosen, bis zum Anschlag hochgezogener Socken und vergammelter Safari-Jacken in der Beijinger Innenstadt gibt den Vorurteilen mancher Chinesen in vielen Punkten recht: Ein wenig komisch sind sie schon, die Ausländer! Eines ist in China eben nicht anders als in der restlichen Welt: Wer ernst genommen werden will, muss einen guten Eindruck machen. Dabei geht es weniger um Schönheit – Ausländer entsprechen ohnehin nicht den gängigen Schablonen und laufen daher sozusagen außer Konkurrenz – sondern um die gepflegte Erscheinung. Was der Ausländer letztlich trägt, also Jeans oder Anzughose, ist eher unwichtig. Saubere Kleidung ist jedoch ein Muss. Auch kaputte Kleidungstücke (ein Zeichen absoluter Armut!) gehören bei einer China-Reise nicht ins Gepäck.

Ärmellos gilt als gewagt.

Schlichtweg abstoßend wirkt weibliches Körperhaar. Achselhaare und besonders starke Bein-Behaarung sollten Frauen rasieren, sonst kann es passieren, dass Sie hier und da ungewollt Aufmerksamkeit erregen. Chinesinnen geben übrigens nur selten Einblick in diese Regionen. Ärmellos gilt als gewagt, genauso wie nackte

Beine unter dem kurzen Rock. Anstelle von Strumpfhosen tragen viele Chinesinnen allerdings knielange Synthetikstrümpfe zu Miniröcken – für das westliche Auge eine geradezu schmerzliche Erfahrung! Falls Sie Männern mit Aubergine-farbenen Nylons mit dekorativem Lochmuster begegnen, sollten Sie übrigens nicht auf homo-erotische Neigungen schließen: Nylonstrümpfe sind in China auch für Männer völlig akzeptabel (ein schräges Mitbringsel, das es ausschließlich in China gibt!)

Begegnung

Überhaupt scheint man im Reich der Mitte eine höchst innige Beziehung zu Nylons zu haben: Manch eine Chinesin mag sich partout gar nicht davon trennen und trägt sie sogar zum Baden im Meer. Schließlich gilt es jegliche Sonnenbräunung zu verhindern!

Anbetracht dessen verwundert es kaum, dass Bikini-Hersteller in China keinen besonders guten Markt finden: Zu knapp und zuviel sichtbare Haut. Dies gilt auch für Ausländer! Einzige Ausnahme: die internationalen Bade-Ressorts der Insel Hainan. Oben ohne kommt auch hier nicht in Frage und dürfte der einheimischen, männlichen Bevölkerung Ohnmachtsanfälle bescheren. Mit einem Badeanzug liegen Sie in China auf alle Fälle richtig, egal, ob es sich um Strand oder Hotelpool handelt.

Kein Markt für Bikinis

In einem Punkt nützt alles Schwimmen, Baden oder Duschen nichts, ein gutes Deo gehört immer ins Gepäck. Europäer schwitzen erheblich mehr als Asiaten und verwandeln sich für chinesische Nasen schnell in echte »Stinker«. Der Beweis ist bei warmem Wetter schnell erbracht: Wenn der Ausländer längst in einer Schweiß-Lache steht und sich mit der Zeitung hilflos Luft zufächelt, ist bei den meisten Chinesen auch im Polyesterhemd kein bisschen Schwitzen zu beobachten.

Ein gutes Deo gehört ins Gepäck.

Amerikaner sind schön

Das Kriterium »Kleidung und Äußeres« wird in China, nicht gerade vorurteilsfrei, gerne zur Herkunftsbestimmung des Ausländers herangezogen. Schick gekleidet, gut geschminkt? Klarer Fall, diese Frau kommt aus den USA. Übernächtigt oder kränklich? Ebenfalls logisch, dieser Mensch kann nur aus Osteuropa kommen. Bis vor wenigen Jahren lautete das Urteil in diesem Fall *suliande* (苏联的) – aus der Sowjetunion. Dank der politischen Entwicklung der letzten beiden Jahrzehnte muss man nun etwas mehr differenzieren, und so werden heute vor allem die Russen bemüht, wenn es um negative Beispiele geht. Selbst im Süden Chinas, wo sich die Präsenz der russischen Kaufleute wahrhaft in Grenzen hält, sind derartige Stereotype gang und gäbe.

Kein Traumland für Afrikaner

Auch die Afrikaner können ein Lied davon singen. Die Frage, ob man denn daheim noch auf den Bäumen lebe, gehört zu den harmloseren Bemerkungen angesichts eines Schwarzen. 1988 kam es gar in Nanjing zu Unruhen, als chinesische Studenten sich über gemischte Beziehungen zwischen einheimischen Frauen und schwarzen Austauschstudenten derart echauffierten, dass die Polizei die Wohnheime der Afrikaner bewachen musste.

Wo bitte liegt Liechtenstein?

Das Europa-Bild der Chinesen ist da schon positiver: Frankreich, England, Holland und die anderen Staaten Westeuropas genießen ein gutes Image, wobei kaum zwischen den verschiedenen Ländern differenziert wird. Reich sind sie alle, und das ist letztlich das wichtigste Kriterium, wenn es um die Beurteilung eines Landes geht.

Spezialpreise für Ausländer

Deutschland ist den Chinesen in verschiedener Hinsicht bekannt: Karl Marx natürlich, schließlich wird China von einer kommunistischen Partei regiert, und natürlich die Wiedervereinigung. Auch China ist ein geteiltes Land, zumindest in den Augen der Festlands-Bevölkerung. Dass Taiwan-Chinesen die »Taiwan-Frage« nur ungern so formulieren sehen, versteht sich von selbst. Deutsche gelten als pünktlich, wohlhabend und korrekt, wenn auch nicht so spannend wie Amerikaner. Die nämlich sind immer gut für einen kleinen Skandal, überschwängliche (und daher unangemessene) Szenen, interessante Kleidungs-Kombinationen und vor allem hart im Nehmen, wenn es um Spezialpreise für Ausländer geht. Alles in allem also eher seltsam, menschlich und deshalb doch irgendwie sympathisch. Diverse militärische Auslandseinsätze der US-Truppen (beispielsweise der Irak-Krieg) sorgen jedoch immer wieder für Minuspunkte. Bürger kleiner europäischer Länder werden enttäuschend wenig Assoziationen wecken: Mit Island, Luxemburg oder gar Liechtenstein können die wenigsten Chinesen etwas anfangen.

Von Komplimenten und anderen Nettigkeiten

Du bist schön weißhäutig!

Eine positive Gesprächsatmosphäre ist in China von größter Wichtigkeit – da bieten sich einige nette Worte an den gerade kennen gelernten Ausländer natürlich an: Vielleicht ein freundliches Kompliment wie »Du bist echt weißhäutig!« »Na prima!«, denkt sich der fremde Gast und setzt im Geiste eine Runde Solarium auf die To-Do-Liste. Noch beliebter ist ein verschmitzter Verweis auf die Leibesfülle wie »Hey, bist du fett!« oder andere körperliche Anspielungen zum Beispiel auf die »Ganz schön große Nase, was?«. Böse gemeint ist dies in der Regel nicht, wenn auch in der Tat nicht sehr feinfühlig. Meist sind es einfache Menschen, die so eine Konversation in Gang bringen wollen: Chinesische Höflichkeitsregeln kommen hier ja nicht zur Anwendung (Sie ahnen es, die Sache mit den Barbaren), und da kann man doch gleich die Wahrheit sagen, oder? Im Übrigen ist eine gewisse Leibesfülle in abgelegenen Gebieten noch immer ein Zeichen des Wohlstandes und deshalb eigentlich nichts Schlechtes.

Kultivierte Chinesen haben eine für uns nicht minder seltsam anmutende Methode, dem Fremden gegenüber Respekt und Ehrerbietung zu zeigen: Alles Eigene wird um einige Stufen herabgesetzt, der Fremde hingegen in den Himmel gelobt. Sein Licht unter den Scheffel stellen, das ist einfach nur nett gemeint, und sollte niemals ernst genommen werden. Da behaupten gestandene Germanistik-Professoren, sie könnten »ein wenig Deutsch«, Großunternehmer verweisen auf ihren »kleinen Betrieb, gar nicht erwähnenswert«, berühmte Künstler »malen ein wenig in der Freizeit«. Dieselben Menschen werden ein berechtigtes Kompliment deshalb auch nie direkt annehmen, sondern mit einem »nali nali« (哪里哪里), wörtlich: »Ach wo!«, abwehren. Kein Wunder, dass die westliche Eigenart, die eigenen Verdienste in den Himmel zu loben, in China höchst ungehobelt wirkt.

Wer sich selbst herabsetzt, ehrt sein Gegenüber.

Die Gedanken einkreisen

Genauso schwer tun wir Westler uns mit der chinesischen Angewohnheit, niemals wirklich direkt eine Meinung, einen Wunsch auszudrücken. »Was muss ich tun, damit ich meinen Willen durchsetzen kann?«, fragt sich der Europäer und verhält sich dementsprechend. Für die meisten Chinesen bestimmt indes eine völlig andere Frage das Leben: »Was muss ich tun, damit die allgemeine Harmonie gewahrt wird?«. Ganz so selbstlos, wie es auf den ersten Blick

Verständigung auch ohne Worte: Schuster in Hohot

wirkt, sind jedoch auch die Chinesen nicht; auch im Reich der Mitte haben Menschen das eine oder andere Begehren. Die komplizierten Versuche zu erahnen, was der Kollege (oder schlimmer noch, der Chef) niemals aussprechen würde, sind hier und da hoffnungslos und zeitaufwendig. In der Regel wird man eine Bitte oder Forderung von allen Seiten einkreisen – solange, bis der Angesprochene von selbst darauf kommen muss. Unter Chinesen mag dies funktionieren, Europäer jedoch sind eine klare Diktion gewöhnt. Der schüchterne Hinweis, ob man vielleicht, falls möglich, nur wenn es keine Umstände macht, bitte, aus der Apotheke ein bestimmtes Medikament mitbringen möchte, ist eine Bitte, die ein Chinese kaum ablehnen kann. Für Deutsche ist es bestenfalls eine Option – wenn es wichtig wäre, dann hätte man es doch gesagt! Kein Wunder, dass

Klare Diktionen sind unter Chinesen unüblich.

Chinesen zuweilen an uns Europäern verzweifeln: »Wie direkt muss ich denn noch werden?« mag mancher insgeheim seufzen. Alles in allem führt dies zu sehr unangenehmen Missverständnissen mit viel Gesichtsverlust-Potential.

Die Formalitäten im täglichen Miteinander

Unausgesprochen erwarten Chinesen von ihrem Gesprächspartner, dass er, auch im Streit, die Integrität des anderen wahrt. Einen anderen Menschen öffentlich zu kritisieren, gilt deshalb als höchst unhöflich, auch wenn die Kritik gerechtfertigt ist. Genauso prekär wäre es, den Gesprächspartner zu zwingen, Fehler einzugestehen oder gar solange auf einem Punkt herumzureiten, bis er nicht umhin kann, sich der Meinung des anderen zu beugen. Erheblich geschickter ist es, dem Gegenüber die Möglichkeit zu geben, von selbst eine Kursänderung vorzunehmen und so das Gesicht zu wahren.

Chinesische Namen

Ein Mann namens Rote Fahne

Mit chinesischen Namen tun sich viele Ausländer schwer. Zu Unrecht, denn eigentlich ist das zugrunde liegende System recht einfach: Generell wird der Nachname vorangestellt. *Ma Qianzhu* wäre also Herr oder Frau *Ma*. Da Familiennamen fast ausnahmslos einsilbig sind, Vornamen aber häufig zweisilbig, sind beide meist problemlos voneinander zu unterscheiden. Ob es sich um einen Mann oder eine Frau handelt, ist für Ausländer ohne Chinesischkenntnisse allerdings nicht ersichtlich, da sich das Geschlecht nur über die Bedeutung erschließt. Frauen haben besonders oft »blumige« Namen oder werden nach weiblichen Tugenden benannt, während Männer eher »kernige« oder heldenhafte Namen tragen. Eine Tradition, die immer mehr zugunsten individueller Namensgebung verschwindet, ist der Generationsnamen: Alle Kinder der Familie tragen dann eine gemeinsame Silbe in ihrem Vornamen. Hin und wieder gibt der Vorname sogar Aufschluss über das Alter eines Chinesen: Ein Mann namens »Rote Fahne« ist mit größter Wahrscheinlichkeit während der Kulturrevolution geboren.

Anreden

Nur noch echte Parteigenossen

Bis in die 1980er Jahre war es denkbar einfach: Mit dem sozialistischen »Genosse« *(tongzhi* 同志*)* wurden Männer und Frauen gleichermaßen angesprochen, völlig unabhängig von Alter und sozialem Status. Seit Beginn der 1990er Jahre kehren jedoch die »bürgerlichen« Bezeichnungen wieder zurück. Heute würde man mit einem »tongzhi« wahrscheinlich Gelächter ernten. Nur echte Parteigenossen bedienen sich noch dieser Anrede. Stattdessen sind »Herr« *(xiansheng* 先生*),* »Frau« *(taitai* 太太*)* und »Fräulein« *(xiaojie* 小姐*)* zurückgekehrt. Sie werden hinter den Nachnamen gestellt. *Ma xiansheng* wäre also Herr *Ma, Wang xiaojie* das Fräulein *Wang*.

Titel und Berufsbezeichnungen gehören ebenfalls hinter den Namen. So könnte Herr *Ma*, sofern er denn promoviert hat, auch als »Dr. Ma« *(Ma boshi* 博士*)* angesprochen werden. Lehrer *(laoshi* 老师*),* Manager *(jingli* 经理*)* und Direktoren *(zhuren* 主任*)* werden ebenfalls mit dem Titel adressiert. Falls ein »Vize-« vor dem Rang steht, wird er freundlicherweise unterschlagen. Trifft Herr *Ma* einen alten Freund, wird dieser ihn eventuell mit »Lao Ma« betiteln. Die Vorsilbe »lao« *(*老*)*, alt, deutet auf ein sehr vertrautes Verhältnis hin. Ist der Angesprochene deutlich jünger, erhält er stattdessen die Vorsilbe »xiao« *(*小*)*, klein. Im Alltag und unter weniger vertrauten Kollegen wird meist der komplette Name verwendet. Im Zweifelsfalle sollten Sie es genauso halten, denn damit kann man eigentlich nichts falsch machen.

Titel und Rang geben Gesicht.

Innerhalb der Familie gestalten sich die Verhältnisse um einiges komplizierter: Für jede »Position« im Familienstammbaum gibt es eine genaue Bezeichnung, die nicht nur die Herkunft (mütterlicherseits, väterlicherseits) anzeigt, sondern auch das Alter im Verhältnis zum Sprecher reflektiert.

Für jeden Verwandten gibt es eine genaue Bezeichnung.

Weniger reglementiert ist der Umgang mit kleinen Kindern. Sie werden mit allerhand Kosenamen belegt, von denen viele geradezu abwertend sind. Mit Ausdrücken wie »Kleiner Furz« oder »Würmchen« werden böse Dämonen in die Irre geleitet: Ein derart »minderwertiges« Kind lassen sie gerne links liegen.

Begrüßungen und Abschied

Mittlerweile können Sie wochenlang durch das städtische China reisen, ohne jemals dem traditionellen Gruß zu begegnen: Westliches Händeschütteln hat sich in den Küstenregionen längst durchgesetzt. Auf dem Lande ist die kleine Verbeugung mit vor der Brust übereinander gefalteten Händen durchaus noch üblich.

Händeschütteln setzt sich durch.

Alles in allem unterscheiden sich die »Begrüßungsrituale« nur wenig von den westlichen Konventionen. Die einzige Ausnahme: In China wird streng hierarchisch vorgegangen, der Wichtigste wird zuerst gegrüßt, auch wenn es sich um eine gemischte Gruppe handelt. Frauen werden also nicht bevorzugt bedacht. Das italienische Küsschen auf die Wange sollten Sie sich auf jeden Fall verkneifen, ein derart intimer Kontakt ist Paaren vorbehalten.

Keine Vorzugsbehandlung für Frauen

Der passende Text zum Händedruck ist denkbar einfach: Die Grußformel »Ni hao« (你好 »Du gut?«) gilt zu jeder Tages- und Nachtzeit und entspricht unserem »Guten Tag«. Mehrere Menschen gleichzeitig werden mit »Nimen hao« (你们好 »Ihr gut?«) adressiert. Begegnen Sie demselben Menschen mehrmals am Tag (zum Beispiel unter Kollegen oder im Hotel), ist morgens »zao'an«

INFO **Sie und Du**

Über die Feinheiten zwischen »Sie« und »Du« muss sich in China niemand den Kopf zerbrechen. Zwar kennt das Chinesische eine höfliche Form »nin« (您), die sich von dem allgemeinüblichen »ni« (你) unterscheidet, verwendet wird sie jedoch eher selten.

(早安 »friedlicher Morgen«) und abends »wan'an« (晚安 »friedlicher Abend«) die beste Variante.

Der traditionelle und bei Deutschen besonders beliebte chinesische Gruß »Hast Du schon gegessen?« *(chiguole ma?* 吃过了吗*)* ist immer seltener anzutreffen und hat einen altbackenen Touch.

Verabredungen

Am besten im Park

Sie haben während eines Stadtbummels nette Menschen kennen gelernt und möchten sich verabreden – kein Problem. Nur wo? Aufs Hotelzimmer sollten Sie unter keinen Umständen bitten, das wäre völlig unüblich. Auch die direkte Frage, ob man sich nicht einfach in der Wohnung des neuen Bekannten treffen könne, gehört eindeutig in die Kategorie »auf die Pelle rücken«. Viele Chinesen wohnen sehr beengt und legen vielleicht keinen Wert darauf, diesen Umstand vor ausländischen Augen auszubreiten. Wenn es sich um jüngere Chinesen handelt, ist es sehr viel wahrscheinlicher, dass Sie sich für einen Bummel im Park oder einen Stadt-Spaziergang treffen werden.

Raus aus der heimischen Enge: Geselligkeit an der frischen Luft

Eine weitere Alternative wäre eine Verabredung zum Essen, wobei es durchaus sein kann, dass sich Ihr Gegenüber schon aus Angst vor den Kosten nicht darauf einlässt. Das Menu eines teuren Restaurants kann das gesamte Monatsbudget eines Studenten verschlingen. Selbiges gilt für Bars und Diskotheken. Die neuen Yuppies der Großstädte mögen sich dies problemlos leisten können, für 99% der anderen jedoch liegen derartige Vergnügungen jenseits des finanziellen Horizontes. Die Frage ob, und wo Sie sich letztlich verabreden, erfordert ein wenig Fingerspitzengefühl, denn eine direkte Ablehnung wäre viel zu unhöflich. Falls Sie also den falschen, sprich einen zu teuren Ort wählen, werden Sie wahrscheinlich kommentarlos versetzt. Vielen Chinesen ist es peinlich, etwas abzusagen, und sie lassen daher einfach die »Tatsachen sprechen«. Hier kann es hilfreich sein, die Verabredung eindeutig als Einladung zu formulieren. Dies gilt selbstverständlich nur im privaten Rahmen: Geschäftliche Zusammenkünfte können durchaus im Restaurant, in einer Bar oder einem anderen gastronomischen Ort stattfinden. Studenten haben es in dieser Hinsicht sicher am leichtesten: Sie wählen das eigene Wohnheim als Treffpunkt und liegen damit bestimmt richtig.

Bei der Wahl des Restaurants Fingerspitzengefühl walten lassen!

INFO

Das richtige Gastgeschenk

Mehr noch als im Westen, sind kleine Geschenke beim ersten Hausbesuch üblich. Falls Sie nichts Passendes aus der Heimat mitgebracht haben, liegen Sie mit Obst (immer in gerader Anzahl, das bringt Glück!) oder Pralinen immer richtig. Eine besondere Freude machen Sie den Gastgebern, wenn Sie eines der folgenden Geschenke extra aus Deutschland mitbringen:

▶ landestypische Alkoholika
▶ eine Stange importierter Zigaretten
▶ ausländische Parfums
▶ ausländische Briefmarken ohne Stempel oder Ersttagsblätter (abgestempelt!)
▶ Bildband der Heimatregion
▶ fremdsprachige Bücher

Selbst wenn das Geschenk nicht genau den Geschmack der Gastgeber trifft, die Geste zählt! In diesem Zusammenhang sei auch erwähnt, dass man in China durchaus zwischen Billig-Schnaps und einem teuren Cognac unterscheiden kann. Auch Nylonstrumpfhosen oder Taschenrechner gehören seit Jahren nicht mehr in den Geschenkkorb. Mittlerweile werden derartige Waren zuhauf im Lande hergestellt.

Der europäische »Klassiker« Schnittblumen ist übrigens als Mitbringsel nicht geeignet, da man sie eher mit Beerdigungen als privaten Besuchen verbindet. Üblicherweise werden Geschenke nicht vor den Augen des Gebenden ausgepackt, sondern scheinbar unbeachtet in die Ecke gelegt, schließlich will man nicht gierig erscheinen.

Expedition ins Privatleben

Im Zweifelsfall auch hier auf Intuition setzen!

Private Besuche können zu wunderbaren Freundschaften führen – oder aber sich zu einem multikulturellen Minenfeld entwickeln. Schon die Einladung selbst kann eine heikle Angelegenheit sein, denn die Höflichkeit gebietet es, dass Einladungen erst einmal pro Forma abgelehnt werden. Das obligatorische »ich möchte Ihnen keine Umstände machen« oder andere Floskeln sollten allerdings nicht so überzeugend vorgebracht werden, dass der potentielle Gastgeber beleidigt die Segel streicht. Im Alten China war ein Angebot nur dann ernst gemeint, wenn es dreimal vorgetragen wurde, und mit dieser Regel fahren Sie auch heute noch gut. Wer sofort akzeptiert, fällt eventuell auf eine bloße Höflichkeitsfloskel herein und beschert dem Gastgeber wie sich selbst einen höchst unangenehmen Abend. Um ein bisschen Feingefühl kommen Sie trotzdem nicht herum: Gerade die junge, städtische Bevölkerung kennt die ausländischen Spielregeln und hält sich nicht immer an die traditionellen Vorgaben. Im Zweifelsfalle verlassen Sie sich auf ihre Intuition!

Pünktlichkeit macht auch in China einen guten Eindruck.

Eine Einladung nach Hause beinhaltet oft auch eine Mahlzeit. Schon aus diesem Grunde wäre es unhöflich zu spät zu kommen. Falls Sie unterwegs aufgehalten werden, sollten Sie, sofern möglich, telefonisch Bescheid sagen. Generell gilt: Zehn Minuten zu spät ist kein Problem. Viel zu früh sollten Sie allerdings auch nicht erscheinen, denn das könnte man als Gier auslegen.

Je nachdem, wie die Wohnung der Gastgeber eingerichtet ist, gehört es zum guten Ton, die Schuhe vor der Türschwelle auszuziehen. Ist der Boden mit Bastmatten bedeckt und auch die gesamte Familie des Hausherren mit Hausschuhen ausgestattet, ist dies ein untrügliches Zeichen, dass auch Sie besser ihre Straßenschuhe draußen lassen sollten. Je weiter Sie sich in China nach Süden bewegen, desto eher wird dies der Fall sein. Aus verständlichen Gründen: Im Norden ist es im Winter schlichtweg zu kalt, als dass man dem Besucher diese Sitte guten Gewissens aufdrängen könnte.

Miteinander reden – doch worüber?

Sitzt man erst einmal bei einer Tasse Tee zusammen, kommt der gemütliche Teil des Tages: Chinesen freuen sich eigentlich immer über Gesellschaft, und selten wird man einen Menschen alleine herumsitzen sehen. »Zeit für sich selbst« ist eher nicht so wichtig, lieber hält man da ein nettes Pläuschchen mit einem Besucher oder einem Nachbarn.

Harmonie ist auch im Gespräch angesagt.

Westlich-chinesisch gemischte Gesprächsrunden verlaufen allerdings nicht immer zur Zufriedenheit beider Seiten: »Nett, aber langweilig« lautet das Urteil auf europäischer Seite, »unhöflich und rebellisch« denken sich die Chinesen insgeheim und wundern sich über die europäische Unsitte, jedes Gespräch in eine hitzig debattierte Kontroverse zu verwandeln.

Politische und hitzig geführte Diskussionen wirken auf Chinesen befremdlich – schließlich geht es darum, die Harmonie herzustellen, nicht sie kaputt zu reden.

Bevor ein echter Streit entstehen kann, wird lieber einer der Gesprächspartner nachgeben. Das hält zwar niemanden davon ab, eine eigene Meinung zu haben, sehr wohl aber, sie auszudrücken.

Die moderne Geschichte Chinas gibt den Vorsichtigen recht: Zu oft wurde das Volk aufgerufen, seine Kritik und Meinung kund zu tun, nur um nach einer blitzschnellen politischen Wende die Vorlauten als »Rechtsabweichler«, »bourgeoise Elemente« oder »Kapitalisten« zu brandmarken. Wenn es etwas gibt, dass alle Chinesen gelernt haben, dann ist es eines: Erst hinhören und hinsehen, dann sprechen.

Manchmal führt allerdings gerade diese Maxime dazu, dass Chinesen sich gegenüber Ausländern öffnen, sofern die sprachlichen Bedingungen es zulassen. Hier muss sich eben niemand Gedanken um die politischen Konsequenzen seiner Bemerkungen machen.

Hitzige Diskussionen wirken befremdlich.

Beim Einkaufen ergibt sich leicht ein Gespräch.

Je besser sich beide Seiten kennen, desto eher verschwindet das übertriebene Harmonie-Streben und macht einer echten, leidenschaftlichen Diskussion Platz. Sensible Themen wie die Taiwan-Frage, Tibet-Politik oder die Politik der Kommunistischen Partei im Allgemeinen sollten Sie allerdings nur mit guten Freunden erörtern.

Für den Anfang sind Fragen zur Familie oder zum Beruf ein guter Einstieg. Fotos Ihrer Familie, Ihrer Heimat werden auf ehrliches Interesse stoßen. Gespräche über kulinarische Themen erfreuen sich ebenfalls größter Beliebtheit, schließlich sind Chinesen nicht nur unglaublich stolz auf ihre Küche, sondern legen auch im Alltag größten Wert auf die richtige Ernährung und führen mit Hingabe stundenlange Diskussionen über die gesundheitlichen Auswirkungen dieser oder jener Ernährungsweise.

Smalltalk auf Chinesisch

Generelle Fragen zum Land, sei es in historischer, gesellschaftlicher oder sonst irgendeiner Hinsicht, wird normalerweise jeder gerne beantworten, denn man freut sich über das Interesse an China. Falls doch einmal der Gesprächsfluss völlig ins Stocken geraten sollte, dürfen Sie gelassen bleiben: Während wir Europäer in solchen Momenten geradezu krampfhaft die Stille zu füllen suchen, scheinen Chinesen mit diesen Pausen sehr viel entspannter umzugehen. Häufen sich allerdings diese wortlosen Momente, könnte es sein, dass die Gastgeber müde sind. Fast alle Chinesen sind Frühaufsteher und lassen den Abend daher eher ausklingen als Europäer.

Keine Panik bei Gesprächspausen!

Zwischengeschlechtliches

Wenn die große Liebe passiert ...

Viele Ausländer, vor allem Studenten und ausländische Arbeitskräfte, finden in China nicht nur Freunde, sondern manchmal auch die große Liebe. Und wieder tut sich eine ganz neue Perspektive auf, denn Verbindungen zwischen Chinesen und Nicht-Chinesen werden nicht gerne gesehen. Von vornherein müssen diese Beziehungen mit vielen Schwierigkeiten fertig werden: Der insgeheime Verdacht, der chinesische Partner könnte nur auf einen ausländischen Pass aus sein, die spöttischen Bemerkungen der westlichen Kollegen, man habe sich so ein »asiatisches Mäuschen« angelacht, die mehr oder minder versteckten Blicke der Passanten bei einem Abendspaziergang. Die Kombination europäischer Mann und chinesische Frau wird dabei noch eher akzeptiert, als die (im Übrigen seltene) Verbindung zwischen Europäerin und Chinese. Vielleicht liegt es daran, dass chinesische Frauen sehr oft dem weiblichen Ideal der Ausländer entsprechen, viele Chinesen aber Europäerinnen als sehr unweiblich empfinden und kaum als Frau sehen.

Interkulturelle Missverständnisse schmerzen hier am meisten.

Egal, in welcher Kombination die multikulturelle Beziehung letztlich zustande kommt, eines ist sicher: Beide Seiten gehen meist von völlig anderen »Selbstverständlichkeiten« aus. Sobald eine intimere Beziehung entstanden ist, steht in China – unausgesprochen – oft die Heirat auf dem Plan, für Europäer sind einige gemeinsam verbrachte Nächte jedoch noch lange kein Grund, das Standesamt ins Spiel zu bringen. Das offizielle Zusammenleben vor der Ehe ist bestenfalls in der Avantgarde- und Künstlerszene der Großstädte möglich, ansonsten aber kaum praktikabel. Auch die vermeintliche Anonymität eines fremden Ortes hilft da wenig: Gemischte Paare bekommen ohne Trauschein oft kein Hotelzimmer.

Ein Imageverlust der chinesischen Freundin, der nie wieder gut zu machen ist.

Schon das »unverbindliche« Kennenlernen ist nicht immer möglich: In den Großstädten wie Beijing, Shanghai oder Guangzhou gibt es zwar genügend Kneipen, in denen ein multikulturelles Date kein Aufsehen erregt. Verabreden Sie sich als europäischer Mann hingegen in einer Kleinstadt mit einer unverheirateten Chinesin im einzigen Restaurant des Ortes, führt dies zwangsläufig zu viel Gerede und zu einem nie wieder gut zu machendem Imageverlust der Frau.

Aus Sicht der Familie ist die Ehe mit einem Ausländer selten wünschenswert, werden doch daraus Mischlingskinder entstehen, die nicht als »echte« Chinesen gelten. Ist die Familien-Hürde erst gemeistert, sind die Ringe getauscht, geht es meist zurück nach Europa – wieder eine gewaltige Herausforderung, diesmal allerdings für den chinesischen Part: Kaum ein Chinese hat realistische Vorstellungen vom Ausland. Kein Wunder, sind doch die Informationsquellen noch immer recht spärlich. Auch über den vermeintlichen Reichtum Europas herrschen recht sonderbare Vorstellungen, und manch eine Chinesin ist überrascht, dass auch in Deutschland ein Mercedes durchaus Geld kostet.

Minenfelder entschärfen!

Alles in allem sind dies keine Gründe, einer internationalen Beziehung zu entsagen, wohl aber Anlass genug, durch viele Gespräche wenigstens die gröbsten Minenfelder zu identifizieren.

Persönliche Kontakte: So umschiffen Sie die Probleme!

▶ Wenn Sie über China gefragt werden, halten Sie sich mit Kritik erst einmal zurück. Man wird auch Ihr Heimatland nie offen kritisieren.

▶ Politische Themen sind erst einmal ungeeignet, das Eis zu brechen. Versuchen Sie es stattdessen mit einigen persönlichen Fragen.

▶ Bleiben Sie gelassen, wenn Ihnen immer wieder dieselben Fragen gestellt werden. Auch wenn es so aussieht, als habe sich ganz China verschworen, Sie damit in den Wahnsinn zu treiben – es ist nicht so.

▶ Wundern Sie sich nicht, wenn Ihnen aus unserer Sicht sehr »intime« Fragen gestellt werden. Niemand zwingt Sie, auf die Frage nach dem Gehalt ehrlich zu antworten.

▶ Falls Sie keine Kinder haben, legen Sie sich am besten jetzt schon eine gute Ausrede bereit, denn man wird Sie ganz bestimmt nach dem »Warum« fragen.

▶ Falls Sie sich verabreden, lassen Sie im Zweifelsfalle Ihren chinesischen Bekannten das Wie und Wo entscheiden. So können Sie sicher sein, dass Sie ihn nicht in eine prekäre Situation bringen.

Einst als »bourgeois« verfemt, sind westliche Hochzeiten heute wieder in.

Sprachliche Grundlagen

Titelblatt der Yunnan Daily vom 23. November 2003

Eine Sprache ohne Alphabet

Ein kurzer Blick auf eine chinesische Tageszeitung (oder besser noch, auf einen handschriftlichen Brief!) genügt in der Regel, um den zart aufkeimenden Wunsch, Chinesisch zu lernen, sofort wieder sterben zu lassen. Warum nur, fragt sich der westliche Betrachter, benutzen die Chinesen nicht einfach ein Alphabet?

Die Struktur des Chinesischen

Die Antwort liegt in der Struktur, denn als »isolierende« Sprache kennt das Chinesische keine veränderbaren Wortendungen. Man braucht sie auch nicht, denn die Grammatik ist denkbar simpel. Es gibt keine Konjugationen, Deklinationen, fast keinen Plural, selbst die Zeiten sind auf wenige Formen reduziert, die mit Hilfe von Partikeln an das Satzende angehängt werden.

Simple Grammatik

Der folgende Satz:
   Morgen werde ich nach Shanghai fahren. Willst du mich begleiten?
lautet auf Chinesisch:
   明天我去上海。你要不要陪我
   Mingtian wo qu Shanghai. Ni yao bu yao pei wo?
   Wörtlich: Morgen ich fahren Shanghai. Du wollen nicht wollen begleiten ich?

Geradezu verwirrend einfach ist auch die Zuordnung der Wörter in verschiede Kategorien: Viele sind genauso Adjektiv wie Verb oder Substantiv. So ließe sich das Wort *hao* (好) mit »gut« übersetzen, oder aber »das Gute« oder »verbessern«, je nach Kontext. Im Grunde genommen sprechen Chinesen also permanent mit dem Wortstamm. Für Muttersprachler einer indoeuropäischen Sprache ist dies höchst gewöhnungsbedürftig, denn für uns ist es selbstverständlich, die näheren Umstände einer Aussage (Wer tut was, wann etc.) grammatikalisch genau zu definieren.

Deutung im Kontext

Gesungene Wörter

Besonders problematisch ist, dass das Chinesische überhaupt insgesamt nur über ca. 400 lautliche Silben verfügt. Deutsche beispielsweise können auf über 10 000 verschiedene Silben zurückgreifen um neue Wörter zu bilden, Engländer immerhin auf 8000. Mit einigen hundert Silben lässt sich nun bei aller Mühe kein vernünftiger Wortschatz bilden.

Wenig Silben

Hier behelfen sich die Chinesen mit verschiedenen Tonhöhen. Da das Chinesische eine »tonale« Sprache ist, macht es einen großen Unterschied aus, ob eine Silbe beispielsweise langgezogen gleichlautend oder aber abrupt nach unten zu Ende geführt wird. Das klingt kompliziert – und ist es auch. Die vier verschiedenen Tonhöhen sind ein nicht endender Quell von Frustration für ausländische Lernende. Sie entlarven jeden Ausländer am Telefon nach wenigen Worten, bieten Stoff für viele peinliche Missverständnisse und sind für ungeübte Ohren nur schwer zu erkennen.

Vier Töne

INFO

Chinesisch: Die Eckdaten

Die offizielle Amtssprache Chinas ist das Putonghua (普通话), das vor allem auf dem Nordchinesischen basiert und im Westen als »Hochchinesisch« bzw. »Mandarin« bekannt ist. Daneben gibt es noch zahlreiche Dialekte wie beispielsweise Wu, Kantonesisch, Min, das auf beiden Seiten der Taiwan-Straße gesprochen wird, und viele andere regional begrenzte Dialekte. Sie alle gehören, so wie Mandarin, zur Familie der sino-tinetischen Sprachen. Von der Hochsprache unterscheiden sie sich allerdings so sehr, dass eine Verständigung oft nur über die gemeinsamen Schriftzeichen möglich ist: Unabhängig von der Aussprache werden alle Dialekte gleich geschrieben. In der Praxis sind derartige Verständigungsprobleme aber selten, denn landesweit erfolgt der Schulunterricht in Putonghua. Weltweit sprechen weit mehr als eine Milliarde Menschen einen der chinesischen Dialekte als Muttersprache.

Jede Silbe ein Wort

Wortschöpfungen

Durch die verschiedenen Tonhöhen ergeben sich ca. 1300 mögliche Silben – also noch immer nicht genug Material für einen ausreichenden Wortschatz. Dies gilt umso mehr, weil doch im Chinesischen jede Silbe ein eigenständiges Wort darstellt und durch ein eigenes Zeichen repräsentiert wird. Das moderne Leben lässt sich mit den ursprünglichen einsilbigen Worten natürlich nicht mehr bewältigen. Im Chinesischen wird daher mittlerweile eine Vielzahl mehrsilbiger Worte verwendet, die wiederum aus den alten Zeichen zusammengesetzt sind.

Silbenkombinationen

Der chinesische Ausdruck für »Gesellschaft« *(shehui* 社会*)* beispielsweise, besteht aus *she* (社) für Organisation und *hui* (会) für Gemeinschaft. Besonders die moderne Technik erfordert viele neue Zusammensetzungen. »Handy« *(shouji* 手机*)* zum Beispiel wird aus »Hand« *(shou* 手*)* und »Gerät« *(ji* 机*)* gebildet. Der taiwanesische Ausdruck bringt dies sogar noch besser zur Geltung: *xingdong dianhua* (行动电话) bedeutet wörtlich »gehen-bewegen Elektrizität-Sprache«.

Und noch mehr Zeichen

Durch die Schaffung mehrsilbiger Worte wird auch ein weiteres Problem behoben: »Im Chinesischen klingt immer alles irgendwie gleich« lautet ein diffuses deutsches Vorurteil. Und in der Tat muss es bei nur einigen hundert verschiedenen Silben zwangsläufig viele gleich lautende Worte (Homonyme) geben. Die Silbe *an* zum Beispiel entspricht einer Vielzahl von verschiedenen Zeichen:

安 按 案 岸 俺 暗 庵 厂 氨 案 胺
谙 铵 鞍 黯 氨 掩 桉 揞 犴 盦 鹌

sind nur einige derer, die allesamt so ausgesprochen werden, aber natürlich grundlegend unterschiedliche Bedeutungen haben. Möchte nun jemand das Wort *an* (安) für »Frieden« verwenden, wird er es mit einem anderen, ähnlichen oder synonymen Ausdruck kombinieren. Das Wort *anping* (安平), »Frieden-Frieden« ist nun eindeutig.

INFO

Auf den Tonfall kommt es an

Vier Töne gilt es zu beherrschen, um verständliche Sätze von sich zu geben:
▶ Der erste Ton . . . . . bāi (abbrechen) . . . 掰
bleibt gleich bleibend hoch, so wie das »Aaah« bei einer Halsuntersuchung.
▶ Der zweite Ton . . . bái (weiß) . . . . 白
geht leicht nach oben, so wie bei einer Frage.
▶ Der dritte Ton . . . . bǎi (100) . . . . 百
fällt erst und steigt dann wieder auf, so wie bei einer sehr verwunderten Frage.
▶ Der vierte Ton . . . . bài (verderben) . . . 败
fällt nach unten, so wie der Hundebefehl »Aus!«
Ohne Beachtung der Töne nützt die beste Aussprache nichts. Wer vor der Reise
wirklich ein wenig Chinesisch lernen will, sollte sich daher immer auch eine
Begleitkassette zum Sprachlehrbuch kaufen.

Damit wäre auch erklärt, warum unser Alphabet oder eine andere Lautschrift in
China keine Chance hätte: Welches *»an«* denn nun gemeint ist, lässt sich nur
anhand des dazugehörigen Zeichens wirklich eindeutig klären.

Das feudale Erbe beseitigen!

Wie verwirrend sich das europäische Alphabet auf chinesische Texte auswirken
kann, zeigte sich bald nach der Machtübernahme der Kommunistischen Partei:
Die Zeichen galten als »feudales Erbe« und waren zudem für die vielen Analphabeten des Landes nur zäh zu erlernen. »Weg damit!« lautete die Devise der
1950er Jahre. Zahlreiche Bücher wurden ausschließlich in Transkription ge-
druckt – und versauerten in den Regalen der Buchhandlungen. Selbst politisch
»gefestigte« Sozialisten mussten eingestehen, dass die Texte schlichtweg nicht zu
verstehen waren.

Ca. 3000 Zeichen braucht man, um einen All- tagstext zu verstehen.

Also büffeln die Kinder heute in der
Schule wieder Zeichen. Und zwar unglaublich viele davon. Um die 50 000
gibt es insgesamt. So viele Zeichen
beherrschen natürlich selbst sehr ge-
bildete Chinesen nicht. Müssen sie
auch nicht, denn ein Großteil davon
ist ohnehin nicht mehr in Gebrauch.
Zirka 3000 Zeichen sollte man kennen, um einen Alltagstext gut zu verstehen. Chinesen mit höherer Bildung erreichen natürlich höhere
Werte. Dies hat nicht nur mit dem

Kaufhaus-
fassade

INFO

Sprachliche Richtungswechsel

Chinesische Zeitungssetzer haben einen klaren Vorteil gegenüber ihren westlichen Kollegen: Sie können die Texte praktisch in alle Richtungen laufen lassen. Da jedes Zeichen einen eigenen Sinn hat und eine »fertige« Einheit ist, macht es theoretisch keinen Unterschied, in welche Richtung man einen Zeichen-Text schreibt. In der Volksrepublik favorisiert man mittlerweile die westliche Variante, also horizontale Zeilen von links nach rechts. In Taiwan oder Hongkong kann der Text jedoch auch von rechts nach links laufen (Bücher werden dann für unser Empfinden von hinten nach vorne gelesen) und oft auch in vertikalen Zeilen. Welche Richtung letztlich verwendet worden ist, erschließt sich dem Leser aus dem Sinn des Textes.

Interesse an der eigenen Sprache zu tun, sondern auch mit Prestige, denn wer viele und auch seltene Zeichen aktiv verwendet, gilt als besonders kultiviert. Die offizielle Grenze zwischen Analphabeten und Schreibkundigen liegt bei 1500 Zeichen für die Landbevölkerung und 2000 Zeichen in der Stadt.

Das ewige Problem mit der Umschrift

Auch Zeichen wollen ausgesprochen werden.

Völlig ohne Alphabet kommt man aber auch in China nicht aus. Da es sich im Grunde genommen um eine Art Bilderschrift handelt, ist den Zeichen nicht anzusehen, wie sie ausgesprochen werden. Was also macht der Chinese, wenn er ein ihm bis dato unbekanntes Zeichen entdeckt hat und seine sprachliche Neuerwerbung auch gleich verbal verwenden möchte? Er schlägt nach: In guten Wörterbüchern ist auch die Aussprache in westlicher Schrift vermerkt – als Produkt einer langen Entwicklung!

Die chinesische Umschrift – eine Erfindung von Ausländern

Verständlicherweise waren es Ausländer, die zum Studium des Chinesischen eine Transkription brauchten: Bereits die Jesuiten-Missionare des 17. Jahrhunderts versuchten sich in einer chinesischen Umschrift, schließlich hing der Erfolg der Mission entscheidend von ihren Sprachkenntnissen ab. Den ersten international durchbrechenden Erfolg konnte allerdings ein Angestellter der britischen Botschaft von Beijing erringen: 1859 entwickelte Thomas Wade die Umschrift, die später, von H. A. Giles modifiziert, als »Wade-Giles« bis in die 1970er Jahre vor allem im Ausland zahlreichen Studenten als Basis diente. Der Weisheit letzter Schluss war das System allerdings nicht: Mit diakritischen Zeichen überladen, entwickelte sich die Umschrift zum Alptraum der Bibliothekare und unterschlug zahlreiche bedeutende phonetische Unterscheidungen.

Ernsthafte Versuche, eine eigene Lösung für das Umschriften-Problem zu entwickeln, entstanden auf chinesischer Seite erst zu Beginn des 20. Jahrhunderts, denn das allgemeine Analphabetentum schien ein entscheidendes Hindernis bei der Modernisierung des Landes. 1928 ernannte das Erziehungsministerium der

Nationalregierung eine Umschrift mit dem bestechenden Namen »Gwoyeu Romatzyh Pinin Faashyh« zum allgemeinen Standard. Diese glänzte zwar durch exakte Beschreibung der Töne, wirkte für das westliche Auge aber geradezu schmerzhaft unaussprechbar und hatte in der Zeit der Bürgerkriegswirren kaum eine Chance auf landesweite Anerkennung.

Erst mit dem Sieg der Kommunisten 1949 entstand wieder eine politisch günstige Situation für die Einführung eines landesweiten Standards. 1958 wurde daher im Rahmen der allgemeinen Alphabetisierungskampagnen das Pinyin (拼音), zu Deutsch: »Lautschrift«, eingeführt. Es konnte sich weltweit gegen seine Konkurrenten durchsetzen und wurde 1982 international zum ISO-Standard erklärt. Nur in Taiwan hatte das Pinyin keine Chance. Zum einen, weil die Insel mit einem eigenen, qualitativ gleichwertigen Lautschriftsystem aufwarten kann, zum anderen, weil die Taiwanesen auch aus politischen Gründen noch vor einem phonetischen Import aus der Volksrepublik zurückschrecken.

1958 wurde Pinyin als Lautschrift eingeführt.

INFO

Die verwirrende Vielfalt der Umschriften

Selbst mit viel Phantasie dürfte es dem sprach-unkundigen Ausländer schwer fallen, die Gemeinsamkeiten dieser Varianten des Wortes »China« zu erkennen:

Wade-Giles:	Chungkuo
Gwoyeu Romatzyh:	Jonhhwo
Pinyin:	Zhongguo

Im Inneren der Zeichen

»Wie schaffen es die Chinesen nur, alle diese Zeichen auswendig zu lernen?« lautet die zweite westliche Frage beim Anblick eines chinesischen Textes. Auf Anhieb wirken die Zeichen für das ausländische Auge geradezu chaotisch, wer genauer hinsieht, wird allerdings feststellen, dass immer wieder dieselben Elemente auftauchen.

Uralte Radikale

Diese »Elemente« werden Radikale genannt und gehen auf die Urformen der Zeichen zurück. Zirka 216 gibt es davon nach volksrepublikanischer Zählung (wobei die genaue Anzahl je nach Wörterbuch variiert). Welches der Abertausenden von Zeichen man letztlich betrachtet, es sind immer dieselben Radikale beteiligt.

Der Grund dafür ist historischer Natur. Erfunden wurden die Zeichen bereits vor mindestens 3500 Jahren. Aus dieser Zeit zumindest stammen die ersten archäologischen Funde: Um die Geschicke des Himmels zu erkunden, wurden Schildkrötenpanzer und Rinderknochen mit Fragen beschriftet und dem Feuer aus-

Am Anfang stand die Orakelknochenschrift.

gesetzt. Aus dem Verlauf der Risse konnten Wahrsager dann allerhand Vorhersagen treffen. Diese Knochen, deren Orakelknochenschrift (甲骨文) als Urform der heutigen Zeichen gilt, sind bis heute überliefert. Aus den einfachen »Bildern« wurden schnell komplexere Zeichen, indem man bereits existierende Zeichen zusammenlegte: Aus dem Zeichen für »Frau« 女 und »Kind« 子 wurde »gut« 好, denn es ist gut, wenn Frau und Kind zusammen sind.

Beispiele:
恶 bösartig = 亚 minderwertig + 心 Herz
林 Wald = zweimal 木 Baum
休 ausruhen = 人 Mensch an einem Baum 木
坐 sitzen = zwei Menschen 人 auf dem Boden 土

Anstelle zweier bedeutungstragender Elemente (Radikale) konnten aber auch ein bedeutungstragendes Radikal und ein Zeichen für die Aussprache kombiniert werden. Da sich die Aussprache über die Jahrtausende gravierend geändert hat, sind diese phonetischen Komponenten heute zwar oft nicht mehr als solche zu erkennen, trotzdem gehört ein Großteil der modernen Zeichen in diese Kategorie.

So findet man Zeichen im Wörterbuch

Radikale suchen und Pinselstriche zählen

Anhand der Radikale lässt sich heute jedes Zeichen im Wörterbuch nachschlagen, auch wenn die Aussprache unbekannt ist – anderenfalls wäre es einfacher, anhand der Transkription zu suchen. Der Suchende wird sich das Radikal vornehmen (meist steht es im linken Bereich des Zeichens) und dessen Pinselstriche zählen. Anhand dieser Zahl und der Anzahl der verbliebenen Striche kann man nun der Tabelle des Wörterbuches die Aussprache entnehmen und diese dann alphabetisch nachschlagen.

▶ Das Zeichen 房 besteht aus zwei Elementen: dem oberen Teil 户 und dem unteren 方. In diesem Fall ist der untere Teil das Radikal. Es besteht aus vier Strichen. Ein Blick auf die Liste der ersten Seite des Wörterbuches zeigt, dass es sich hier um Radikal 74 handelt. Plus weitere vier Pinselstriche, so verrät das Wörterbuch weiter, ergibt das Zeichen mit der Aussprache fáng. Der Rest ist einfach, denn nun kann man alphabetisch nachschlagen.

Die volksrepublikanische Schriftreform

Von Langzeichen zu Kurzzeichen

Trotz des Wissens um Radikale, Zeichenstruktur und den historischen Hintergrund dauert es lange, bis sich der westliche Mensch ein Zeichen für immer eingeprägt hat. Den Chinesen geht es dabei nur wenig besser – auch sie müssen jedes einzelne Zeichen mühsam lernen. Kein Wunder, dass in den 1950er Jahren in der Volksrepublik der Gedanke aufkam, die wichtigsten Zeichen zu reformieren. »Vereinfachen« lautete die Devise, schließlich sollten möglichst viele Anal-

phabeten schnell Lesen und Schreiben lernen. 1958 wurden 515 Zeichen verein-
facht und 54 Radikale, deren Veränderung sich auf alle Zeichen, in denen sie
Verwendung finden, auswirkt.

Der Unterschied zwischen den alten »Langzeichen« *(fanti zi* 繁体字*)* und
»Kurzzeichen« *(jianti zi* 简体字*)* ist auch für Chinesisch-unkundige Menschen durchaus sichtbar:

*Der Unter-
schied ist
deutlich.*

Land	*guo*	國	国
Liebe	*ai*	愛	爱
Seite	*bian*	邊	边

*Politische
Demon-
stration*

Für die Auslandschinesen entstand
durch die Schriftreform eine delikate
Frage: Je nach politischer Couleur
und Opportunität übernahmen die
Gemeinschaften der Diaspora die
Vereinfachung oder nicht. Heute
schreiben die Chinesen Singapurs
und Malaysias vorwiegend in Kurzzeichen, in Hongkong und Taiwan
hingegen mit den althergebrachten
Langzeichen.

Wer sich trotz aller Schwierigkeiten
nicht vom Studium des Chinesischen
abbringen lässt, mag sich mit einer
oft verkannten Tatsache trösten: Un-
überwindbar sind diese Hürden nicht
– immerhin ist Chinesisch die meist
gesprochene Sprache der Welt!

*Wer es
lesen kann,
ist im Vor-
teil: Kos-
metiksalon*

Und wer des Chinesischen mächtig ist, wird feststellen, dass er fast überall in Ost-
und Südostasien auf große chinesische Bevölkerungsgruppen trifft, die jeden
noch so dilettantischen Verständigungsversuch mit Begeisterung aufnehmen.

INFO

Die hohe Kunst der Kalligraphie

Wichtig ist es nicht nur, was der Mensch schreibt, sondern auch wie! Die Kunst
der Kalligraphie *(shufa* 书法*)* gehörte bereits im Alten China zu den Disziplinen der Beamtenprüfungen. Ähnlich wie im Westen sagt man der Hand-
schrift nach, sie verrate den wahren Charakter. Noch mehr als in Europa wird
sie in China als Kunstform betrachtet: Kalligraphen können Stunden über einem
Pinselstrich meditieren, der dann in Sekundenschnelle ausgeführt wird.

Chinesisch ohne Worte

Mit Händen und Füßen reden

Um sich in China verständlich zu machen, müssen Europäer nicht selten auf Gebärdensprache zurückgreifen: Zum einen, weil sich eben doch nicht alle nötigen Sätze so schnell im Sprachführer finden. Zum anderen, weil sie aufgrund von Aussprachefehlern hin und wieder unabsichtlich unglaublich abstruse Dinge verlangen und diese Schnitzer mit Händen und Füßen auswetzen müssen.

Keine wilde Gestik

Generell gibt es wenige Unterschiede in der Körpersprache, wobei Chinesen in der Regel sehr viel weniger zu unterstreichender Gestik neigen als die westlichen Besucher. Besonders süd-europäische Fuchteleien und ausladende Armbewegungen amüsieren den chinesischen Betrachter, denn offensichtlich hat sich der Ausländer überhaupt nicht im Griff! In Konflikt-Situationen können harmlose Gebärden daher sehr einschüchternd und bedrohlich wirken.

Ohnehin ist in China oft genaues Hinsehen gefragt: Gerade Lachen und Lächeln werden von Europäern oft missverstanden. Natürlich gibt es das offenherzige Lachen, freuen sich auch Chinesen nicht weniger als Europäer, und oftmals reflektiert Lachen einfach nur aufrichtig gute Laune. Mit dem peinlichen, verunsicherten oder hilflosen Lächeln tun sich Europäer schon schwerer. Bekommen Sie auf die Frage nach dem kürzesten Weg zum Bahnhof ein strahlendes Dauergrinsen, ist Skepsis angesagt! Natürlich kann es sein, dass sich dieser Mensch ganz besonders über eine Begegnung mit einem Ausländer freut. Wahrscheinlicher ist aber, dass er den Weg einfach nicht kennt und Ihnen nun aus Scham eine freundliche, aber völlig falsche Wegbeschreibung liefern wird. Für einen Chinesen ist dies offensichtlich. Er wird sich die Beschreibung zu Ende anhören und dann einen anderen Passanten fragen. Zuzugeben, dass man den Weg nicht kennt, würde schließlich Gesichtsverlust bedeuten.

Lächeln zum Überspielen von Peinlichkeit

Ähnlich verhält es sich, wenn Chinesen einer Ihrer Bitten nicht entsprechen können. Verlangen Sie beispielsweise im Hotel ein ruhigeres Zimmer und ernten dafür an der Rezeption nur ein übertriebenes Lächeln, macht sich niemand über Sie lustig – wahrscheinlich gibt es kein anderes freies Zimmer, auch hier ist das Lächeln Ausdruck einer Peinlichkeit.

Mit ein wenig Übung lernen auch Ausländer schnell, das echte Lächeln vom peinlich berührten Lächeln zu unterscheiden.

Ein paar Worte Chinesisch wirken oft Wunder.

Bisweilen kommen Ausländer allerdings erst gar nicht dazu, ihre zögerlichen Sprachversuche an den Mann zu bringen: Manch ein Chinese ergreift beim Anblick einer »Langnase« sofort die Flucht. Mit Ausländerfeindlichkeit hat dies nichts zu tun, sondern eher mit dem Unbehagen, dass viele Chinesen in unbekannten Situationen empfinden: Wer weiß schon, wie man mit einem Ausländer richtig umgeht? Was ist, wenn ich ihn nicht verstehe? Für manch einen Chinesen scheint es daher ratsamer, sich dieser komplizierten Situation zu entziehen. Einige wenige Worte Chinesisch können in diesem Fall Wunder wirken: Sie verwandeln den Fremden in einen Menschen, der vielleicht doch nach chinesischen Regeln behandelt werden kann.

Sprachliche Übungsobjekte

Natürlich müssen Unterhaltungen nicht immer auf Chinesisch ablaufen. Gerade in den Großstädten lernen viele Jugendliche der Mittelschicht Englisch. Übungsmöglichkeiten sind natürlich rar, und so werden Sie ganz bestimmt immer wieder auf Englisch angesprochen werden. Und auch wenn Sie es nach drei Wochen leid sind, immer dieselben Fragen zu beantworten – tun Sie es trotzdem! Oft können die wagemutigen Sprachschüler nicht mehr als ein paar Brocken und freuen sich ungemein, diese zur Abwechslung einmal an einem echten Ausländer auszuprobieren. Vielleicht versuchen Sie einfach, in klaren Sätzen etwas Nettes zu antworten, Sie machen Ihr Gegenüber damit garantiert glücklich. Im Übrigen gibt es mehr Germanistik-Studenten mit hervorragenden Deutschkenntnissen als Sie glauben. Lauthals über China und die Chinesen im Allgemeinen herzuziehen, birgt daher die Gefahr verstanden zu werden.

Englisch ist angesagt.

Die Gebärdensprache der Zahlen

Praktischerweise können einfache Einkäufe ganz ohne Chinesischkenntnisse getätigt werden. Für die Zahlen gibt es eine Gebärdensprache, die auch von Muttersprachlern, also Menschen, die sich sehr wohl auch verbal verständigen könnten, auf dem Markt gerne verwendet wird (Handzeichen siehe S. 160).
Die Zahlen werden dabei nach einem einfachen Grundprinzip konstruiert:
1–10 werden wie auf S. 160 angezeigt. Bei höheren Zahlen gehen Sie nach folgendem Muster vor:

Einkaufen ohne Chinesischkenntnisse

zwei – zehn – drei = 23
vier – zehn – vier = 44
drei – hundert – vier – zehn – fünf = 345

Vor der Zehner- oder Hunderterstelle werden die Zahlen multipliziert, dahinter addiert.

INFO

Immer freundlich und nie zu direkt!

▶ Viele Europäer haben die Angewohnheit, ihren Gesprächspartner während einer Unterhaltung hin und wieder anzustupsen oder ihm die Hand auf die Schulter zu legen. Diese Gesten sind in China guten Freunden vorbehalten. Zwischen Mann und Frau ist dieser Körperkontakt nicht akzeptabel.

▶ Wenn Sie jemanden heranwinken möchten, winken Sie mit einer leichten Auf- und Ab-Bewegung der Hand, ähnlich einem Winken. Die europäische Gestik wird oft nicht verstanden.

▶ Versuchen Sie es selbst einmal mit einem Lächeln! Die meisten Chinesen sind neugierig auf Ausländer und vor allem immer offen für einen kleinen Austausch – auch wenn er aus nur drei Vokabeln besteht.

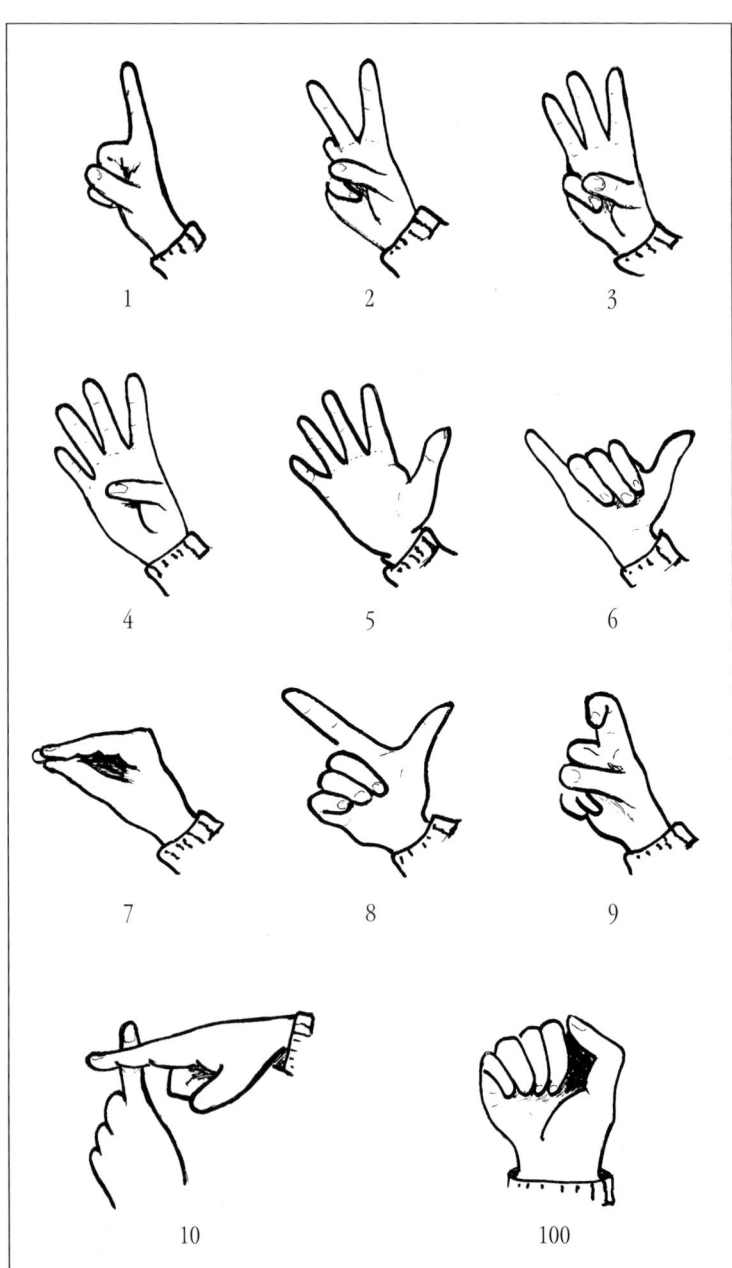

Die wichtigsten Zahlen als Handzeichen (Erläuterung siehe S. 159)

Vom Handeln und Verhandeln: Chinesisches Geschäftsleben

Eine Delegation diszipliniert. Daher ist sie für Chinesen die ideale Reiseorganisation. Eine Delegation hat einen Delegationsleiter. Das ist für die Sitzordnung bei Tischrunden wichtig und klärt die Frage, wer auf die öffentlich gegebene Versicherung, die chinesisch-deutsche Freundschaft habe eine Vertiefung erfahren, die Gegenversicherung abgibt, auch die deutsch-chinesische Freundschaft sei von unbändigem Wachstum.
Tilman Spengler, »Chinesische Reisebilder«

China ist und bleibt im Kommen

Mehr als eine Milliarde Menschen, eine konsumfreudige, neue Mittelschicht und ein Wirtschaftswachstum, das den Westen vor Neid erblassen lässt: Kein Wunder, dass China bei ausländischen Fabrikanten und Händlern hoch im Kurs steht. Doch um im Reich der Mitte erfolgreiche Geschäfte zu tätigen, brauchen deutsche Manager viel Geduld und hin und wieder auch Nerven aus Stahl.

Nach außen hin wirken die Unterschiede eher gering: Auch in China gilt die uns bekannte Kleiderordnung, ist es üblich, mit potentiellen Geschäftspartnern Essen zu gehen und überhaupt fehlen auf den ersten Blick die eklatanten Unterschiede, die den westlichen Businessman aufrütteln könnten.

»War doch einfach!« denkt sich daher manch ein Neuling im China-Geschäft nach Ende der ersten Reise. Und wundert sich, wenn die Geschäfte im Sande verlaufen, Versprechungen nicht eingehalten werden und die vermeintlichen Kooperationspartner sich nie wieder melden. Irgendetwas muss also doch grundlegend schief gelaufen sein.

Ein Wirtschaftswachstum, das den Westen vor Neid erblassen lässt.

Von der großen Harmonie

Wie auch in anderen Lebensbereichen, streben die meisten Chinesen in geschäftlicher Hinsicht ein harmonisches Verhältnis zur Umwelt an. Das heißt nicht, dass nicht genauso intrigiert und geschummelt würde wie im Westen. Im Gegenteil! List und geschicktes Verhalten gelten als legitime Mittel, um sich einen geschäftlichen Vorteil zu verschaffen. Nein, im Grunde genommen geht es darum, Konflikte

List und geschicktes Taktieren gelten als legitime Mittel für geschäftlichen Erfolg.

Verhandlung

Allzu kritische Diskussionen widersprechen dem guten Ton.

Verkaufsgespräch

Auseinandersetzungen werden indirekt ausgetragen.

nicht offen zutage treten zu lassen und Kontrahenten wie Kollegen nicht bloßzustellen.

Westliche Geschäftsleute tun sich mit dieser Grundregel immer ein wenig schwer: Getreu der großmütterlichen Regel »Was wahr ist, darf auch gesagt werden«, kritisieren sie allzu offen die Methoden der potentiellen Kooperationspartner. Der Einwand, die westliche Art der Auseinandersetzungen sei um einiges ehrlicher, ist dabei nicht unbedingt von der Hand zu weisen. Doch egal, wie »gut« oder »schlecht« die chinesische Konfliktbewältigung zu bewerten ist, letztlich zählt nur eines: In China sind direkte Konfrontationen einfach nicht üblich.

Wer den harten Konkurrenzkampf des Westens gewohnt ist, muss sich in China deshalb erst einmal zurücknehmen: Manager mit stählernen Ellenbogen gelten in China als unsozial und nicht verhandlungsfähig. Nur wer sich mit den Kollegen und Vorgesetzten arrangiert, bekommt die Chance auf eine leitende Position.

Dass Mobbing trotzdem ein großes Problem darstellt, muss dieser Erkenntnis nicht unbedingt widersprechen, denn persönliche Bindungen haben einen besonders hohen Stellenwert in der chinesischen Gesellschaft. Offene Aussprachen sind eher selten, und so werden Auseinandersetzungen unter Arbeitskollegen meist indirekt ausgetragen.

Kommt es trotz des Harmonie-Gebots unter Kollegen zu einem offenen Streit, wird dieser nicht selten höchst lautstark und mit geradezu beeindruckendem Einsatz ausgetragen. Kein Wunder, steckt doch meist ein sehr langwieriger und

---

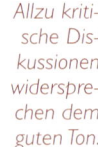

Eine chinesische Karriere

Chinas Geschäftsleute gehören in jeder Hinsicht zu den Gewinnern der Neuzeit. Im Alten China hatten Händler und Kaufleute einen denkbar schlechten Stand, nutzten sie doch die Bedürfnisse der Menschen aus, um sich zu bereichern! Ein guter Konfuzianer zu sein und gleichzeitig Geschäftsmann, das war kaum möglich. Auch den Herrschern waren sie ein Dorn im Auge, schließlich bestand die Möglichkeit, dass einer von ihnen reich werden könnte – und damit zu einem politischen Faktor. Einst ein eher negativer Begriff, ist es heute jedoch von hohem Prestige, als Geschäftsmann *(shangren* 商人*)* bezeichnet zu werden.

Ich habe eine Karte – also bin ich

Visitenkarten sind das A und O der chinesischen Kontaktwelt. Wer ohne Visitenkarten unterwegs ist – nun, der muss ein wahrlich unwichtiger Mensch sein.

Noch vor der Abfahrt nach China empfiehlt es sich deshalb, zweisprachige Karten drucken zu lassen.

Überreicht wird die Karte mit beiden Händen, und zwar so, dass der Gesprächspartner die chinesische Aufschrift lesen kann. Und genauso nimmt man Visitenkarten auch entgegen. Bevor diese dann in den Tiefen einer Jackentasche verschwinden, sollte man noch einen ausführlichen Blick darauf werfen. Ausgesprochen unhöflich wäre es nämlich, sich nicht an die Namen oder Titel der betreffenden Person zu erinnern.

---

lange unterdrückter Konflikt dahinter. Brennt dem einen oder anderen die Sicherung durch, ist das Gesicht erst verloren, finden beide Parteien nur schwer ein Ende.

Lassen Sie sich durch diese impulsiven Demonstrationen nicht beirren: Die wichtigen Fragen werden trotzdem leise und auf hoher Ebene geklärt.

Eine so genannte »Streitkultur«, die den Austausch von Argumenten fördert, hat China also nicht. Offene Worte des Widerspruchs werden Ihnen (besonders als Vorgesetztem) daher selten begegnen. Es gibt viel diskretere Wege, eine Idee im Sande verlaufen zu lassen oder auf Dauer unliebsame Veränderungen zu verschleppen. Nur weil Ihre Zuhörer nicken, sollten Sie nicht von Konsens ausgehen. Dies ist eher im Sinne von »ich habe gehört« zu verstehen. Ob und wie weit die Zustimmung wirklich reicht, erfahren Sie indirekt und auf Dauer.

Nicken muss nicht unbedingt Zustimmung bezeugen.

Kein Platz für Einzelkämpfer

Die Meinung einzelner Mitarbeiter hat ohnehin einen geringeren Stellenwert als in Europa: Individuen kommen und gehen, was bleibt sind die freundschaftlichen Bindungen zwischen Firmen, Institutionen oder Partnerstädten. Institutionelle Verbindungen haben etwas Strukturelles – einen Aspekt, den viele Chinesen in der westlichen Gesellschaft vermissen. Gut also, wenn sich die Verbindung zum Ausland in eine »Schublade« stecken lässt.

Diese Institutionalisierung von Kontakten ist auch für den westlichen Geschäftsmann nicht unbedingt von Nachteil. Die Vorarbeit des »ersten Pioniers« kommt damit sehr viel mehr der gesamten Firma zu Gute. Und sie kann in gewissem

Chinesen schätzen die Institutionalisierung von Kontakten.

Rahmen ein entscheidendes Defizit ausgleichen: Dem westlichen Geschäftsmann fehlt in aller Regel das Beziehungsgeflecht, das ihn überhaupt erst zu wirtschaftlichem Handeln befähigt.

Guanxi lautet das Zauberwort

Ohne Beziehungen sind Sie ein Niemand.

Wie viele Menschen Ihnen in Deutschland auch zuarbeiten, in China sind Sie erst einmal niemand. Zumindest solange, bis Sie die richtigen Beziehungen aufgebaut haben, denn einem Fremden gegenüber haben Chinesen keine Verpflichtungen. Guanxi (关系) lautet das Zauberwort, das bei passender Gelegenheit Türen öffnet, an die Sie sonst jahrelang ungehört hätten klopfen müssen. Schnell noch einen Platz auf einem voll ausgebuchten Flieger? Die Kusine des Freundes hat Guanxi und macht es möglich. Eine schnellere Bearbeitung diverser Anträge? Der Kumpel eines Nachbarn kennt die richtigen Beamten in der Behörde und schon sind die Anträge ruckzuck wieder da. Zuweilen ist die Grenze zwischen Bestechung und Guanxi fließend, denn Geschenke und Gegengeschenke sind beim Aufbau der passenden Beziehungen genauso involviert, wie Essenseinladungen oder kleine Gefallen (vgl. Kapitel »Chinesen untereinander«)

Die Grenzen zur Bestechung sind manchmal fließend.

Wie man auch moralisch dazu stehen mag, ohne die passenden Beziehungen ist in China wenig auszurichten: Erst durch die Einbindung in das Beziehungsgeflecht wird man zu einer »Person« – zu einem Menschen, der seinen Platz in der sozialen Ordnung hat und sich damit in eine berechenbare Größe verwandelt. Vielleicht drängt man in China gerade deshalb so sehr darauf, jeder Gruppe von mehr als drei Personen einen offiziellen Mantel überzustülpen.

Disziplin muss sein: Die Delegation

Wenn eine Gruppe von Geschäftsleuten nach China fährt, geschieht an der Grenze meist eine wundersame Veränderung: Aus der lockeren Runde wird eine Delegation. Ob sich die »Teilnehmer« selbst so sehen, ist dabei irrelevant. Fortan werden sich alle »Delegierten« auf eine gemeinsame Meinung verständigen (müssen), gemeinsam zu Verhandlungen oder Freizeitveranstaltungen anreisen und – besonders wichtig – einen von ihnen zum Delegationsleiter ernennen.

Offizielle Kader

Dieser arme Tropf (erfahrene China-Besucher drücken sich vor diesem Posten!) muss vor dem Geschäftsessen allerhand soziale Verpflichtungen erledigen: Da gilt es, sich gegenseitig der ewigen Freundschaft zu versichern, einander zu zuprosten, Reden zu halten und im Namen der Gruppe Präsente zu verteilen oder – im Gegenzug – in Empfang zu nehmen. Er steht für alle anderen und darf deshalb rechts von der wichtigsten Person der Gastgeber sitzen. Nebenbei ist er auch dafür verantwortlich, ein wenig Ordnung in die Reihen seiner Mitreisenden zu bringen und ihnen individuelle Ausbruchsversuche auszureden.

Der Delegationsleiter hält für alles den Kopf hin.

Zeit spielt keine Rolle: Wie man einen Ausländer mürbe kocht

Dass sich manch ein Ausländer allzu sehr gegen diese »Delegationierung« wehrt, ist für Chinesen eher unverständlich. Genauso fremd ist ihnen auch das übertriebene Zeitmanagement. Deutsche haben es aus chinesischer Sicht eigentlich immer eilig. Oder umgekehrt gesehen: Wer mit einem knappen Zeitplan nach China fährt, darf sich auf prickelnde Momente freuen. Das Reich der Mitte ist kein Hort der schnellen Entscheidungen, denn Zeit ist ein höchst relativer Begriff: Was sind schließlich ein, zwei Tage in Vergleich zu einer 5000-jährigen Geschichte! Solange man sich im Einklang mit der Welt befindet und die Verhandlungen harmonisch verlaufen, ist alles im grünen Bereich.

Die Disziplin heißt Aussitzen.

Derweil sitzen die deutschen Abgesandten auf glühenden Kohlen und tun sich mit jedem Tag etwas schwerer, die Verzögerungen vor den Kollegen in der Heimat zu rechtfertigen. Da wundert es nicht, dass manch ein chinesischer Geschäftsmann bisweilen auf den Faktor Zeit setzt: Letztlich gehen Europäer in der Disziplin »Aussitzen« fast immer als erste in die Knie. Problematisch bleibt, dass Sie nie wirklich wissen werden, ob und wann es sich nun um eine Hinhaltetaktik handelt: Immer wieder müssen auch echte Hindernisse – wie etwa bürokratische Hürden – aus dem Weg geräumt werden.

Heimliche Hürden

Die größte Hürde und das persönliche Waterloo vieler Geschäftsreisender findet übrigens nur selten Erwähnung in der Fachliteratur: Die Karaoke-Bar.

Nichts tut der Chinese lieber, als nach einem langen Verhandlungstag in die weichen Plüschsessel eines halbdunklen Etablissements zu sinken. Bei Bier, Schnaps und allerhand teuren, importierten Alkoholika werden die Lebensgeister noch einmal aufgewärmt. Der Höhepunkt jedoch ist die Karaoke-Darstellung. Gnadenlos geht das Mikro um – auch Sie sind irgendwann dran!

Karaoke: gnadenlos geht das Mikro um.

Vor einem Haufen angetrunkener Fremder die Titelmelodie von »Titanic« zu krächzen, das ist wahrlich nicht jedermanns Sache. Ausreden wie »ich kann den Text nicht auswendig« oder »ich kann nicht singen« sind allerdings völlig sinnlos, denn die englischen Worte der wichtigsten Schlager laufen am unteren Ende des Karaoke-Bildschirms mit. Der Interpret am Nachbartisch demonstriert Ihnen derweil, dass mangelndes Melodiegefühl wahrlich kein Grund ist, das Mikro aus der Hand zu legen. Wer nicht als völliger Feigling dastehen will, hat keine Wahl, aber dafür zumindest einen tröstlichen Gedanken: Hier kennt Sie niemand.

Ausreden sind völlig sinnlos.

Das chinesische »Nein«

Nur selten lassen sich Chinesen zu einem klaren »Ja« oder »Nein« hinreißen. Stattdessen sorgen ausweichende Antworten immer wieder für Rätselraten in der ausländischen Runde. Was könnte der potentielle Gesprächspartner gemeint haben? Trifft der Vorschlag nun auf Zustimmung oder nicht? Selbst gute Dolmetscher sind mit der »Nein-Frage« oft überfordert, gilt es doch einen ganzen kulturellen Kontext mit in die Übersetzung zu packen.

Prinzipiell gibt es das Wort »Nein« *(bu* 不*)* schon. Nur hören werden Sie es selten, denn es ist ungehobelt, sein Gegenüber so vor den Kopf zu stoßen. Stattdessen treffen Sie auf eine ganze Skala ablehnender Ausdrücke:

Als mildeste Form kommen die Begriffe *tai fuza* (太复杂), zu kompliziert, und *bu fangbian* (不方便), zu unbequem, in Frage. Könnte man die Sitzordnung im Meeting ändern? Nein, das wäre für alle Teilnehmer *tai fuza*. Im Klartext: Was für eine bescheuerte Idee! Ein anderes Freizeitprogramm für die Teilnehmer der Delegation? *Bu fangbian* – nicht gerade bequem. Und zwar für die chinesischen Initiatoren. Ähnlich ablehnend darf auch die Antwort *buzhidao* (不知道), ich weiß nicht, verstanden werden: Versuchen Sie es einfach in drei bis vier Jahren wieder. Die Krönung der Negativ-Skala ist das *tai mafan* (太麻烦), zu lästig und kompliziert. Viel näher an ein »Nein« kann man eigentlich nicht kommen. Jetzt sind Diskussionen wirklich überflüssig. Die letzte Steigerung *mei banfa* (没办法), keine Möglichkeit, zwingt seinen Gesprächspartner schon zu Gesichtsverlust – der unverständige Ausländer hat alle vorherigen Hinweise nicht kapiert.

INFO
Verhandlungen mit chinesischen Partnern

▶ Informieren Sie sich gründlich über die Gegenseite. Sie können ein Jahresgehalt darauf verwetten, dass man sich von chinesischer Seite bereits alle verfügbaren Informationen (und noch etwas mehr) über Sie eingeholt hat.

▶ Nehmen Sie sich Zeit, auch wenn es langsamer vorangeht, als Sie denken.

▶ Lassen Sie keinen Gefallen offen! Einladungen werden mit Gegen-Einladungen ausgeglichen, Geschenke mit Gegen-Geschenken abgegolten. Falls Sie unsicher sind, in welcher Form Sie sich angemessen revanchieren können, bemühen Sie Ihren Dolmetscher.

▶ Fallen Sie niemandem ins Wort. Wer im Gespräch allzu forsch vorgeht, gilt kaum als stabiler Partner.

▶ Nehmen Sie die vermeintlich unwichtigen Kleinigkeiten ernst! Nicht alle Chinesen sind mit den westlichen Umgangsformen vertraut.

▶ Verpacken Sie Kritik immer in einen diplomatischen Rahmen, sonst verliert Ihr Gesprächspartner das Gesicht.

Die dunkle Seite:
Schlüsselbegriffe der chinesischen Geschäftswelt

▶ *zou houmen* (走后门) – »durch die Hintertür gehen«. Wenn es offiziell nicht geht – nun, dann kennt Ihr Partner vielleicht immer noch einen, der einen kennt, der einen kennt, der in irgendeinem Ministerium arbeitet … und schon passieren Dinge, die auf dem offiziellen Wege nie möglich gewesen wären.

▶ *guanxi* (关系) – »Beziehungen«, die weit über das hinausgehen, was wir in Europa unter diesem Begriff verstehen. Das komplexe Geflecht aus Verpflichtungen und Kontakten will permanent unterhalten werden. Wer es nicht schafft, die richtige Guanxi aufzubauen, kann getrost wieder den Koffer packen.

▶ *bu dai tou* (不带头) – »nicht der Erste sein«: Innovationen und ungewöhnliche Lösungen treffen fast immer erst einmal auf eine vorsichtige »Prüfen und Abwarten«-Haltung. Denn wer den Kopf aus der Masse hebt, ist ihn schnell los. Anstelle übereilter Pionierleistungen verlässt man sich in China eher auf bewährte Modelle. Dieser Meinung war schon Konfuzius, die Erfahrungen der Kulturrevolution haben viele Chinesen gelehrt, dass man in der Tat besser nicht auffallen sollte.

▶ *zhao fuze renyuan* (找负责人员) – »Die Verantwortlichen finden«: In größeren Betrieben und Behörden sind die Verantwortlichkeiten bzw. die Arbeitsgebiete eines jeden Mitarbeiters sehr genau definiert. Manchmal scheint es jedoch geradezu unmöglich zu sein, den passenden Ansprechpartner zu finden. Wehe, die Anfrage liegt auch nur einen klitzekleinen Deut außerhalb der eigenen Zuständigkeit oder könnte, bei falscher Betrachtung, als solche eingestuft werden, dann wird es schwierig. Wenn der, den Sie gerade brauchen, heute nicht da ist – Pech gehabt! Auf diese Art lassen sich von chinesischer Seite auch unangenehme Entscheidungen etc. abwenden: »Ich bin nicht zuständig. Probieren Sie es doch in der Nachbarabteilung.« Hier hilft nur eins: die richtigen Beziehungen einsetzen.

Besonders mysteriös erscheint dem Westler das zögerliche *kaolü kaolü* (考虑), wir werden darüber nachdenken – und leider zu negativem Ergebnis kommen! Jüngere Geschäftsleute sind in ihrer Ausdrucksweise deutlicher und, je nach Auslandserfahrung, oft an die direkte Ansprache westlicher Partner gewöhnt. Darauf verlassen darf man sich allerdings nicht. Auch von europäischer Seite gilt es daher, eher etwas diplomatischer zu formulieren. Notlügen sind ebenfalls erlaubt, genauso wie fadenscheinige Ausreden – Hauptsache das Gesicht wird gewahrt. Sollten Sie mit dem Geschäftspartner auch privat freundschaftlich verbunden sein, wäre es allerdings unfair, ihn so offensichtlich anzulügen.

Wir werden darüber nachdenken.

Zwischen Luxus und Qual: Reisen in China

Chinesen haben einen Hang dazu,
jede Zugfahrt in eine Pyjama-Party zu verwandeln.
Paul Theroux in »Riding the Red Rooster«

»Der Weg ist das Ziel«

»Der Weg ist das Ziel« lautet eine daoistische Maxime. Und fast sollte man glauben, die alten Philosophen hätten dabei den öffentlichen Transport des modernen China vor Augen gehabt. Zweifelsohne hat das Verkehrswesen seit den 1990er Jahren unglaubliche Fortschritte gemacht. Genauso sicher ist aber auch, dass Reisen in China viel Geduld und Improvisationsgabe erfordert.

Potentielle Gruppenreisende, die sich ob dieser Sätze und in düsterer Vorahnung steif im Sessel aufrichten, können sich allerdings gleich wieder entspannt ins

Modernismus und Internationalität

Polster zurückfallen lassen: Gruppen genießen im Reich der Mitte immer eine ganz besonders gute Behandlung und haben grundsätzlich Vorrang vor Einzelreisenden. Da kann es passieren, dass Sie als Alleinreisender eine halbe Stunde am Check-In-Schalter Schlange stehen, nur um in der letzten Sekunde fassungslos zuzusehen, wie eine Gruppe von 20 Leuten wie selbstverständlich direkt vor Ihnen heran gewunken wird. So frustrierend dies sein mag: Protest ist in diesem Fall völlig zwecklos.

Der pompöse Einstieg: Am Flughafen

Konstruktionen in futuristischem Ambiente

Den allerersten Eindruck vom Reich der Mitte bekommen Sie wahrscheinlich am Flughafen. Auch in China ist man sich dessen bewusst und so lassen selbst Provinzstädte wie Chengdu, Wuyishan, Xiamen oder Kunming jeden europäischen Flughafen alt und baufällig erscheinen. Innerhalb weniger Jahre wurden die grauen Beton-Terminals, die rissigen Start- und Landebahnen und die vom Wetter völlig verwaschenen Ortsschilder (kurzum: alles), durch beeindruckende Glas- und Stahlkonstruktionen mit futuristischem Ambiente ersetzt.

Ähnlich ambitioniert haben sich viele Fluggesellschaften auch in technischer Hinsicht der Modernisierung verschrieben: Die klapprigen Tupolevs, die noch in den 1980er Jahren auf vielen Rollfeldern zu sehen waren, haben mittlerweile Seltenheitswert. Trotzdem gehen die Meinungen über die innerchinesischen Fluglinien weit auseinander: Wie gut hier gewartet wird, lässt sich eben nur vermuten. Wer in dieser Hinsicht ein wenig ängstlich ist, sollte sich bei der Flugbuchung genau erkundigen, welche Fluggesellschaft den Anschlussflug ab Beijing, Shanghai oder Hongkong durchführt. Einige der neuen Fluggesellschaften wie Yunnan Airlines, Southwest Airlines etc. haben sich inzwischen jedoch einen guten Ruf erworben und arbeiten nach europäischem Standard.

Moderner Sicherheitsstandard wird angestrebt.

Reisende mit knappem Budget werden wahrscheinlich auf die relativ teuren (zumindest im Vergleich zu Bus und Bahn) Inlandsflüge verzichten und auf die Schiene umsteigen.

Willkommen im »echten« China: Am Bahnhof

Chinesische Bahnhöfe *(huoche zhan* 火车站*)* sind ein Universum für sich: Unglaublich große Menschenmengen werden hier »umgeschlagen«, rund um die Uhr ist deshalb »Kirmes-Stimmung«. Wanderarbeiter kampieren auf dem Bahnhofsvorplatz, fliegende Händler versuchen noch auf die letzte Minute allerhand praktische und weniger praktische Utensilien an den Mann zu bringen (»Elektrischer Pandabär gefällig? Ohrenkratzer? Buddhistische Amulette?«), während sich Tausende von abfahrenden und ankommenden Reisenden durch die Hallen drängen. In einigen Städten wird das Gepäck beim Betreten der Haupthalle durchleuchtet. Dabei geht es nicht unbedingt um terroristische Gefahren, sondern eher um Feuerwerkskörper, die manch einer für die bevorstehende Hochzeit mit aufs Land nimmt.

Kirmes-Stimmung rund um die Uhr

Dem gewaltigen Gedränge ist es wahrscheinlich auch zu verdanken, dass die Bahnsteige grundsätzlich geschlossen sind. Erst wenn der Zug einfährt, wird das jeweilige Tor für kurze Zeit geöffnet. In größeren Bahnhöfen wird die Ankunft der Züge auch auf Englisch angezeigt, in kleineren Bahnhöfen sind die Wartesitzreihen nach Zielorten aufgeteilt. Sofern Sie richtig sitzen, ist die Ankunft Ihres Zuges nicht zu übersehen. Schlagartig verwandelt sich die Menschenmenge in einen schiebenden und drängelnden Pulk, der mit unglaublicher Geschwindigkeit in Richtung Bahnsteig quillt. Aus gutem Grund: Die Sitzplätze sind zwar in der Regel reserviert, nicht jedoch die Gepäcknetze! Und fast alle sind mit Taschen, Tüten und Paketen beladen.

Erst wenn der Zug einfährt, wird der Bahnsteig geöffnet.

Bahnhofsvorplatz, Xi'an

»Eiserne Straßen«: Langstrecken per Zug

Theoretisch ist China eine sozialistische und daher klassenlose Gesellschaft. Die übliche Einteilung in 1. und 2. Klasse kam für die staatliche Eisenbahngesellschaft deshalb nicht in Frage. Wer in China Zugtickets kauft, darf stattdessen zwischen Weich-Schlafen *(ruanwo* 软卧 Soft Sleeper*)*, Hart-Schlafen *(yingwo* 硬卧 Hard Sleeper*)*, Weich-Sitzen *(ruanzuo* 软座 Soft Seater*)* und Hart-Sitzen *(yingzuo* 硬座 Hard Seater*)* wählen.

Soft Sleeper: Altbackener Luxus

Die luxuriöseste Variante

Der Soft Sleeper ist die luxuriöseste Variante und besteht aus vier Betten, jeweils zwei übereinander, mit weicher Matratze, Bettzeug und Teppichboden in einem abgeschlossenen Abteil. Je nach Alter des Zuges und der Strecke reicht der Standard von schmuddelig bis absolut sauber. Der etwas altbackene Hauch von Sozialismus lässt sich trotzdem nicht übersehen: Gehäkelte Tischdeckchen, eine Blumenvase, die bei jedem Halt erneut umfällt und Gardinen, die auch bei Oma in der Küche hängen könnten, gehören zur Standard-Ausstattung des Abteils.

Preislich sind die Soft Sleeper natürlich am oberen Ende der Skala angesiedelt. Wer sich während der Reise erholen und ungestört schlafen will, dem sei trotzdem unbedingt diese Variante angeraten. Hier, und nur hier, lässt sich der Lautsprecher abschalten! Für europäische Portemonnaies sind die Soft Sleeper sowieso immer noch erschwinglich und stehen preislich in keinem Verhältnis zu den deutschen Schlafwagen.

In Ruhe lesen oder sich Tagträumen hingeben

Auf kurzen Routen, beziehungsweise Tagesstrecken, werden anstelle der Soft Sleeper so genannte Soft Seater eingesetzt: Die Abteile, deren Sitze weich gepolstert sind, entsprechen mit etwas Glück südeuropäischem Standard.

Egal, ob Seater oder Sleeper, in der »weichen« Kategorie treffen Sie auf ein wohlhabendes Publikum, das bei dem Anblick eines Ausländers keine Purzelbäume schlägt. Für alle, die endlich in Ruhe lesen oder tagträumen möchten, ist dies die richtige Klasse.

Nervenaufreibend und günstig: Die harte Klasse

Land und Leute hautnah erleben

Einzelreisende mit Asien-Erfahrung langweilen sich jedoch mitunter und steigen freiwillig auf die erheblich anstrengendere »harte« Klasse um. Wer mit den Holz-Pritschen der Hard Sleeper vorlieb nimmt, kommt nicht nur ausnehmend preisgünstig durchs Land, sondern macht garantiert die Bekanntschaft zahlreicher Mitreisender. Jeweils drei Betten stehen sich hier gegenüber, wobei die Front zum Gang offen ist, sechs Betten in einem Abteil.

Chinesen im Schlafanzug

Spätestens ab 6 Uhr ist im Hard Sleeper die Hölle los: Peking-Oper bis die Lautsprecher krachen, dazu das Pieps-Konzert der außerordentlich beliebten Gameboys. Gespräche finden daher im oberen Phonbereich statt, und zu erzählen gibt es offensichtlich genug. Irgendjemand ist immer auf dem Weg von oder zur Toilette, über Taschen, Pakete und Kinder hinweg. Die Passage eines Ausländers sorgt für ein Welle von »Hello, how are you« und Gelächter ob der seltsamen Gesichtszüge. Anlass zum Grinsen gibt es auch auf ausländischer Seite: Bei längeren Fahrten wechseln die meisten Chinesen bereits am frühen Nachmittag in den Schlafanzug.

Um die »Pyjama-Party« genießen zu können, brauchen Sie natürlich einen bequemen Posten. Kenner lassen sich unbedingt eine mittlere Pritsche reservieren. Auf der untersten Klappe sind Sie nachts den Mäusen recht nahe, tagsüber sitzen alle anderen auf Ihrem Bett. Für die oberste Pritsche hingegen sollte man unbedingt schwindelfrei sein: Sie ist vor allem für Reisende geeignet, die auch im Hard Sleeper auf ein wenig Ruhe hoffen.

Kenner lassen sich eine mittlere Pritsche reservieren.

Die allerbilligste Variante

Die allerbilligste Kategorie, der Hard Seater, existiert in der Regel auf allen Strecken. Auf den ungepolsterten Holzbänken treffen Sie auf alle die, denen es auf jeden Yuan ankommt. Diese Wagons sind oft schmutzig, garantiert immer laut und verkörpern per Definition das Gegenteil von »Privatsphäre«. Da kann es vorkommen, dass Ihnen beim Lesen stundenlang alle möglichen Leute über die Schulter schauen oder alle Ihre Bewegungen mit nie ermüdender Aufmerksamkeit verfolgt werden. Und trotzdem kann Hard Seater fahren ein einzigartiges

Peking – Ulan-Bator – Moskau

Erlebnis sein. Nirgendwo lernen Sie auch ohne Sprachkenntnisse mehr Leute kennen, gibt es mehr zu sehen, kommen Sie so nah an den chinesischen Alltag heran. Bevor Sie jedoch im Überschwung gleich die Sechs-Tages-Strecke von Beijing nach Urumqi per Hard Seater planen, sollten Sie eine kurze Strecke »probefahren«. Genauso wichtig ist hier die Platzreservierung, sonst kann es unter Umständen vorkommen, dass Sie tagelang stehen müssen.

Abenteuer Zugticketkauf

Für welche Variante Sie sich nun entscheiden, ein Zugticket brauchen Sie auf alle Fälle. Gar nicht lange ist es her, da erforderte der Kauf eines ordinären Fahrscheins viel körperlichen Einsatz, Ausdauer im Schlangestehen und das richtige Timing, denn alle Tickets waren genau zwei Tage im Voraus zu erstehen. Heute gestaltet sich die Reiseplanung erheblich einfacher. Spezielle Ausländerschalter

In Großstädten gibt es spezielle Ausländerschalter.

INFO
Zugfahren: Was Sie unterwegs brauchen

China ist das Tee-Land schlechthin. Heißes Wasser gibt es deshalb überall. Im Soft Sleeper und Seater werden Sie automatisch mit Thermoskannen versorgt, in den billigeren Hard Sleeper und Seater-Waggons finden Sie alle zwei Abteile eine kleine »Heiß-Wasser-Kammer« *(reshui fang* 热水房*)* mit einem Samowar, der rund um die Uhr kochendes Wasser abgibt.

Eine große Tasse aus Emaille oder hitzeresistentem Plastik gehört deshalb bei langen Fahrten genauso ins Gepäck wie Nudelfertigsuppen *(fangbianmian* 方便面*)*, die nur mit Wasser übergossen werden müssen und zweifelhafte Menüs aus dem Speisewagen ersetzen können. Teebeutel und löslichen Kaffee *(surong kafei* 速溶咖啡*)* sollten Sie sich vor Abfahrt ebenfalls am Kiosk besorgen. Falls Sie keinen grünen Tee mögen, ist es ratsam, sich rechtzeitig um schwarzen Tee zu kümmern, denn er ist nicht überall erhältlich. Zucker und Milch gibt es im Zug ebenfalls nicht immer. Wenn Sie ganz besonderen Wert auf Hygiene legen, nehmen Sie sich auch ein einfaches Laken mit, denn der Zustand der Bettwäsche variiert je nach Eifer und Laune des Zugpersonals.

mit englischsprachigem Personal sorgen in den Großstädten dafür, dass Sie innerhalb kürzester Zeit das gewünschte Ticket bekommen. Auch Reisebüros verkaufen mittlerweile Zugfahrkarten gegen einen kleinen Aufpreis. Auf dem Lande kann es allerdings durchaus vorkommen, dass Sie einen Einblick in die »gute alte Zeit« bekommen: Willkürliche Schalter-Öffnungszeiten, unerklärliche Ticket-Engpässe oder auch die Weigerung, an einen Ausländer zu verkaufen (»Ist das denn erlaubt?«), sind keine Seltenheit.

Nichts für schwache Nerven: Überland per Bus

Der Bus kommt – irgendwann …

Fast alle Großstädte Chinas sind pünktlich und bequem per Zug zu erreichen. Wer sich weiter aufs Land wagt, wird aber zwangsläufig irgendwann auf den Bus *(gonggong qiche* 公共汽车*)* umsteigen müssen.

Wer sich einem Busunternehmen anvertraut, sollte zwei Grundregeln unbedingt beherzigen: Kaufen Sie nur Tickets mit Platzreservierung und nehmen Sie nie die erste Sitzreihe im Bus. Ersteres soll verhindern, dass Sie die nächsten zwei Tage stehen müssen, denn Busse werden grundsätzlich bis auf den letzten Quadratzentimeter ausverkauft. Die zweite Regel erläutert sich nach wenigen Minuten von selbst: Kaum ein westlicher Reisender hält auf Dauer den Nervenkitzel aus, dem Gegenverkehr ins Auge zu sehen. Die Überholmanöver auf zweispurigen Straßen erinnern grundsätzlich an Mutproben: Busse und LKW steuern oft unverdrossen mit Höchstgeschwindigkeit aufeinander zu, wobei der Schwächere in letzter Sekunde nachgibt. Dass diese Abenteuer nicht immer glimpflich ausgehen, zeigen die vielen Wracks am Wegesrand.

Nie ohne Platzreservierung!

Trotz vieler gewagter Manöver ist der Bus nicht unbedingt das schnellste Verkehrsmittel. Geschäftstüchtige Privatunternehmer lassen praktisch an jeder Mülltonne halten – wäre doch gelacht, wenn da nicht noch ein paar Passagiere reinpassen! Auch in puncto technischer Sicherheit schneiden die Überland-Busse oft schlecht ab: Manch ein TÜV-Inspekteur würde angesichts der klapprigen Vehikel in Tränen ausbrechen.

Gewagte Manöver in klapprigen Vehikeln

Heil angekommen: Touristen am Sommerpalast bei Peking

Wie bequem und sicher ein Bus ist, hängt letztlich von vielen Faktoren ab und lässt sich nur schlecht allgemeingültig formulieren. Im Winter sollten Sie jedenfalls lieber nicht mit einer Heizung rechnen und die passende Kleidung wählen.

Ein paar Vorteile hat der Bus natürlich trotzdem: Die meisten Überland-Busse halten nicht nur an ausgewiesenen Haltestellen, sondern lassen sich entlang der Strecke auch heranwinken. Gezahlt wird dann beim Einsteigen. Preislich sind die meisten Bus-Strecken echte Schnäppchen. Falls es Ihnen überraschend teuer vorkommt, haben Sie dem Busfahrer gerade zu einem kleinen Extra-Verdienst verholfen.

Auf kürzeren Strecken werden Ihnen auch Minibusse, »Brot-Wagen« *(mianbao che* 面包车*)*, begegnen. Sie sind ein wenig bequemer, aber auch eine Spur teurer und praktisch immer in privater Hand.

Gewusst wie: Taxifahren

Im Vergleich zu Deutschland sind Taxis *(chuzu qiche* 出租汽车*)* in China unglaublich günstig. Dank ausgiebiger Kampagnen benutzen die meisten Taxifahrer mittlerweile sogar freiwillig (und korrekt) das Taxometer. Lediglich an den Bahnhöfen des Landes hat sich eine kleine Minderheit von Taxifahrern der »alten Schule« gehalten: Hier haben Sie immer noch gute Chancen, saftige Ausländerpreise zu bezahlen oder in den Luxus einer ungeplanten Rundfahrt zu kommen.

Taxis gibt es in den Städten eigentlich immer und überall. Selbst zu nachtschlafender Zeit dürfte es hier kein Problem sein, an einer Hauptstraße ein Taxi anzuhalten. Der Grundtarif sowie die Kilometer-Einheit sind per Aufkleber an einem der hinteren Fenster ausgehängt. Die Taxis im Reich der Mitte gelten (noch) als sicher. Englisch-Kenntnisse dürfen Sie allerdings nicht unbedingt erwarten. Lassen Sie sich Ihr Fahrtziel entweder vorab auf Chinesisch aufschreiben oder zeigen Sie dem Fahrer auf dem Stadtplan, wo es hingehen soll.

Fahrtziel auf Chinesisch aufschreiben lassen!

China selbst entdecken – per Fahrrad

Gute Möglichkeiten für Solo-Entdeckungstouren

Nirgendwo auf der Welt gibt es mehr Fahrräder *(zixing che* 自行车*)* als in China. Statistisch gesehen besitzt jeder vierte Chinese eines. Und obwohl der Autoverkehr das Heer der Radfahrer mehr und mehr zurückdrängt, bietet das Fahrrad noch immer gute Möglichkeiten auf Solo-Entdeckungstouren zu gehen. Ein wenig Vorsicht gehört allerdings dazu, wenn Sie durch den städtischen Verkehr radeln: Radfahrer stehen in der Verkehrs-Hierarchie ganz unten und sollten deshalb nicht auf ihr Recht bestehen. Auch wenn Ihre Ampel auf grün steht, kann es nicht schaden, einen Blick nach rechts und links zu werfen.

In einer Nebenstraße von Shanghai

Mieträder sind nicht immer im besten Zustand, in der Regel ist es aber nicht schwer, eine kleine Straßen-Werkstatt zu finden. Ganz besonders wichtig: Sie brauchen ein gutes Bügelschloss, denn auch in China gibt es selbstverständlich Raddiebe. Wenn Sie das Rad abstellen, benutzen Sie vorzugsweise einen der bewachten Rad-Parkplätze, die es in der Innenstadt fast überall gibt. Für ein paar Fen können Sie dann sicher sein, dass ihr »Flying Pidgeon« auch einige Stunden später noch da ist.

Der neue Luxus: Im Hotel

Praktisch alle großen internationalen Hotelketten sind in China vertreten.

Noch in den 1990er Jahren hatten fast alle chinesischen Hotels eines gemeinsam: Freundlicher Service war die Ausnahme, und wer wirklich bequem wohnen wollte, musste auf ein Fünf-Sterne-Haus ausweichen.

Mittlerweile ist von diesen Zuständen nichts mehr zu spüren: Praktisch alle großen internationalen Ketten sind in China vertreten. Dass der Hotelmarkt in den letzten Jahren geradezu explodierte, ist nicht nur den ausländischen Touristen zuzuschreiben, sondern vor allem der neuen Mittelschicht im Lande selbst. Wohlhabende, chinesische Geschäftsleute und Inlandsreisende stellen einen Großteil der Gäste. Falls Sie Ihre Unterkunft in Eigenregie suchen, sollten Sie daher immer auch einen Blick in die Zimmer werfen, bevor Sie fest zusagen. Eine große und luxuriöse Lobby muss nicht viel heißen: Traditionell legen chinesische Reisende viel Wert auf ein imposantes Äußeres. Die Zimmer sind dann oft überraschend einfach.

Günstig Wohnen an der Uni

Low-Budget-Reisende werden im Übrigen feststellen, dass wirklich billige Unterkünfte erstaunlich selten sind. Preisgünstige Übernachtungsgelegenheiten finden Sie oft in den Ausländerwohnheimen der Universitäten *(waiguoren sushe*

外国人宿舍) oder in den so genannten »Chinesen-Hotels«, die eigentlich keine Ausländer beherbergen dürfen, mittlerweile aber gerne ein Auge zudrücken. Für sprach-unkundige Ausländer sind diese Herbergen und Gästehäuser oft nicht auf den ersten Blick erkennbar. Suchen Sie nach den Aufschriften *fandian* (饭店), *lüguan* (旅馆) oder *binguan* (宾馆).

Wo Sie auch übernachten, lassen Sie sich immer eine Visitenkarte mit dem chinesischen Namen mitgeben, die Sie dem Taxi- oder Busfahrer geben können. Ansonsten kann es passieren, dass Sie Ihr Hotel unter Umständen nicht wiederfinden, denn selbst große ausländische Ketten sind nur unter ihrem chinesischen Namen bekannt.

Merken Sie sich Ihr Hotel – auf Chinesisch!

INFO
Ballast abwerfen

Oft kommt die Reue nur wenige Stunden nach der Shopping-Ekstase: Wie soll das alles nur in den Koffer oder Rucksack passen? Wer bereits einige Kilometer als Low-Budget-Tourist zurückgelegt hat, weiß: Nichts ist hinderlicher und unbequemer als Handgepäck in den überbevölkerten Bahnhöfen und Busstationen. Die Lösung liegt nahe: Jede größere Stadt hat ein Postamt, das nicht nur ohne großes Theater internationale Pakete annimmt, sondern auch Kisten, Paketband und Adressaufkleber vorrätig hat. Lassen Sie sich per Taxi zum internationalen Postamt, *guoji youju* (国际邮局), fahren und werfen Sie Ballast ab!

Bevor Sie das Päckchen bombensicher zukleben, darf der Postbeamte noch kurz den Inhalt in Augenschein nehmen, um sicher zu gehen, dass keine illegalen Substanzen oder Kunstschätze außer Landes gebracht werden. In der Regel lässt sich alles innerhalb einer Stunde erledigen. Nach 6–12 Wochen kommt ein Päckchen per Seeweg (günstigste Variante!) in Deutschland an.

Kulturschock China

Immer wenn ich glaube, die Chinesen verstanden zu haben,
denken sie sich etwas Neues aus!
Britischer Austauschstudent, Shanghai

Egal wann,
irgendwann
ist jeder
dran.

Irgendwann ist jeder dran. Bei den einen dauert es fünf Tage, bei anderen vier Wochen – nur dass er kommt, der Kulturschock, das ist sicher. Besonders Langzeitreisende, Austauschstudenten oder so genannte »Expats«, also permanent in China tätige Ausländer, sind davon betroffen: Ihnen fehlt die Perspektive der baldigen Heimreise, die manch einem Missgeschick schon in der Gegenwart eine humoreske Note verleiht.

Er kommt, das ist sicher

An welchem
Funken er
sich entzün-
det, ist eine
persönliche
Frage.

An welchem Funken sich der Cocktail aus Frustration, Angst und Orientierungslosigkeit letztlich entzündet, ist eine persönliche Frage. Für die einen gerät die Welt nach einem Verkehrsunfall ins Wanken: Warum hilft hier niemand dem Opfer? Sind alle Chinesen herzlos? Andere ertragen es nach zwei Wochen nicht mehr, als wandelnde Attraktion angestarrt und belächelt zu werden. Selbst Lärm, Umweltverschmutzung oder permanent verstopfte Toiletten können den Ausländer zum richtigen Zeitpunkt in Massaker-Stimmung versetzen.

Friedliche
Westler ver-
wandeln
sich zu
Furien.

Keine ruhi-
ge Minute
...

Verstärkend kommt hinzu, dass China unglaublich wenige Rückzugsmöglichkeiten bietet: Im dichten Gedränge der Millionenstädte gibt es oft keinen einzigen unbevölkerten Quadratmeter. In Ruhe einen Kaffee trinken? Ein hoffnungsloses Unterfangen! 100 Dezibel kantonesischer Pop-Musik und zehn Gäste, die mehr oder minder unverhohlen auf den Fremden starren, sind Teil des alltäglichen Programms. Die freundliche Kontaktaufnahme vom Nachbartisch – eigentlich toll, dass sich hier jemand mit Ihnen unterhalten will! – kommt nach einem langen Tag voller Lärm, Besichtigungen, Shopping-Ausflügen und vielen sprachlichen Missverständnissen einer Kriegserklärung gleich. Ansonsten völlig friedliche Westler verwandeln sich in dieser Situation blitzschnell zu Furien, die laut fluchend aus dem Lokal stürmen oder (in der Retrospektive ganz besonders

peinlich!) ihren verblüfften chinesischen Zuschauern Standpauken über Privatsphäre und das persönliche Recht auf Ruhe halten. Das »Wie-konnte-ich nur!«-
Erwachen folgt wenig später.

Was ist eigentlich ein »Kulturschock«?

Für erfahrene Reisende lautet die Diagnose in diesen Situationen ganz eindeutig:
Ein Fall von Kulturschock, ein Phänomen, das Anthropologen, Psychologen und
Soziologen bereits seit den 1950er Jahren untersuchen. Ganz allgemein umfasst
der Begriff die Reaktionen auf die ungewohnten Erfahrungen in einer fremden
Kultur. Als Auslöser gelten daher nicht einzelne Erlebnisse, sondern die Menge
nicht verarbeiteter Situationen. Und wenn es darum geht, Konventionen und ver-
meintlich natürliche Verhaltensweisen in Frage zustellen, dann darf China in der
Liste der Kulturschock auslösenden Länder getrost ganz oben stehen. Sobald der
Westeuropäer chinesischen Boden betritt, geschehen seltsame Dinge: Die üblichen

Reaktion auf die ungewohnten Erfahrungen in einer fremden Kultur

Denkmuster gelten nun nicht mehr,
oder (was noch verwirrender ist) nur
in ausgewählten Situationen. Gestik,
Mimik, Höflichkeit, gutes Benehmen
und die Vorstellung von politisch kor-
rektem Verhalten, kurzum, alles das,
was wir als »richtige« Umgangsformen kennen, wird mit einem Male
umgekehrt. Ganz zu schweigen von
den sprachlichen Schwierigkeiten, die
ein China-Aufenthalt mit sich bringt.

*Atembe-
raubende
Wirklich-
keit in
Peking*

Hinzu kommt außerdem, dass sich zwischen Realität und Vorstellung ungeahnte
Unterschiede auftun. Chinesen sind weise, adrett und sauber, sanftmütig, lächeln
immerzu und sitzen gerne unter blühenden Kirschbäumen – so will es unser Chinabild. Kein Wunder, dass manch ein Reisender angesichts der halbvollen Spuck-
näpfe, grauer Wohnblocks und der drängelnden Meute an der Bushaltestelle ins
heulende Elend verfällt. Und selbst im positiven Falle, wenn sich die Hoffnung auf
Exotik erfüllt, erscheint manches aus der Ferne sehr viel attraktiver als von
Nahem. Wie faszinierend die orientalische Geduld auf uns Europäer wirkt! Und
wie bitter, wenn wir, ohne von ihr beseelt zu sein, stundenlang warten müssen.

Von der ersten Euphorie (Alles so schön aufregend hier!) bis zum Höhepunkt der
Krise (Ganz China ist grauenvoll!) muss der Reisende verschiedene Phasen
durchlaufen, die meist von allerhand Peinlichkeiten begleitet werden. Viele Auslandsstudenten blicken nach einem Jahr China nur unter Erröten auf die eigene
»In-Deutschland-ist-alles-besser«-Phase zurück.

*Die »In-
Deutsch-
land-ist-
alles-bes-
ser!«-Phase*

Reisende mit viel Auslandserfahrung – vorzugsweise längere Aufenthalte – trifft
der Kulturschock meist nicht so stark. Sie ergreifen bei den ersten Anzeichen in-

stinktiv die richtigen Gegenmaßnahmen. Und sie wissen: Wer mit dem hehren aber völlig überdimensionierten Anliegen, »China zu verstehen« ins Reich der Mitte fährt, muss zwangsläufig scheitern

Geradewegs zum Haareraufen: Woran Ausländer verzweifeln

Obwohl China natürlich bei jedem Menschen andere Reaktionen auslöst, gibt es doch einige klassische Situationen und Eigenschaften, die ganz besonders am Nervenkostüm der Ausländer nagen.

Stress für alle Sinne

Permanente Reizüberflutung

Allem voran steht die Sinnes-Überlastung. Zurück aus China scheint Europa geradezu reizarm, ja fast steril! Lautstärke, Luftqualität, Gerüche – in keiner Hinsicht erreichen wir die permanente Reizüberflutung wie im Reich der Mitte. Am auffälligsten ist sicher die Lärmbelastung der Umwelt. Chinesen scheinen sich grundsätzlich nur im oberen Phon-Bereich zu unterhalten. Wenn der Gesprächspartner dabei auf der anderen Straßenseite steht oder fünf Restaurant-Tische weiter sitzt, macht nichts! Dann wird eben noch ein wenig lauter gesprochen. Eventuelle Gesprächspausen fallen dabei kaum auf: Chinesische Schlager, die Hitparade rauf und runter, gehören zur Zugfahrt genauso wie zum Kneipenbesuch oder Stadtbummel. Die Grundregel zur richtigen Handhabung des Ghettoblasters lautet landesweit gleich: Alle Drehknöpfe bis zum Anschlag nach rechts, denn erst wenn die Boxen krachen, ist es laut genug. Die westeuropäische Scheu, selbst lauthals mitzusingen, scheint in China übrigens unbekannt. Dieser eigentlich sympathische Charakterzug kann bei längeren Busfahrten gehörig an den Nerven sägen, vor allem wenn sich die Mitreisenden nicht auf ein gemeinsames Lied einigen können. Während jeder nach Gusto vor sich hinträllert, spielt der Busfahrer virtuos auf der Hupe, um entgegenkommende, klingelnde Radfahrer aus dem Weg zu räumen.

Klöster und Tempel sind eine gute Adresse zum akustischen Ausspannen.

Nur wenige Tage dauert es, bis der durchschnittliche Ausländer unter diesen Bedingungen die Nerven verliert. Viel Verständnis darf er von chinesischer Seite nicht erwarten. Lautstärke ist prinzipiell erst einmal gut und gehört logischerweise dazu, wenn man bei sozialen Anlässen Spaß haben möchte. Nur wenn eine Party *renao* (热闹) ist, also wörtlich »heiß und laut«, ist sie gut. Dank hoher Bevölkerungsdichte bieten sich dem Ausländer nur wenige, stille Rückzugsmöglichkeiten. Vom eigenen Hotelzimmer abgesehen, sind Klöster und Tempel eine gute Adresse zum akustischen Ausspannen.

Hallo Ausländer!

Der Alltag auf dem Lande ist nicht gerade dicht gesät mit Ablenkung und Freizeitvergnügungen. Umso größer ist das Hallo, wenn doch einmal etwas Außergewöhnliches passiert. Die Ankunft eines Ausländers beispielsweise. Da muss man schon genauer hinsehen und eventuell sogar einmal kurz an der Kleidung zupfen! Böse gemeint sind diese Annäherungsversuche bestimmt nicht, auch wenn sie meist ganz und gar nicht in unser Verständnis von Umgangsformen passen wollen. In den Städten sind die Menschen diskreter – ohnehin erregen Ausländer in Shanghai oder Beijing nicht mehr so viel Aufsehen wie noch Anfang der 1990er Jahre. Unbemerkt in eine kleine Seitengasse abzubiegen, können Sie trotzdem getrost vergessen – fast überall eilt Ihnen der Ruf *laowai!* (老外), Ausländer, voraus, den manch ein Tourist nach der großen Rundreise in allen Dialekten beherrscht. Fast genauso nervenstrapazierend kann die Angewohnheit lokaler Händler sein, Menschen mit einer Art Pidgin-Englisch in den Laden zu locken:»Looki-Looki«,»you come buy here«,»this good shop« etc. gehören genauso zum Repertoire wie das, aus nächster Nähe ins Ohr gebrüllte »cheap! cheap!«.

Einmal kurz an der Kleidung zupfen

Die Reaktion des Ausländers auf diese ungewohnte Aufmerksamkeit entwickelt sich dabei mit fließenden Übergängen von»schön-dass-ich-beachtet-werde« über»muss-das-sein« zu Aggressionsanfällen nach der 1000. Wiederholung:»Dem nächsten, der mich nach meiner Herkunft fragt …!«»Ich doch nicht!« werden Sie sagen – und sich nach wenigen Wochen China über sich selbst wundern.

Kleinkindliche Bedürfnisse werden an Ort und Stelle erledigt.

Nie wieder allein!

Verstärkt wird dieses Phänomen von der enormen Bevölkerungsdichte Chinas. Egal, ob in der Familie, am Arbeitsplatz oder in der Freizeit: Die meisten Chinesen sind nicht einmal auf der öffentlichen Toilette allein (niedrige Absperrungen zwischen den einzelnen Kabinen sorgen oft dafür, dass man auch auf dem Klo entspannt mit dem Nachbarn plaudern kann). Kein Wunder, dass sie für das westliche Bedürfnis, hin und wieder einfach mal ganz für sich zu sein, nur wenig Verständnis aufbringen. Einsam einen Kaffee zu trinken und in Ruhe nachzudenken, ist für die meisten Chinesen nicht nachvollziehbar. Westliche Besucher hingegen reagieren nach einigen Wochen mit einer Art Käfigratten-Syndrom und kämpfen mit unverhältnismäßigen Mitteln um ihren persönlichen Freiraum. Wirklich aussichtsvoll ist dieser Kampf nicht: In der Regel wird man sich über den seltsamen Ausländer wundern und ihm trotzdem Gesellschaft leisten.

Nach einigen Wochen tritt eine Art Käfigratten-Syndrom auf.

Die Anzeichen des Kulturschocks

▶ Sie fangen an, alle Chinesen zu hassen und lassen sich abfällige Begriffe einfallen.

▶ Sie werden missionarisch für Ihre eigene Kultur tätig und machen sich zutiefst lächerlich, indem Sie einer Menschenmenge an der Bushaltestelle einen vorwurfsvollen Vortrag über das geregelte Einsteigen und die Vorzüge des Schlange-Stehens halten. Sie sind enttäuscht, wenn alle verlegen lachen und trotzdem bei Ankunft des Busses in eine spontane Prügelei verfallen.

▶ Sie werden aggressiv, fangen an, sich durch die Menschenmengen zu rempeln.

▶ Wenn Ihnen »Ausländer!« hinterhergerufen wird, schnauzen Sie »Chinese!« zurück.

▶ Sie schneiden Grimassen, wenn Ihnen die Menschen hinterher starren.

▶ Sie verbringen Ihre Tage mit anderen Ausländern und lästern.

▶ Sie geben ein Vermögen für original italienischen Kaffee im Luxushotel aus.

Umgekehrt empfinden Chinesen bei uns Einsamkeit.

Auch unter umgekehrten Vorzeichen bietet die Frage des Alleinseins übrigens großes Frust-Potential. Viele Chinesen empfinden Deutschland als langweilig. Zwar gibt es hier zahlreiche Freizeitangebote, Volkshochschulkurse und Vereine (zweifelsohne mehr als in China) – eines jedoch fehlt ganz bestimmt: die permanente Präsenz anderer Menschen.

Unfreundlichkeit: Das Mei-you-Syndrom

Eigenwillige Auslegung des Service-Gedankens

Gar nicht lange ist es her, da war *mei you* (没有 = haben wir nicht) garantiert der erste Ausdruck im Vokabular eines China-Reisenden. Schnürsenkel? Plastikeimer? Zucker? Egal welche Ware der frustrierte Kunde verlangte, in vielen Fällen musste er sich mit einem hingeworfenen und höchst unfreundlichen *mei you* zufrieden geben. Dies, wohlgemerkt, obwohl er die Waren im Regal sehen konnte.

Das allgegenwärtige »haben wir nicht, gibt's nicht« war nicht nur Ausdruck einer gewissen Mangelwirtschaft, sondern auch einer sehr eigenwilligen Auslegung des Service-Gedankens: Warum im Buchladen Bücher umsetzen, so das Motto manch einer Verkäuferin, wenn man doch auch in einer Ecke sitzen und Zeitung lesen konnte? Erst mit der wirtschaftlichen Öffnung und der Abschaffung der lebenslangen Arbeitsplätze kehrte die Freundlichkeit in die Geschäfte und Restaurants zurück.

Willkommen, geschätzter Gast!

Heute werden Sie mit einem geradezu geflöteten *huanying guanglin* (欢迎光临) begrüßt: Willkommen, geschätzter Gast! Meistens zumindest. Einige Veteranen der *mei-you*-Ära gibt es natürlich schon noch. Vor allem dort, wo naturgemäß keine Konkurrenz vorhanden ist, also in der Verwaltung oder in Staatsbetrieben. Interessanterweise sind diese Menschen im Privatleben oft ausnehmend freundlich, weigern sich während der Büro-Stunden aber hartnäckig, mehr als das Notwendigste zu tun. Hier hilft nur freundliche und geduldige Insistenz. Oder aber, Sie greifen zum Äußersten und legen einen viel Gesichtsverlust involvierenden Auftritt hin, Toben und Wüten inklusive. Diese Alternative kommt allerdings nur in Frage, wenn Sie garantiert nie wieder mit diesem Menschen oder seinen Kollegen zu tun haben werden und sollte nur in Notfällen angewandt werden.

Wenn nichts funktioniert

Gleich, ob es sich um den Lift handelt, der seit drei Wochen außer Betrieb ist, oder die permanente Verspätung der öffentlichen Verkehrsmittel: Für westliche Menschen ist es nur schwer zu ertragen, dass Missstände nicht sofort beseitigt werden. Frisch eingetroffene Ausländer erkennt man in der Regel an ihrem Aktionismus:»Man müsste bloß …! Warum machen die hier nicht …?«. Oft ist die Kritik angebracht. Hin und wieder jedoch haben Ihnen die Einheimischen etwas voraus. Das Wissen beispielsweise, dass einige Dinge nun einmal nicht sofort zu ändern sind. Hin und wieder sind Veränderungen einfach nur eine Frage des Geldes, in anderen Fällen fehlt es nicht am technischen Knowhow, sondern an den passenden Beziehungen: Solange die»Concierge« des Blocks nicht den Schlüssel zur passenden Kammer herausrückt, sind alle Aufzugs-Techniker völlig überflüssig.

Gelassenheit ist hilfreich.

Chinesische Erfindungsgabe

Lächeln bitte!

Bu hao yisi (不好意思) ist einer der Grundbegriffe der chinesischen Gesellschaft, der sich nur schwer übersetzen lässt. Sinngemäß liegt die Bedeutung irgendwo zwischen»peinlich« und»tut mir leid«.»Bu hao yisi« ist so ziemlich alles, was zu Gesichtsverlust führen könnte. Jemandem nicht helfen zu können, ist genauso»bu hao yisi«, wie seinen Verpflichtungen als Arbeitnehmer, Freund oder Familienmitglied nicht nachkommen zu können. Begleitet werden solche Situationen fast immer von einem Lächeln. Und genau da liegt das Problem. Natürlich wissen Sie (spätestens nach der Lektüre dieses Absatzes), dass Lächeln nicht nur Ausdruck von Freude sein kann, sondern auch oft Peinlichkeiten überspielen soll. Trotzdem fühlen sich Ausländer nach einiger Zeit geradezu verhöhnt, wenn sie ständig auf eine Gummi-Mauer aus Lächeln treffen. Zielsicher scheinen Ausländer zudem *bu-hao-yisi*-Situationen immer wieder heraufzubeschwören, obwohl viele diesen Ausdruck mit der Zeit fürchten lernen. Sicher ist

An der Gummi-Mauer aus Lächeln nicht verzweifeln!

auf alle Fälle, dass es kaum ein Gegenmittel gibt: Je mehr sich der bereits erboste Ausländer an der Hotel-Rezeption aufregt, desto breiter und ausdauernder wird das Lächeln. Ändern wird dies allerdings wenig.

Der Dämon auf dem Beifahrersitz: Chinesischer Straßenverkehr

Westliche Ausländer begegnen einer gewissen »Egal-Haltung«.

Spätestens beim Anblick eines Autounfalls fangen viele Ausländer an, an China zu zweifeln. Sonst völlig freundliche Menschen eilen an den Opfern vorüber, ohne mit der Wimper zu zucken. Andere wiederum bleiben stehen. Nicht jedoch um zu helfen, sondern um einen Blick auf das Geschehen zu werfen. Die Gründe dafür sind mannigfaltig. Zum einen scheuen sich viele vor der Verantwortung, befürchten vielleicht sogar als mögliche Unfallverursacher zu gelten. Eine gewisse »Egal-Haltung« lässt sich ebenfalls nicht verleugnen: »Was gehen mich fremde Menschen an?« mag sich manch einer denken und vorsichtshalber weiterlaufen. Besonders in ländlichen Gegenden kommt der Geisterglaube hinzu: Auch, wenn es niemand so recht zugeben mag, die Angst, ein Dämon könne in den Unfall verwickelt sein, hält sich hartnäckig. Besser also, man zieht nicht unnötig die Aufmerksamkeit auf sich, zumal sich der böse Geist nun ein neues Opfer suchen muss.

Verkehrsunfälle sind an der Tagesordnung.

Wer bereits einige Stunden am chinesischen Straßenverkehr teilgenommen hat, mag nur allzu gerne glauben, dass Dämonen im Spiel sind. Ob von allen guten Geistern verlassen oder von Dämonen besessen – chinesische Autofahrer scheinen geradezu vom Todeswunsch beseelt zu sein. Je weiter südlich, desto rasanter wird das Fahrverhalten. Überholen in der Kurve, Ausweichmanöver auf die Gegenfahrbahn und Dauer-Konversation mit den Passagieren auf der Rückbank (den Blick fest auf den Fahrgast geheftet) gehören zum Repertoire jedes Taxifahrers. Der Hinweis, man möge doch bitte langsamer fahren, spornt manch einen Fahrer erst so richtig an, zu zeigen, was die Maschine hergibt.

Gegen den Strom kämpfen sich Radfahrer durch den Verkehr.

Völlig anders stellt sich das Verhalten der Radfahrer dar. Gegen den Strom kämpfen sie sich entlang viel befahrener Straßen ohne Seitenstreifen, immer abwechselnd dem Gegenverkehr und Fußgängern ausweichend. Kaum biegen die radelnden Massen jedoch in eine breite Chaussee mit getrennten Radspuren ein (ideal also, um nach westlichem Verständnis endlich einmal Gas zu geben), wird der westliche Beobachter Zeuge einer faszinierenden, physikalischen Demonstration: Erstaunlich, wie langsam man fahren kann, ohne umzufallen!

Getreu dem daoistischen Motto »alles fließt« scheint es den Radfahrern nie wirklich wichtig, besonders schnell ans Ziel zu kommen. Was sich als asiatische Gelassenheit darstellt, hat zum Teil allerdings auch technische Gründe. Die »Flying Pidgeons« und »White Swans«, unzerstörbare Fahrrad-Modelle mit viel Eigengewicht, haben in der Regel weder Gangschaltung noch sonst irgendein unnötiges Zubehör. Und damit fährt man in der Tat am kraftsparend und in gleichbleibender Geschwindigkeit.

Die Kakerlake

Zhanglang (蟑螂) nennen die Chinesen den kleinen, braunen Begleiter der Menschen. Mögen tut sie niemand, auch in China nicht. Der europäische Schreckensschrei beim Anblick einer Kakerlake jedoch ruft in China höchstens Geschmunzel hervor. Sie gehören eben dazu, die Kakerlaken, ob in der Bauernhütte oder dem Drei-Sterne-Hotel.

Doch es ist nicht nur ihre schiere Zahl, die sie so erwähnenswert macht: Eine ordentliche süd-chinesische Kakerlake steckt ihre deutschen, mickrigen Geschwister locker in die Tasche. Mit ein wenig Glück läuft auch Ihnen so ein Exemplar über den Weg: Gerne huschen sie kurz vor dem Schlafengehen unter Ihrem Hotelbett hervor und sorgen so dafür, dass Sie garantiert sehr lange kein Auge zudrücken werden.

Bei Verdacht auf Kakerlaken-Befall, gibt es erfahrungsgemäß nur zwei Möglichkeiten, der Lage Herr zu werden: Die chemische Keule (der Insektenvertilger *Baygon* ist in China aus gutem Grund praktisch überall erhältlich) und absolute Enthaltsamkeit, was Nahrungsmittel im Zimmer angeht. Oder anders formuliert: Wenn Sie unbedingt eine Schar neuer Freunde finden möchten, lassen Sie halbvolle Cola-Dosen auf dem Nachttisch stehen und werfen Sie Essensreste einfach in den Papierkorb.

Kakerlaken und andere Köstlichkeiten

Haben Sie unterwegs in sehr billigen Herbergen mit Schaben-Befall übernachtet, sollten Sie nach der Rückkehr die gesamte, also auch die unbenutzte Reisewäsche vorsorglich waschen.

Hygiene

Ländliche, chinesische Toiletten können jeden Europäer innerhalb weniger Minuten in ein verzweifeltes Wrack verwandeln. Vor allem im Sommer ist ein Halstuch (in Ermangelung einer Gasmaske) keine schlechte Idee. Städtische Chinesen wissen um die Misere und tragen bei Besuchen auf dem Lande gerne ein parfümiertes Tuch mit sich. Echte China-Profis nutzen jeden Boxenstopp in Hotels und Restaurants, um sich eventuelle spätere Besuche der öffentlichen Toi-

Ein parfümiertes Halstuch in Ermangelung einer Gasmaske

letten zu ersparen. Ein Packung Tempos gehört immer in die Handtasche: Nur weil Sie einige Yuan für die Benutzung an die Toilettenfrau abgeben, heißt das noch lange nicht, dass Sie vor Ort auf die vollständige Ausrüstung stoßen werden.

Westliche Goldesel

Ausländer-Aufschläge, ein Quell ständiger Frustration

Es führt nichts darum herum – für manche chinesische Händler ist die Begegnung mit einem Ausländer so etwas wie das große Los: Nutzen muss man diese Gelegenheit und dem reichen Besucher möglichst viel auf einmal abnehmen. Mit etwas Glück geraten Sie an einen der charmanten Schule, der mit viel überzogenem Gejammer »Die Kinder! Die Frau! Die Großfamilie!« – er hat unglaublich viele Münder zu stopfen und lebt praktisch am Existenzminimum – die Preise in die Höhe treibt. Der Tourist jammert zurück – »Schließlich ist der Westen auch nicht mehr das, was er einmal war« – und beide haben ihren Spaß an der Theater-Einlage. Meist klappt das System der Ausländer-Aufschläge recht gut, schließlich haben Gruppentouristen kaum die Möglichkeit, während eines kurzen und gut ausgebuchten Aufenthaltes einen Überblick über das lokale Preisniveau zu bekommen. Für Dauerreisende ist dies jedoch ein Quell ständiger Frustration. Hier hilft nur eines: darauf aufmerksam machen, dass man sehr wohl die korrekten Preise kennt, und notfalls gehen. Schließlich zwingt Sie niemand ausgerechnet bei dem größten Halsabschneider des Marktes einzukaufen.

Vom Wegfahren und Zurückkehren

In Anbetracht der beschriebenen Situationen und Schwierigkeiten, scheint es phasenweise geradezu unmöglich, sich an China zu gewöhnen. Und trotzdem werden Ihnen fast alle Langzeit-Ausländer glaubhaft versichern, genau die oben genannten Punkte in Deutschland zu vermissen!

Lassen Sie Deutschland zu Hause!

Permanenter Kontakt nach Hause strapaziert auch flexible Gemüter.

Noch in den 1990er Jahren, als ein normaler Brief von China nach Europa gut und gerne zehn Tage brauchte, war es erheblich einfacher, sich wirklich in der fremden Umgebung einzugewöhnen: Deutschland war weit, und wer den Schritt nach Fernost gewagt hatte, war erst einmal unwiderruflich dort. Heute machen es E-Mail, Internet und Mobiltelefone unglaublich leicht, mehrfach am Tag zwischen den Kontinenten zu wechseln. Wer der Versuchung, permanent Kontakt nach Hause zu halten nachgibt, wird jedoch schnell feststellen, dass der Geist mit der Technik nicht mithalten kann: Eben gerade noch im Internet mit den alten Freunden aus München gechattet und dann zu einem ausführlichen Marktbummel in Beijing ausgeschwärmt – das strapaziert auch flexible Gemüter. Verbringen Sie deshalb nicht jede freie Minute vor dem Computer und lesen Sie nicht alle drei Stunden die E-Mails aus der Heimat. Nur wer sich dem Heimweh und der fremden Kultur stellt, kann den Kulturschock letztlich überwinden. Bringen Sie den Daheimgebliebenen vor der Abfahrt schonend bei, dass Sie nicht jeden Tag mit einem ausführlichen Bericht aus China rechnen dürfen. Nutzen Sie die Zeit lieber, das neue Land kennen zu lernen. Gute Landeskenntnisse in Sachen Geschichte und Umgangsformen helfen, die vermeintlich unlogische fremde Kultur zu verstehen. Die passende Literatur dazu sollten Sie allerdings aus Europa mitbringen. Außerhalb der internationalen Küstenstädte sind fremdsprachige Bücher (vor allem kritische China-Werke) nur schwer zu bekommen!

Keine Spur mehr von sozialistischem Muff

Mindestens genauso wichtig sind Ihre Sprachkenntnisse. Natürlich werden Sie fast überall auf Chinesen stoßen, die gerne ihr verstaubtes Schul-Englisch aufpolieren und Ihnen bereitwillig die Highlights der Stadt zeigen. Um sich jedoch in einen richtigen Freundeskreis zu integrieren, müssen Sie sich auf Chinesisch verständigen können.

Nicht zuletzt spielt auch die Zeit eine Rolle. Nicht jedem gelingt es, innerhalb weniger Wochen (fast) alles Deutsche über Bord zu werfen und sich mit Hingabe der neuen Kultur zu verschreiben. Nehmen Sie sich Zeit für die Umstellung und gehen Sie die Dinge langsam an. Ein Wochenende mit importierter Schokolade und spannender Lektüre auf der bequemen Couch hat dabei noch keinem geschadet.

Sich Zeit nehmen für die Umstellung!

Der Re-Entry-Schock: Willkommen daheim!

Derart geübt, dürfen Langzeit-Reisende ihre neuen Erkenntnisse in Sachen Kulturschock gleich ein zweites Mal anwenden. Bei der Heimfahrt. Dieses Mal allerdings ohne Exotik und Ausländerbonus. Dass die ersten Wochen im Ausland kein Zuckerschlecken sind, das leuchtet fast jedem ein. Doch die Rückkehr? In der Regel hat sich zu Hause kaum etwas verändert. Zu wenig für den Geschmack der meisten Heimkehrer, die sich oft fühlen, als müssten sie nun einen längst zu eng gewordenen Konfirmationsanzug überstreifen. Sehen denn die daheim gebliebenen Freunde nicht, wie bürokratisch und steril Deutschland ist? Die besten Freunde erscheinen auf einmal als engstirnig oder intolerant. Zudem legen sie nur eine sehr begrenzte Aufmerksamkeitsspanne für langatmige China-Geschichten an den Tag. Auch sonst stellt sich der Alltag eines Rückkehrers als höchst unerfreulicher sozialer Abstieg dar: Niemand wird Sie jetzt mehr auf der Straße ansprechen, ob Sie Werbung machen oder Englisch unterrichten möchten. Egal, wie lästig manchmal die vielen Blicke der Chinesen waren — ein bisschen schmeichelhaft war es schon, etwas Besonderes zu sein.

Bei der Rückkehr erwartet Sie dann das Gleiche »auf Deutsch«.

Selbst Austauschstudenten mit moderatem Budget haben im Monat mehr Bares im Portemonnaie als ein chinesischer Abteilungsleiter. Wer erst einige Monate oder Jahre als lokaler Rockefeller gelebt hat, dann fällt es nach der Rückkehr natürlich schwer, sich wieder selbst um die Hausordnung zu kümmern: Ade Küchenhilfe, Putzfrau und Wäscherinnen. Keine unnötigen Taxifahrten mehr, die Speisekarte wieder von rechts nach links lesen (sprich: die Preise zuerst), kein Wunder, dass die Heimkehr oft genauso schwer fällt, wie die ersten Wochen in der Fremde. Wer lange in Fernost gelebt hat, dem erscheinen mit einem Male die deutschen Fußgängerzonen selbst am letzten Samstag vor Weihnachten noch ausnehmend leer. Verstehen Sie, warum man Sie zu Hause nicht verstehen wird: Niemand, mit Ausnahme anderer China-Rückkehrer, hat je etwas Vergleichbares erlebt!

Reiseluxus in der Steppe

Die wichtigsten Sätze für China-Reisende

Basics

你好
Guten Tag
nǐ hǎo

再见
Auf Wiedersehen
zài-jiàn

谢谢 / 请你
Danke / Bitte
xiè-xiè / qǐng nǐ

对不起
Entschuldigung
duì-bù-qǐ

我是德国人
(奥地利人 / 瑞士人)
Ich bin Deutscher
(Österreicher / Schweizer)
Wǒ shì dé-guó-rén
(ào-dì-lì-rén / ruì-shì-rén)

我听不懂
Ich verstehe nicht
Wǒ tīng-bu-dǒng

我不会说中文
Ich spreche kein Chinesisch
Wǒ bu huì shuō Zhōng-wén

你会不会说英文？
Sprechen Sie Englisch?
Nǐ huì shuō Yīng-wén ma?

厕所在哪里？
Wo ist bitte die Toilette?
cè-suǒ zài nálǐ?

Einkaufen

有没有 …?
Haben Sie …?
yǒu meí yǒu …?

没有
Nein, haben wir nicht
meí yǒu

这个多少钱？
Was kostet das?
zhèi-gè duō-shaǒ qián?

我不要
Das möchte ich nicht /
ich will nicht
Wǒ bú yào

Fortbewegung

我要去 …
Ich möchte nach/zum …
wǒ yào qù …

火车站 / 旅馆 / 机场
Bahnhof / Hotel / Flughafen
huǒ-chē-zhàn / lǚ-guǎn / jī-chǎng

… 在哪里？
Wo ist …?
… zài nǎ-lǐ?

我想租一辆自行车
Ich möchte ein Fahrrad mieten
wǒ xiǎng zū yī liàng zì-xíng-chē

我需要一个出租汽车
Ich brauche ein Taxi
Wǒ xū-yào yī gè chū-zū-qì-chē

我要买一张到 … 的火车票
Ich möchte ein Zugticket kaufen
nach …
*wǒ yào mǎi yī zhang dào … de
huǒ-chē-piào*

一张软卧票到 …
Bitte ein Soft-Sleeper-Ticket nach …
yī zhāng ruǎn-wuò-piào dào …

一张硬卧票到 …
Bitte ein Hard-Sleeper-Ticket nach …
yī zhāng yìng-wuò-piào dào …

一张软座票到 …
Bitte ein Soft-Seater-Ticket nach …
yī zhāng ruǎn-zuò-piào dào …

一张硬座票到 …
Bitte ein Hard-Seater-Ticket nach …
yī zhān yìng-zuò-piào dào …

北京 / 上海
Beijing / Shanghai
běi-jīng / shàng-hǎi

广州 / 西安 / 桂林
Guangzhou / Xi'an / Guilin
guǎng-zhōu / xī-ān / gùi-lín

Restaurant

我找一个便宜的酒楼
Ich suche ein günstiges Restaurant
wǒ zhǎo yi ge pián-yì de jiǔ-lóu

我吃素
Ich bin Vegetarier
Wǒ chī sù

你有没有刀叉？
Haben Sie westliches Besteck?
nǐ yǒu méi yǒu dāo-chā?

请你再来碗米饭
Bitte bringen Sie noch etwas Reis
qǐng nǐ zài lái wān mǐ-fàn

我想喝一个可乐
(芬达 / 矿泉水)
Ich möchte eine Cola
(Fanta / Mineralwasser)
*wǒ xiǎng hē yī gè kě-lè
(fēn-da / kuàng-quán-shuǐ)*

你有没有英文的菜单?
Haben Sie eine englische Speisekarte?
nǐ yǒu méi yǒu yīng-wén de cài-dān?

请结账
Die Rechnung bitte
qǐng jié-zhàng

Notfälle

我需要你的帮助
Ich brauche Ihre Hilfe
wǒ xū-yào nǐ de bāng-zhù

我生病了, 我需要一个医生
Ich bin krank und brauche einen Arzt
*wǒ shēng-bìng le, wǒ xū-yào yī gè
yi-shēng*

我需要给德国大使馆打电话
Ich muss mit der deutschen Botschaft
telefonieren
*wǒ xū-yào gěi dé-guó dà-shǐ-guǎn
dǎ diàn-huà*

Literaturtipps

Landeskunde

Herrmann-Pillath, Carsten u. Lackner, Michael (Hrsg.): »Länderbericht China«, Bundeszentrale f. politische Bildung 2000

Geschichte

Eberhard, Wolfram: »Geschichte Chinas. Von den Anfängen bis zur Gegenwart«, Alfred Kröner Verlag 1980

Gernet, Jacques: »Die chinesische Welt«, Insel Verlag 1987

Schmidt-Glintzer, Helwig: »Das neue China – Von den Opiumkriegen bis heute«, Verlag C. H. Beck 1999

Spence, Jonathan D.: »Chinas Weg in die Moderne«, DTV 2001

Spence, Jonathan D.: »Mao«, Claassen Verlag 2003

Politik

Bauer, Edgar: »Die unberechenbare Weltmacht. China nach Deng Xiaoping«, Ullstein Verlag 1997

Heilmann, Sebastian: »Das politische System der Volkrepublik China«, Westdeutscher Verlag 2002

Wirtschaft

Kemenade, Willem van: »China AG. Maos Utopie und die Macht des Marktes«, K. Blessing Verlag 1997

Thomas, Alexander u. Schenk, Eberhard: »Beruflich in China – Trainingsprogramm für Manager, Fach- und Führungskräfte«, Verlag Vandenhoeck & Ruprecht 2001

Erlebnis- und Korrespondenten-Berichte

Anhalt, Gert: »Chinas nackte Fallschirmspringer. Alltag und Menschen zwischen Mao und McDonalds«, Lichtenberg Verlag 1999

Kristof, Nicholas D. u. Wu Dunn, Sheryl: »China erwacht. Die zwei Gesichter einer Weltmacht«, Econ Verlag 1997

Spengler, Tilman: »Das Glück wartet draußen vor der Stadt. Reportagen und Erzählungen aus China«, Berliner Taschenbuch Verlag 2002

Strittmatter, Kai: »Atmen Einstellen bitte! Pekinger Himmelstürze«, Picus Verlag 2001

Sprachführer / Lehrmethoden

Hauser, Francoise u. Sommer, Katharina: »Chinesisch kulinarisch Wort für Wort«, Reise Know-How Verlag 2002

Sterman, Klaus: »Langenscheidts Sprachführer Chinesisch«,Langenscheidt Verlag 1998

Vrobel, Susanne u. a.:»Schnellkurs Chinesisch«, Max Hueber Verlag 1999

Psychologie

Sun, Longji:»Das ummauerte Ich – Die Tiefenstruktur der chinesischen Mentalität«, Kiepenheuer Verlag 1994

Philosophie / Religion

Dschuang Dsi:»Das wahre Buch vom südlichen Blütenland«, Diederichs Gelbe Reihe 2002

Eberhard, Wolfram:»Lexikon chinesischer Symbole. Die Bildsprache der Chinesen«, Diederichs Gelbe Reihe 2001

Ess, Hans van:»Der Konfuzianismus«, Verlag C. H. Beck 2003

Hierzenberger, Gottfried:»Der Glaube der Chinesen und Japaner«, Topos Verlag 2003

Lao Tse:»Tao Te King. Das Buch vom rechten Wege und der rechten Gesinnung«, Ullstein Verlag 1996

Mah, Adeline Yeh:»Der Ursprung der zehntausend Dinge. Die spirituelle Welt Chinas«, DTV 2003

Reiter, Florian C.:»Religionen in China – Geschichte, Alltag, Kultur«, Verlag C. H. Beck 2002

Romane / Biographien

Ba, Jin:»Die Familie«, Oberbaum Verlag 2002

Lao, She:»Eine Erbschaft in London«, Verlag Volk und Welt 1988

Lescot, Patrick:»Das Rote Reich«, Goldmann 2002

Kuan, Yu-Chien:»Mein Leben unter zwei Himmeln. Eine Lebensgeschichte zwischen Schanghai und Hamburg«, Knaur Verlag 2003

Mao, Dun:»Shanghai im Zwielicht«, Suhrkamp Verlag 1985

Pu, Yi:»Ich war Kaiser von China«, DTV 1987

Zhang, Jie:»Abschied von der Mutter«, Unionsverlag 2000

Englische Literatur

Hsu, Immanuel C.Y.:»The Rise of Modern China«, Oxford University Press 1995

Lafayette De Mente, Boye:»NTC's Dictionary of China's Cultural Code Words. The Complete Guide to Key Words That Express How the Chinese Think, Communicate and Behave«, NTC Publishing Group 1996

Ling, Pan:»In Search of Old Shanghai«, Joint Publishing Company Hong Kong 1991

Snow, Edgar:»Red Star over China«, Grove Press 1973

Theroux, Paul:»Riding the Iron Rooster. By Train Through China«, Penguin Books 2001

Kulturspiel

Im Ohrsessel gemütlich lesen und verstehen ist eine Sache – sich in ungewohnten Situationen vor Ort spontan richtig zu verhalten eine andere. Auf den folgenden Seiten können Sie deshalb ihr kulturelles Verständnis schon einmal testen.
▶ Lesen Sie die Situation und kreuzen Sie die Lösung an, die Sie intuitiv für richtig halten. Im Kommentar verraten wir Ihnen welche Reaktion angemessen wäre – und vor allem: warum!

Abrupter Aufbruch
Was tun Sie?

Delikate Hühnerkralle
Wie verhalten Sie sich?

Schmutzige Schuhe
Was ist hier angebracht?

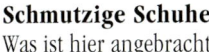

Dicke Luft im Büro
Was unternehmen Sie?

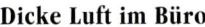

Aufsehen im Dorf
Wie gehen Sie damit um?

Falsche Bescheidenheit
Wie reagieren Sie?

Situation 1

Abrupter Aufbruch

Sie werden von Ihren chinesischen Geschäftspartnern zum Abendessen in ein Spezialitätenrestaurant eingeladen. Die Gespräche verlaufen harmonisch. Die Stimmung ist gut. Nachdem der letzte Gang abgetragen wurde, steht der Gastgeber plötzlich auf. Sie sind irritiert und können die Situation nicht richtig einschätzen. **Was tun Sie?**

a) Sie lehnen sich zurück, lassen noch einen Absacker auftragen und gehen zum gemütlichen Teil des Abends über.

b) Sie bedanken sich herzlich und verlassen das Restaurant.

c) Sie laden die Geschäftsfreunde noch auf ein Glas Wein oder einen Schnaps in eine nahe gelegene Bar ein.

Kommentar

Für europäische Gemüter enden chinesische Einladungen immer sehr abrupt: Kaum hat der Letzte die Stäbchen neben die Schale gelegt, springen die Teilnehmer der Runde auf. Die gemütlichen Verdauungsdiskussionen sind in China eher unbekannt und erwecken höchstens den Eindruck, der Gast habe nicht genug bekommen. Falls Sie noch nicht ins Hotel zurückkehren möchten, ist eine Einladung in eine Bar eine gute Alternative – vor allem in den Großstädten gibt es mittlerweile eine große Auswahl geeigneter Etablissements. Lösungen b) oder c) wären hier also beide angemessen.

Delikate Hühnerkralle

Eine chinesische Bekannte hat Sie zu sich nach Hause eingeladen. Unter anderem werden gebratene Hühnerkrallen serviert. Bevor Sie sich eine geeignete Ausrede einfallen lassen können, befördert die Gastgeberin eine davon direkt auf die Reisschüssel. Da liegt sie nun und Ihr Appetit tendiert auf einmal gegen Null. **Wie verhalten Sie sich?**

a) Sie lehnen dankend ab: Als Vegetarier essen Sie leider prinzipiell kein Fleisch.
b) Sie probieren die Hühnerkralle.
c) Sie erklären ihr, dass Hühnerkrallen für Europäer eher ekelig wirken.

Kommentar

Ganz ehrlich: Jetzt ist kulinarisches Durchhaltevermögen gefragt. Oft werden Sie als Gast mit den besten Stücken bedient, wobei die Vorstellungen, was denn nun eine Delikatesse ist, weit auseinander gehen. Lediglich der Verweis auf eventuelle Allergien oder rein vegetarische Ernährung kann Sie jetzt noch retten: Dank der buddhistischen Tradition Ihrer chinesischen Gastgeber treffen Sie damit fast immer auf Verständnis. Die darauf folgenden (leckeren) Fleisch-Gerichte sind nach dieser Ausrede allerdings tabu. Absolut daneben lägen Sie mit Lösung c). Ein Kurz-Referat über die westlichen Ernährungspräferenzen würde in dieser Situation ganz bestimmt als unhöflich aufgefasst und würde Ihre Gastgeber vor den Kopf stoßen.

Situation 3

Schmutzige Schuhe

Ein chinesischer Kollege möchte Ihnen sein Zuhause zeigen. Die Wohnung der Familie Li ist mit Bastmatten ausgelegt. Sie bemerken, dass Herr Li sich vor der Türschwelle die Schuhe auszieht und wie selbstverständlich in ein Paar bequeme Pantoffeln wechselt. Sie werden unsicher, wie Sie die Wohnung betreten sollen. **Was ist hier angebracht?**

a) Sie ziehen sich auch die Schuhe aus und warten, dass Ihnen ein Paar Haus-schuhe angeboten werden.

b) Für Gäste gelten diese Regeln doch sicher nicht! Sie behalten die Straßen-schuhe einfach an.

c) Sie fragen Herrn Li, wie Sie sich verhalten sollen.

Kommentar

Hier gibt es nur eine akzeptable Lösung: Schuhe aus! Und zwar immer. Mit Stra-ßenschuhen über die Bastmatten zu schlurchen? Barbarisch! Jeder chinesischen Hausfrau stünden die Haare zu Berge. Und Sie möchten sich bei Frau Li ja nicht gleich beim ersten Besuch unbeliebt machen. Nachfragen könnten Sie natürlich auch. Eine ehrliche Antwort dürfte jedoch die Ausnahme sein: Für einen chinesi-schen Gastgeber wäre es unhöflich, Ihnen derartige Vorschriften zu machen. Also nicht lange rummachen und rein in die Pantoffeln!

Dicke Luft im Büro

Sie sind nun schon eine ganze Weile für Ihre deutsche Firma in China tätig. Seit einiger Zeit herrscht im Büro jedoch dicke Luft. Sie kommen mit Ihren Ideen einfach nicht vorwärts. Ihr chinesischer Mitarbeiter Herr Zhou verhält sich Ihnen gegenüber höchst unkooperativ und lässt Sie mit allen Ihren Vorschlägen immer wieder abblitzen. Ihre Geduld ist am Ende. **Was unternehmen Sie?**

a) Sie stellen ihn zur Rede und verlangen eine Erklärung.
b) Sie wenden sich an seinen Vorgesetzten.
c) Sie fragen einen seiner Freunde, warum Herr Zhou nicht mit Ihnen zusammenarbeiten möchte.

Kommentar

Direkte Konfrontationen sind in China tabu. Den Kollegen zur Rede zu stellen (am Ende sogar vor anderen Menschen!), wäre deshalb wahrscheinlich sinnlos und würde alles höchstens noch schlimmer machen. Bevor Sie sich aber an den Vorgesetzten wenden, sollten Sie es noch einmal mit Diplomatie versuchen. Schalten Sie einen Mittelsmann ein, der mit Herrn Zhou die Sache durchspricht. Herr Zhou kann auf diese Weise seine wahren Beweggründe offen legen, ohne dabei sein Gesicht zu verlieren.

Situation 5

Aufsehen im Dorf

Sie besuchen ein chinesisches Dorf und stehen im Mittelpunkt des allgemeinen Interesses. Europäer werden hier nicht allzu häufig gesichtet. Eine der Bäuerinnen wirft Ihnen ein fröhliches »Sie sind ja ganz schön fett« entgegen. Die anderen Zuschauer lachen lauthals. Sie sind verlegen und leicht entnervt. **Wie gehen Sie damit um?**

a) Sie lachen mit und kontern, auch die Bäuerin esse ja wohl offensichtlich gerne.
b) Sie regen sich auf – wie unhöflich!
c) Sie wechseln das Thema und stellen ihr eine unverfängliche Frage.

Kommentar

Chinesen sind meist ausnehmend höflich, wissen aber hin und wieder nicht so recht mit Ausländern umzugehen. Vor allem auf dem Lande sprechen die Menschen dann aus, was sie denken. Und in der Tat sind Europäer ja meist körperlich sehr viel größer und entsprechend »gewichtiger« als Chinesen. Ein ordentlicher Rettungsgürtel um die Hüfte ist in abgelegenen Regionen außerdem oft noch ein Zeichen des Reichtums. Lachen Sie also einfach mit und überspielen Sie solche Situationen mit Charme, selbst wenn das Verhalten der Chinesen manchmal Ihrem Taktgefühl widerspricht. Lösung a) wäre hier richtig, denn Humor hat noch niemals geschadet.

Falsche Bescheidenheit

Sie erwarten den Besuch eines chinesischen Freundes aus einer anderen Stadt. Er besucht Sie zum ersten Mal. Sie wissen, dass er sich nicht auskennt. Auf Ihre Frage, ob Sie ihn vom Bahnhof abholen sollen, winkt er ab: Da kann man doch bestimmt bei der Information nach dem richtigen Bus fragen, oder? **Wie reagieren Sie?**

a) Prima, da kann ich mir ja den Weg zum Bahnhof sparen!
b) Sie holen ihn trotzdem ab.
c) Sie schicken ihm eine Weg-Skizze.

Kommentar

Allein der Hinweis, dass er nach dem Bus fragen müsste, sollte Sie aufhorchen lassen: Ganz offensichtlich ist der chinesische Freund unsicher und würde sich bestimmt besser (und willkommener!) fühlen, wenn Sie ihn abholen. Direkt danach fragen wird er nicht, das wäre nach chinesischem Empfinden zu plump. Also behandeln Sie ihn, wie Sie es umgekehrt auch von ihm erwarten würden. Kommen Sie ihm entgegen. Lösung b) bringt Ihnen Pluspunkte in Sachen Gastfreundschaft.

Register

1. Oktober 54, 133

A

Abendessen 99, 108
Abschied 84, 143
Affe 128–129
Ahnen 11, 66–67, 70, 141
Ahnenaltar 109, 131
Ahnenkult 29–30, 65–67
Ahnenverehrung 70, 88
Akupunktur 95–96
Akupunkturpunkte 96
Alkohol 108, 145, 165
Alltag 57, 65, 67, 73, 111–125, 143,
    147, 171, 178, 185
Almanach 11, 126
Alphabet 151, 153–154
Analphabeten 153–154
Anhui 19, 27, 101
Arbeitsplatz 26, 81, 85, 88, 90–91,
    112, 116–117, 179–180
Arbeitsplatzgarantie 61
Arbeitsplatzwechsel 92
Armee 50, 52, 64
Armut 113, 115, 138
Ärzte 123
Astrologie 86, 126
Aufstände 30, 34, 49
Auseinandersetzungen 127, 162
Äußere Mongolei 15, 39
Ausland 11, 13, 23, 25, 41–49, 54,
    58–59, 75, 82, 89–92, 106, 109,
    113–114, 118–119, 121, 123, 126,
    136–140, 142, 148, 151, 154–155,
    158–159, 163, 165–166, 172,
    175–176, 178–182, 184–185
Auslandschinesen 25, 59, 157
Aussprache 33, 152–154, 156
Austauschstudenten 140, 176, 186

B

Barbaren 37, 41, 45, 137–138, 141
Bauern 13–14, 24–25, 34, 36, 51, 54,
    58, 61, 115
Beamte 34, 45, 47, 70, 72, 86,
    120–121, 164
Beamtenprüfung 40, 114
Beijing 11, 22–23, 26–27, 37, 48–50,
    54, 90, 118, 124, 131, 138, 148,
    154, 169, 171, 179, 184
Bestechung 92, 164
Bevölkerungsdichte 178–179
Beziehungen 45, 58, 69, 80, 90–92,
    140, 148, 164, 167, 181
Boddhisattva 73–74, 77
Boxer 47–49
Braut 86, 89
Buddhismus 35, 41–42, 66, 70, 72–74
Büffel 71, 127
Bürokratie 120
Busse 131, 172

C

Chongqing 19, 27, 53
Christentum 44, 66
Clan 82–83

D

Dämonen 67–68, 78, 82, 130–131,
    135, 143, 182
Daodejing 65, 71
Daoismus 66, 69–74
Delegation 161, 164, 166
Delegationsleiter 161, 164–165
Demokratie 49–50, 59
Deng Xiaoping 26, 55–56, 58, 60, 64,
    113
Deutschland 48, 50, 79, 91–92, 104,
    121, 136, 140, 145, 148, 164, 173,

175, 180, 184–185
Dialekte 152
Diskotheken 145
Diskussionen 100, 103, 110, 146–147, 162, 166
Disziplin 69, 84, 92, 164–165
Dolmetscher 166
Drachen 106, 128
Drachenbootfest 132
Drei Königreiche 35
Dschingis Khan 24, 37

E
E-Mail 91, 184
Einheit 47, 51, 61, 66, 82–84, 112, 154
Einheitsfront 53
Einladung 91–92, 105, 126, 145–146
Eiserne Reisschüssel 112–113
Eltern 82, 84–86, 89–90, 114, 117–119
Englisch 91, 159, 169, 185
Erlösung 72–73
Ernährung 94, 100, 105, 147
Essen 99–100, 102–103, 107–109, 124, 136, 145, 161
Eunuchen 39, 42–43
Expats 90, 137, 176
Expeditionen 41–43

F
Fahrrad 174
Familie 41, 67, 69–70, 74, 79, 81–83, 86, 99, 113–114, 116, 130, 132–133, 142–143, 146–148, 152, 179
Fengshui 73
Fisch 101, 131, 135
Fleisch 101, 104–105
Flughafen 13, 168
Fragen 29, 36, 78, 87, 107–108, 136–137, 147, 149, 155, 158–159, 163

Frauen 49, 62, 86–88, 138, 140, 142–143, 148
Freundschaft 91, 146, 161, 164
Frühlingsfest 129–131, 134
Frühstück 100, 102, 111
Frustration 151, 176, 184
Fujian 20, 27, 101–102
Fünf Beziehungen 69, 80
Fünf Dynastien 36
Füße 68, 87, 123

G
Gansu 18, 22, 27, 133
Gastgeber 109, 145–147, 165
Gebärdensprache 158–159
Geburtenkontrolle 84
Geister 11, 65, 67–68, 72, 130, 132, 134, 182
Gelber Fluss 16, 18, 29–30, 37
Gelbes Meer 14
Geld 25, 73, 77, 96, 112–113, 125, 130, 148
Gemeinschaft 52, 70, 80, 83, 152
Generalsekretär 59, 63–64
Geographische Regionen 14
Geomantik 73
Gericht 98, 105, 109, 120
Geschäfte 24, 91, 113, 131, 161, 180
Geschäftsfrauen 88
Geschäftsleute 90, 113, 162, 167, 174
Geschäftsmann 13, 162–165
Geschäftspartner 167
Geschenke 145, 164, 166
Gesellschaft 19, 24, 30, 40, 43, 57, 62, 65, 69, 79–92, 99, 114, 123, 127, 137, 146, 152, 162–163, 170, 179, 181
Gesicht 142–143, 163, 166–167
Gesichtsverlust 81, 109, 158, 166, 181
Gesichtszüge 171
Gestik 137, 158–159, 177
Gesundheit 75, 93–94, 97, 122, 135

Glaube 30, 65–78, 80, 120, 176
Glück 25–26, 62, 67, 78, 81, 103, 116,
    120, 122, 128, 130–131, 134–135,
    145, 170, 183–184
Götter 11, 66, 72–73
Grab 132
Großbritannien 45, 59
Große Mauer 31–32, 38
Großer Sprung nach vorne 55
Gruppe 49, 111, 168
Guangdong 20–21, 27, 40, 102
Guangxi 20–21, 27, 40, 102
Guanxi 90–92, 164, 167
Guanyin 74, 77
Guizhou 21, 27
Guomindang 50–51, 53, 59

H
Hahn 135
Hainan 14, 20, 23, 27, 139
Han 13, 15, 21–22, 24, 33–34, 37
Han-Dynastie 24, 33, 70, 120
Handel 20, 28, 33, 38, 42, 44–45, 76,
    90
Händler 20, 24, 28, 33, 43, 45, 76,
    136, 162, 169, 179, 184
Hard Seater 170–171
Hard Sleeper 170–172
Harmonie 66–67, 70–71, 94, 100,
    134, 141, 146, 161
Hase 127
Hausaltar 11, 67
Hebei 18, 27, 29
Heilongjiang 14, 27
Heirat 87, 148
Henan 18, 27, 29
Herberge 175, 183
Himalaya 22, 41
Hochzeit 35, 86, 90, 126, 132, 149,
    169
Homosexualität 75, 90
Hongkong 21, 27, 41, 45–46, 58–59,
    67, 73, 154, 157, 169

Hotel 78, 106, 122, 143, 158,
    174–175, 183
Höflichkeit 81, 137, 146, 177
Hubei 19, 27
Hukou 116
Hunan 20, 27, 49, 101–102
Hund 105, 125, 129
Hundert Schulen 31
Hundert-Blumen-Kampagne 54
Hundert-Tage-Reform 47
Hydraulische Gesellschaft 19
Hygiene 121, 172, 183

I
Individuell 70, 80
Innere Mongolei 15, 27
Intellektuell 129
Internet 91, 138, 184
Islam 75–76

J
Japan 46, 50, 52, 59
Jenseits 29, 31, 65, 67–70, 84, 111,
    113, 145
Jesuiten 24, 44
Jiang Kaishek 50–53
Jiang Zemin 58, 64
Jiangsu 19, 27, 101
Jiangxi 20, 27, 51, 101
Jilin 14, 27

K
Kader 51, 54, 56–57, 120–121, 164
Kaiser 15, 20, 31–32, 35–36, 41–43,
    45, 47–48, 50, 53, 66, 69–70, 85,
    134
Kaiserinwitwe 47–50
Kaiserkanal 35
Kaiserreich 46–48
Kakerlake 183
Kalender 126
Kalligraphie 157
Kampagne 50, 54–55

Kanton 13, 44–46, 59, 102, 138
Karaoke 92, 165
Karpfen 130, 135
Kaufleute 21, 33, 36, 43–45, 140, 162
Kinder 21, 25, 84–85, 114, 116,
  130–131, 142, 149, 153, 171, 184
Kitsch 24, 44, 119
Kleidung 77, 119, 137–139, 173, 179
Klima 14, 20, 23, 100, 103, 107
Klimaanlage 107
Klöster 65, 74, 178
Kommunisten 50–54, 86, 88, 155
Kommunistische Partei 50, 60, 63, 75,
  86, 121, 140, 147, 153
Konflikte 55, 81, 120, 161, 163
Konfuzianismus 34, 50, 66, 69–70,
  72, 74
Konfuzius 11, 31, 69, 79–80, 167
Kongzi 31, 34, 69–71, 77
Konkubinen 86
Kontakte 24, 42, 45, 90, 136–149
Kontrolle 20, 48, 54, 70, 83, 91
Konversation 91, 136, 140
Korruption 54, 120–121, 132
Kosmos 30, 66–67, 70–71, 82, 93
Kranich 77, 135
Krankenversicherung 61, 122
Krankheit 61, 90, 93, 114
Kriminalität 119
Kritik 54, 80, 86, 127, 136, 142, 147,
  149, 166, 181
Kublai Khan 15, 37
Küche 99–102, 104, 108, 118, 130,
  147, 170
Kulturrevolution 57–58, 65, 142, 167
Kulturschock 176–186
Kurzzeichen 156–157
Küstenstädte 28, 107, 138, 185

L

Lächeln 158–159, 177, 180–182
Landreform 54
Landwirtschaft 20, 54, 115

Langzeichen 156–157
Laozi 31, 70–73
Lärm 13, 176
Lautschrift 153, 155
Lebenserwartung 92, 123
Legalisierung 46
Liaoning 14, 27
Liebe 67, 69, 86, 108, 148, 157
Löhne 62, 112
Löss 18–19

M

Macau 27, 44
Majiang 79, 124
Mandarin 12, 27, 152
Mandat des Himmels 30, 35, 66
Mandschu 39
Mandschurei 15, 52
Mann und Frau 40, 159
Manzhouguo 53
Mao Zedong 25, 30, 49, 51–52,
  54–57, 60, 102, 111, 138
Marco Polo 24, 43
Marktwirtschaftlicher Sozialismus
  60
Massage 96
Massenkampagnen 62, 81
Medizinische Versorgung 83, 116, 123
Meinung 54, 62, 75, 81, 83, 86, 128,
  141–142, 147, 163–164, 167
Meridiane 94–96
Militärkommission 64
Ming-Dynastie 32, 38
Minoritäten 21–22, 27
Missionare 37, 40, 44, 48
Mittelschicht 38, 58, 60, 125, 159,
  161, 174
Mond 126, 133
Mondjahr 126
Mondkalender 126, 129
Mongolen 37
Moxibustion 95–96
Mönche 41, 74, 77, 134

N

Nachtmarkt 103
Namen 18, 31, 38, 50, 74, 76, 78, 102, 120, 124, 137, 142–143, 155, 163, 165, 175
Nanjing 12, 19, 40, 46, 50, 53, 136, 140
Nationaler Volkskongress 63
Neugier 136, 138
Ningxia 22, 27, 75
Nomaden 23, 32, 36, 39
Nonnen 74, 77

O

Opfergeld 67
Opium 45–46

P

Päckchen 175
Pakete 175
Paradies 28, 55, 74
Park 122, 124, 144
Parteitag 55–56, 63–64
Personenkult 56
Pferd 128
Pinyin 155
Platzreservierung 171–172
Plenum 63–64
Post 175
Propaganda 85, 138
Prostitution 54, 89, 119, 134
Putonghua 152
Puyi 15, 53

Q

Qigong 75, 111
Qin Shihuangdi 31–32
Qin-Dynastie 31, 33
Qing-Dynastie 15, 39, 41, 48, 76
Qingdao 48, 108
Qinghai 22, 27, 39
Qingmingjie 132

R

Ratte 127
Reformen 35, 47, 49, 58, 64, 114–115, 132
Reformpolitik 58, 64, 84, 114–115, 117, 119
Regierung 20, 50, 62–63, 75, 83, 89, 112, 116, 120, 123
Reisebüro 90
Religion 35, 41, 65, 72–73, 75
Republik 50
Respekt 82, 101, 114, 141
Restaurant 99–100, 103, 105–107, 109–110, 113, 131, 145, 148, 180, 183
Revolution 49–50, 57
Rote Garden 24, 56–57, 65
Rückkehr 183, 185–186

S

Schlange 81, 106, 113, 119, 128, 168
Schrift 28–29, 43, 154
Schriftreform 156–157
Schröpfen 96
Schulden 82, 118, 130
Schule 74, 90, 96, 114, 116, 153, 173, 184
Schulpflicht 114
Schwein 98, 129
Schwerindustrie 54
Seidenstraße 33, 35, 37, 72, 76
Selbstkritik 120
Selbststärkungsbewegung 46–47
Service 92, 113, 174
Shaanxi 18, 27, 51
Shandong 18, 27, 48, 50, 69, 100, 108
Shang-Dynastie 29–30, 66, 103
Shanghai 11, 13, 19, 23, 26–27, 50–51, 58, 90, 101, 117, 125, 131, 138, 148, 151, 169, 174, 176, 179
Shanxi 18, 27, 29
Shenzhen 21, 58, 117
Shopping 119

Sichuan 21, 27, 49, 78, 101
Sinisierung 33, 76
Snacks 102–104
Soft Sleeper 170, 172
Sowjetunion 50, 53–54, 56, 139
Soziale Absicherung 61, 84
Sozialismus 51, 60–61, 63, 113, 170
Spiel 67, 94, 115, 124, 127, 148, 182
Sprache 24–25, 34, 44, 47, 137, 151, 154, 157
Sprachkenntnisse 171, 185
Staatsbetriebe 15
Staatsrat 63
Stäbchen 100, 103, 109
Ständiger Ausschuss 64
Straftäter 80, 120
Straßenstände 107
Straßenverkehr 78, 120, 182
Streit 71, 84, 127, 131, 134, 142, 147, 162
Studenten 11, 24, 47, 49, 109, 114, 137, 140, 145, 148, 154
Studium 47, 74, 90, 114, 117, 121, 154, 157
Sun Yatsen 20, 49–50, 59
Suppe 99, 103, 105

T
Tagelöhner 25
Taiwan 12, 27, 39, 47, 53, 67, 154–155, 157
Tang-Dynastie 35, 41, 72, 76
Tanzen 111–112
Taxis 173
TCM (Traditionelle chinesische Medizin) 93, 123
Tee 43, 45, 79, 104, 106–108, 123, 146, 172
Tempel 24, 57, 65, 74, 76–78, 178
Temperaturen 14–15, 20–23, 107, 121
Therapien 93–94
Tibet 14, 22, 27, 39
Tiere 125–126, 135

Tiger 77, 106, 127, 135
Titel 143, 163
Toiletten 121, 176, 183–184
Tonhöhen 151–152
Touristen 15, 25, 60, 102, 131, 173–174
Töne 151, 153, 155
Traditionen 13, 88
Transkription 153–154, 156
Trauer 33, 97, 134
Tsingtao 48, 108

U
Überschwemmungen 20, 30–31, 66
Umgangsformen 11, 166, 177, 179, 185
Umschrift 154–155
Unglück 73, 78, 131, 134
Unternehmen 73, 83
USA 46, 50, 58, 139

V
Vegetarier 105
Verbeugung 42, 143
Verbrecher 80, 120
Verhandlungen 164–166
Verpflichtungen 81–82, 91, 164, 167, 181
Viererbande 30, 57–58
Vierter-Mai-Bewegung 50
Visitenkarten 163
Volksbefreiungsarmee 51, 53, 55
Volksdaoismus 72
Volksglaube 66, 78
Volkskommunen 56, 58, 123

W
Wahrsager 29, 66–67, 156
Wanderarbeiter 19, 26, 116–117, 119, 169
Warlords 50
Wasser 73, 79, 93, 97–98, 106–107, 118, 132, 172

Wein 108, 125
Westen 14, 19, 22, 24–26, 32–33, 35, 41–42, 44, 47, 58–59, 62, 69, 71, 73–76, 78, 80, 83, 93, 96, 101–102, 106, 113, 124, 145, 152, 157, 161, 184
Wirtschaft 19, 32
Wohnraum 61, 83, 115, 117
Wohnungen 103, 117–118
Wohnungsmarkt 117
Wunsch 109, 141, 151

X
Xi'an 31, 35–36, 48, 53, 76, 169
Xinjiang 13, 22, 27, 33, 39, 75

Y
Yang 93–95, 100, 106
Yangzi 16, 19–20, 22–23, 30, 33

Yin 93–94, 100, 106
Yunnan 21, 27, 150, 169

Z
Zahlen 75, 78, 115, 135, 159–160
Zehn Königreiche 36
Zeichen 41, 138, 141, 146, 152–157
Zeit 23–24, 26, 28–30, 35–38, 40–41, 49–50, 52, 54, 56–57, 61–62, 65–66, 70, 72, 75, 77, 90–91, 94, 107, 111, 117, 120–121, 123, 126, 130, 132, 134, 137, 146, 155, 165–166, 169, 172–173, 181, 185
Zhejiang 19, 27, 101
Zheng He 42–44
Zhou-Dynastie 30, 66, 69–70
Ziege 101, 128
Züge 25, 70, 117, 169

Das Buch & Welt-Team dankt
Laurentiu Hauser, Katrin Liska und
Ines Walke für unermüdliches
Korrekturlesen.

VIEL MEHR KOMFORT FÜR WENIG MEHR GELD

World Traveller Plus. Erholung von Anfang an in der Premier Economy.

Entspannt fliegen, ausgeruht ankommen: Individuell verstellbarer, ergonomischer Sitz

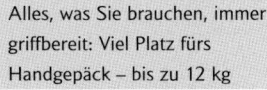

Alles, was Sie brauchen, immer griffbereit: Viel Platz fürs Handgepäck – bis zu 12 kg

Freiraum, den Sie zu schätzen wissen: Separate Kabine mit viel Bewegungsfreiheit

Für Langeweile keine Zeit: Ihr persönliches Unterhaltungsprogramm auf 12 Kanälen

WORLD TRAVELLER PLUS
BRITISH AIRWAYS